经典会读 /

老子

周生春 编

浙江大学出版社 全国百佳图书出版单位

图书在版编目（C I P）数据

老子 / 周生春编． — 杭州 ：浙江大学出版社，
2018.1
（经典会读）
ISBN 978-7--308-15559-5

Ⅰ．①老… Ⅱ．①周… Ⅲ．①道家②《道德经》－研
究 Ⅳ．①B223.15

中国版本图书馆CIP数据核字(2016)第016092号

经典会读：老子

周生春　编

出版统筹	黄宝忠	
责任编辑	陈佩钰（yukin_chen@zju.edu.cn）	
责任校对	田程雨	
封面设计	诚色设计	
出版发行	浙江大学出版社	
	（杭州市天目山路148号　邮政编码 310007）	
	（网址：http://www.zjupress.com）	
排　　版	杭州林智广告有限公司	
印　　刷	杭州杭新印务有限公司	
开　　本	880mm×1230mm　1/32	
印　　张	12.5	
字　　数	313千	
版 印 次	2018年1月第1版　2018年1月第1次印刷	
书　　号	ISBN 978-7--308-15559-5	
定　　价	38.00元	

治大国若烹小鲜

序　言

　　儒者当有为天地立心，为生民立命，为往圣继绝学，为万世开太平之志，和经世济民之才。企业界人士要成为儒商，提高自己的素质，当从读书入手。读书应从经典开始，读经以会读方式为佳。基于上述认识，浙江大学儒商与东亚文明研究中心成立伊始，即在新加坡万邦集团的大力支持下，邀请多位国内外优秀学者来浙江大学，主持经典会读，共同探讨经典微言大义。

　　自二〇〇六年十二月以来，经典会读大致每月举行一次，每次为时一天。由一至两位学者主持，参与者为注重文化、关切政治、参与社会，追求理想之精神、寻求人生之意义，具有终级关怀精神，好学并乐在其中的学者、企业家以及社会各界精英。会读按照解释学的原则和学术规范，通过从头至尾、逐字逐句的文本阅读，和人人参与、富于创意的深度交流，来探讨并发现传统经典的现代价值与意义。经典会读的主要目的是让读过的人温故而知新，让没有读过的人对中国文化的认知从不自觉到自觉的过程中产生新的想法。总而言之，读经典的目的是发现它的现代意义。

现在展现在我们面前的《经典会读:〈老子〉》,即是以会读录音为基础,经整理修订而成的最终成果。《老子》一书是道家哲学的重要来源。此次《老子》的会读共分为四场,由浙江大学经济学系周生春教授(第一至二十四章)、香港中文大学哲学系刘笑敢教授(第二十五至三十八章)、浙江大学哲学系孔令宏教授(第三十九至五十六章)、浙江大学哲学系李明友教授(第五十七至八十一章)主持,以朱谦之《老子校释》作为参考资料。

　　迄今为止,会读文本《大学》、《中庸》、《论语》、《孟子》等已正式出版,收见"儒商与东亚文明研究中心经典会读丛书"。衷心希望该套丛书的出版,能进一步引起人们对中国经典的现代价值与意义的关注和探讨,使更多的人了解和认同中国传统文化的现代价值与意义。是为序。

周生春

二〇一七年七月八日

目 录

目　录

道经

第一章

道，可道，非常道；名，可名，非常名。

周生春：　大家好！今天由我来主持《老子》的会读。关于版本，我们选了朱谦之的《老子校释》，为什么选这个？当然是有原因的，我们都知道《老子》的版本很多，通行版本就是王弼注释的系统，属文人系统；此外，还有一个民间系统。既然王弼注释比较流行，而民间系统不太流行，并且王弼注释比较容易得到，那么我们就给大家增加民间系统的本子；再者，比较重要的，这个里面的校释比较多，看起来比较方便，很容易得到各种各样的解释。

《老子》这本书，是中国古代非常重要的一本经典。这本书的作者，这本书产生的年代，历来都是有争论的，一直到今天也没有完全解决。当然有不同的说法，比如作者有人说是李耳（李聃），有人说是太史儋；而成书的年代，从春秋末一直到秦汉之际，各种各样的说法都有。但是最近这些说法可能越来越倾向于早期的，这个可能和新版本的发现有关系：一个是 1973 年在湖南长沙马王堆汉墓出土的帛书甲、乙本《老子》，这个版本比较全，大概在秦汉之际；另一个是 1993 年在湖北荆门郭店出土的楚简本《老子》，有三种本子，甲、乙、丙三种，字数大概1000多字，时间大概在战国中期。这两个新版本的出现，使我们对《老子》这本书的作者、产生的年代，产生了新的看法。今天我们只是读朱谦之的《老子校释》这个本子，但是希望大家也同时能注意到上述两种版本，就是帛书本和楚简本。

今天我们就从第一章开始。《老子》比较好处理，因为一共八十一章，自成体系，我们一章一章地读。现在从第一句开始，"道，可道，非常道；名，可名，非常名"。对这句话的解释非常多，文字虽然很简练，但是它的意义非常丰富，我们这个经典会读主要是了解各位自己的想法，你是怎么看的？

潘立勇： 搞哲学也好，搞文学也好，我原来认为最初源头是到先秦，但是真正的哲学思想我觉得应该是老子，老子这句话很有哲学味道，"道，可道，非常道；名，可名，非常名"。不管怎么解释，我觉得老子和孔子确实不一样，孔子主要是就现实的事物具体地来谈论，而老子能够超越具体的现象，通过思辨的方式表达一种有限与无限。"道，可道，非常道"，思辨就已经体现出来了，按我们现在的哲学讲法，你能说出来的"道"就不是"道"，真正的"道"是无法用语言表述的，只存在或呈现在我们的体会当中。任何语言表达都是有局限的，"信言不美，美言不信"（第八十一章）。从美学上来讲，真正的美的呈现应该是非常注重"美悟"的。我觉得老子是咱们中国哲学思辨的先锋，开创了一种既抽象又辩证的思维方式，包括下面这句话。

"道，可道，非常道"，面对"道"，我们必须要"道"，那么如何来"道"，这是咱们搞哲学的永久困惑。就像维特根斯坦讲，美学这种东西我们只能保持沉默，但是他自己也没有沉默，康德也这样说。

语言本来是抽象的概念化的东西，如何运用概念化的语言，才能表达"活"的那种智慧？真理的体现本来是流动的，应该是原貌的呈现、无遮蔽的呈现，但是任何语言来解释，必然会发生问题。怎么处理？老子至少给我们提供了一种思考的智慧，但是没有解释具体答案，他就不提供答案。

孔令宏： 我觉得要区分几个字，首先逐字来看，第一个"道"、第二个"道"和第三个"常道"的"道"意思都是不同的：第一个"道"应该是一般意义上的；第二个"道"是指"说"的意思；第三个"常道"才是"道"的最深层的含义，即"常道"相对"道"来说，是这句话里面更加强调的。"名，可名，非常名"也有类似的结构。无非就是通过里面表达的局限性来说明作为一种哲学的本体论的本体，跟形而下的经验世界有较大的差别。这种差别首先表现在"说的局限性"上，真正本体的东西不是语言能够直截了当地把它说尽和说透的。实际上，这个问题一直贯穿整个道家哲学的解释的历史，从后来的《庄子》到《淮南子》，到魏晋玄学，再到唐代的"重玄"哲学，可以说一直都在围绕着这个问题进行解释。后来的道教进一步把这个落实到功夫的实践操作层次上，来解释形而上和形而下的关系，即怎么样由形而下的、具体的、有限的经验世界，去超越至形而上的、抽象的、无限的本体世界。所以这句话的深刻内涵，第一应该从"名"的局限性去理解，第二要从哲学本体论跟经验世界的区分来考虑。

所以我同意潘老师的观点，这句话是非常富有见地的，应该说这是在整个中国哲学史上第一次响亮地把本体论的思维真正明晰化，而且给它激发出来。我们可以比较同一时期，包括儒家等都没有那么一种深刻的思想，所以它的意义是非常重要的；而且从整个老学史来看，正因为有了这句话，可以从各个方面去探索"道"究竟是什么东西，所以"道"的精髓虽然仅5000多个字，但是从古至今，出现的注解版本却有几千种之多。我曾看到一本有关《老子》解释的书，90多万字，那么一个字用几千字来解释，说明它的内涵是非常丰富的。在国外，除了汉字之外的《老子》的注解也有1200多种，这些解释都是从语言的角度进行的，所以这句话我们可以对它有一个很深刻的理解，看看大家还有什么意见。

周生春： 刚才两位老师讲的是哲学的看法，关于这句话还是有其他不同的解释，所以我要听听各位不同的意见。譬如有一种意见，就认为这个"道"，我们这里所说的"道"是可以言说的，不是通常的"道"；这个"名"也是可以"名"的，不是通常的"名"，这是一种比较直白的解释。那么除了刚才一种主流的，我讲的第二种以外，还有没有第三种看法？

应跃亮： 我看这个"道"其实就是自然发展的规律，和法律上解释"法"和"律"差不多的含义。比如整个橘子，剥出来就是一瓣一瓣的，橘子生长的规律就是这样的，万事万物都有自然的"道"，并不是都一样的"道"。

孔令宏： 这句话本身还没有这个意思，后来庄子把这层意思理解透了，用"礼"这个概念来具体表示。

应跃亮： 礼归礼，道归道，不一样的。

孔令宏： 你理解的这个应该不是"道"的本来含义。具体事物的规律不是"道"的规律，"道"是最深层的、最根本的规律；本体论是超越形而下的经验世界的，跟某一个具体事物是不搭界的。

应跃亮： 不能这么理解的，不能割开来理解的。

孔令宏： 一个是形上的世界，一个是形下的世界。之所以称为本体，是万事万物共同存在的一个最根本的东西，这才是本体论的"本体"概念。

关长龙： 这个"道"，后面其实还有讲，"道之为物，唯恍唯惚。惚兮恍兮，其中有象，恍兮惚兮，其中有物"（第二十一章）。"道"有几层含义，如果是本体的含义，就不能理解为规律。后面也在讲这个"道"，并且试图对它作一个描述，但是那个描述中，实际上它是一个存在，反正我一直比较民间地把它理解为像神一样的东西。

应跃亮： 老子说的"道"，其实说的就是仁义。

关长龙： 不是，而是"失道而后德，失德而后仁，失仁而后义，失义而后礼"（第三十八章）。

潘立勇： 那个比仁义更高，要超越。

孔令宏： 比仁义更高，更深刻。

潘立勇： 仁义已经落实到人生的具体的精神层面。

孔令宏： 仁义是一种价值观，或者是一种伦理规范。

潘立勇： 如果能用仁义表达"道"，那这个就不是"道"了。

周又红： 如果"道"这样理解，那么"名"怎么理解？二者之间有什么辩证关系？

周生春： 这个问题提得非常好，这里为什么讲到"名"？这个"道"，读完这本书，我们大致上会有一个了解。不要一开始就想要弄清楚什么是"道"，读完以后再说"道"到底是什么。"名"其实是很重要的，"名"是什么呢？

孔令宏： "名"就是名词概念，我们在这里提到"道"，要用一个概念或者一个名词来表征它和支撑它；如果不支撑，我们没有办法说清楚，因为我们的思维没有办法去开启，而语言的基本要素是名词概念。

周三一： 我谈一个观点，我觉得老子说的这个"道"，可能还是指一个独立自主而又永恒不变的一个实体，它既是一个实体，但是又有自身，而不随人的意志变化。"名"本身就是人为附上去的一种东西，实际上也是不存在的，它是辩证的，"是名非名非非名"，你可以给它一个概念的东西，但实际上它又从这个概念当中，从形而上的角度进行更深刻的表达。比如这是一个"杯子"，是你给它的一个定义，实际上它也可以是，也可以不是"杯子"——可以盛水，也可以做其他的，所以"是名非名"，但又不是说它没有"名"，因为它毕竟还是一个存在。

周生春： 形上谓道，形下谓器。

陆庆祥： 我的理解就是，我们读《老子》的时候，应该首先把这个"道"理解为两种意思：一种意思，这个"道"本身是要把经验层面的东西和形而上的东西区分开来，经验层面的东西，比如治国，比如长短相较、高下相倾，但是他讲道德本体的时候，是形而上的、纯粹的、抽象的；再一种意思，我们不要把"道"仅仅理解成恒常不变的，它确实是不变的，但是它不变中有变，我们说它不变的时候，它是一个本体意义上的"道"，而当我们说变的时候，是"道生一，一生二，二生三，三生万物"。

秦新恒： 我觉得"名，可名，非常名"是接着前面"道，可道，非常道"说的，第二个"道"是说的意思，"道，可道"，如果我们不能加以表达的话，不得不说出来的话。这个"名，可名"，刚好接着第二个"道"，当我们说出来，这个时候肯定需要给它一个概念，就是一种退而求其次的感觉；我们不得不把它言说，说的时候，不得不通过各种概念表达出来，这是接着第一个说的。

关长龙： 从翻译的角度来讲，刚才周老师提到"非常道、非常名"，就是不是一般的。还有一种解释，把"常"理解为永久、永恒，就是从"道"的角度来说，如果能说出来的就不是永恒的"道"；从命名的角度来讲，如果能够说出来的"名"那就不是永恒的"名"。

周生春： 正反两面，两种解释。

陆庆祥： 所以这一句，"道，可道，非常道；名，可名，非常名"，老子是从"道"的本体意义上讲的，而下面"无名，天地始；有名，万物母"，这是宇宙生成的意义。这个"常道"，刚才关老师解释成"恒道"，不变的"道"，因为作为一个本体，它是原则性的东西，是适用于万物的。本体之所以为本体，是与经验世界隔开的，就像康德把经验世界和本体世界分开，只有分开，才能保证本体的纯洁性和纯粹性。那么既然纯粹，与经验无关，肯定是不可道的，也是不可名的，因为"可道"，可以言说，或者给它一个概念的话，那么就受逻辑的必然性所制约，而逻辑的必然性是一种因果的必然性，是一种经验世界的规则，如果用经验世界的规则来限定道的本体，那么就把"道"狭隘化了。

　　无名，天地始；有名，万物母。

周生春： 刚才大家都围绕这个"名"展开了讨论，其实要了解"名"的话，还要看第二句话，"无名，天地始；有名，万物母"，这个很清楚。那么，"名"到底是什么意思。

关长龙： 这个断句成了一个问题。如果是"无名"，就是要做专有名词。

孔令宏： 前面一种是朱谦之的断法。也有另一种，"无，名天地始；有，名万物母"。

常无，欲观其妙；常有，欲观其徼。此两者同出而异名，同谓之玄，玄之又玄，众妙之门。

周生春： 另一种断法。"常无欲，观其妙；常有欲，观其徼。"断句不同，解释就不一样，理解也不一样。那么"无名"是不是一个词，"有名"是不是一个词，"无欲"是不是一个词，"有欲"是不是一个词？是的，《老子》里面是有的。所以既可以这样，也可以那样，两种不同的断法都可以。有没有第三种？

潘立勇： 按朱谦之的标点，"无名，天地始"，而"无，名天地之始"，这个"名"就不是本体。按我们字面理解，"道"是本体，而"名"是对这种本体的描述，但是作为"无名"，还是有本体的意思。

陆庆祥： 这个"无名"说的也是道。

孔令宏： 我觉得两种解释、两种断句都是相通的，意思还是一致的，"无，名天地始；有，名万物母"和"无名，天地始；有名，万物母"，都是说在万物没有产生之前那是无所谓概念的，只有在产生之后，或者产生的过程当中，才有了概念，也就是说"道"作为本体是先天的、先验的东西，两种解释都一样的。

周生春： 我想我们下结论不要太早，有时候你要八十一章全部读完以后，再说这个话。有没有讲到"名"？《老子》多次讲到"名"，比如第三十二章，"始制有名。名亦既有，天将知止"。

第
一
章

孔令宏： 我有一个建议，我们八十一章全读一遍，然后再一章一章讨论。如果有空我可以带一个老子《道德经》的配乐诗朗诵，大家听一听。

周生春： 这个应该是来之前自己读一遍，如果全部读一遍再来看，还是记不住，所以我希望大家来之前自己读一遍。

陆庆祥： 我提一个问题，"无名"和"有名"的关系，还有"始"和"母"的关系，讨论这个是有意义的。

陈　权： 如果按照西方的观点，神创万物，"道"上帝的"道"，"名"上帝的"名"，有上帝才有万物这个思想。

陆庆祥： 那"始"和"母"有什么区别？

陈　权： "母"就是本体，就是上帝本身；"始"就是上帝创造。

章颖亮： "无"和"有"是相对的，"无"可能是站在更高的角度上去做，但不是自己具体去做。

陆庆祥： 我觉得这个"始"，并不是单纯时间的问题。《说文解字》里面"始"是女之初也，少女之初，很纯洁的样子；"母"字形状像怀子，就是哺育的那种意思。

周生春： 这是一种思路，还有一种思路是文本，第三十二章，"始制有名"，四个字就解答你这个问题了，制度的"制"。

陆庆祥： 我的理解，把"无名"或者"无"作为天地之始，就是天地之初；"无"既然作为本体意义上"道"的一种描述，"初"就是本然或者本身的状态。其实按照老子"无为而无不为"的思想，天下万物其实都是无为的，这是一个本体、本然，而且天地本身就是一种"无"的过程。那么"有名，万物之母"，它不是本体意义上的"道"，是从一种宇宙生成意义上来讲的，"母"就是一种生成。所以这两者不是一个层次上的，"无名"是说道德本体意义，"有名"是说宇宙生成意义。

周三一： "有"和"无"这个概念，理解比较难一点。我个人觉得"无"并不是"空"，并不是什么都没有的意思，而是指一切事物它的至性本身是空的，由于因缘，各种各样缘起，这个"无"和"有"之间，可以说是"有"，也可以说是"无"，"无"中"有"，"有"中"无"，是相互依赖的。

关长龙： 佛经最早翻译过来的时候，就是用"无"来翻译"空"。

陆庆祥： 用"空"解释"无"，"空"是佛家的概念，用佛家的概念解释老子的话，两种不同的思维方式。

周又红： "欲观其妙"，这个"妙"怎么理解？荀悦解释为'理微谓之妙'，那么'理'指什么？"微"指什么？

陈世干： "妙"相当于"道"，"微"相当于"名"。

孔令宏： 奥妙、微妙，这里已经有解释了。

陆庆祥： "妙"就是没有行迹的意思，我们观察一种现象，我们看不出这种行迹。

关长龙： 这里"常"是意动用法，以无为常，以有为常。"以无为常"可以理解，但是"以有为常"怎么理解？以"无"为永恒之物可以，"有"是不是永恒呢？从"道气合一"角度来讲，万物代谢，这个消失，那个存在，永远会有的这个"气"总体来讲是永远存在的。

章颖亮： 举个例子，比如空气，平时我们看不到，感觉不到，但是我们失去空气又不行，我的看法就是辩证，就是平时你看不到，但是你不能失去它。

陆庆祥： 我觉得理解这句话，本体含义的时候是"常无"，生成的角度是"常有"，然后"妙"和"徼"，恰恰是"道"的两个方面。"无为"可以看作"妙"，"有为"可以看作"徼"，一个是无形，一个是有象。

潘立勇： 从思辨来讲，"道"、"气"两者永远不可分，所以"此两者同出而异名"，一个是形上，一个是形下。老子"无"的意味更突出，而到理学家那里，不强调"无"，而是重视"有"。

周生春： 这个本子是被加工过的《老子》，这是后来的，早期不是这样的，早期"有"的一面多一点，后来慢慢减少了，我做过这个探讨，它有一个发展过程，帛书本就比它早。

周三一： 区别主要是什么？

周生春： 强调"有"这一面多一点，"有名"、"有欲"讲得多一点。

潘立勇： 流行本是道家"无为"的意味更加突出。

陆庆祥： "道"是以"无"为本的，道气合一，"道"侧重"无"的这个方面，那么"气"就是"有"这个方面。我们能不能把"有名"看成"气"的一种描述？"有名，万物之母"，道家讲究"气聚为生，气散为死"，"通天下者一气"，"气"是宇宙万物生成的一个母体。

关长龙： 这个"气"，我一直有这样一个理解：按照传统的太极说，太极本来是含阴阳的太极，如果静的时候，这个阴阳属于太极中的一面，那个是形而上的；但是如果一动，那么这个阴阳生万物了，这个时候的阴阳是形而下的——阴阳介于形而上和形而下之间。

陆庆祥： "道"和"气"，是并列的概念还是分层次的概念？

关长龙： 一般理解的"气"不是并列的，是有层次的，"动而生阴阳之气"，实际上还是有层次的。

周生春： 不同的学派，理解不一样，你要理解只能是根据这个本子来理解，需要联系起来看才能理解这一章。我提出很简单的看法结束第一章的讨论，这是我个人的看法："道"有两种表现形态，无欲可以观其妙，有欲可以观其徼，"无"和"有"两种都同出于"道"。这是我很简单的解释。

第二章

天下皆知美之为美，斯恶已；皆知善之为善，斯不善已。

潘立勇： 美学上常用这句话，"天下皆知美之为美，斯恶已"。"美"这个东西本来应该是非常自然、无为呈现的。"知美之为美"，这个"知"就带有人为的东西，或者你去认知它，或者它故意要显现为美，这个时候已经离开了"美"的本性，至少离开"美"的自然的呈现。"大音稀声，大象无形"，"美"都是非常自然的东西，从本体形状来讲是自然的，从动机来讲是"无为"的。下面一句，"皆知善之为善，斯不善已"，在老子看来，德行本来是自然的呈现，你要把德行当做炫耀的东西来做，就不善了。其实儒家也主张这样的，就是这句话"皆知善之为善，斯不善已"。

周生春： 这里讲的是"知"，怎么解释？

潘立勇： 这个"知"，本来不让你"知"，不需要你"知"，它自然呈现。这个世界"美"也好，"善"也好，自己呈现的。但这个"知"就是带有人为的东西，或者人为地让你"知"，或者人为地炫耀。

陆庆祥： 潘老师说得对，"知"的这种结果就是"可道"，"可道"、"可名"的，都不是"常道"。

潘立勇： 我们要注意一下，老子强调"离形去知"的。

关长龙： 我有一个理解，因为我的背景是语言学，从语法的角度来理解，我一向认为是谓语省略，"天下皆知美之为美，斯之恶已；皆知善之为善，斯之不善已"，为什么这样说？实际上从整体的角度来讲要强调后面"有无相生"的问题，就是你知道"美"了，那么"恶"你自然知道，不用告诉你什么是"恶"；你知道什么是"美"，那么不美就是恶。

潘立勇： 我觉得从语法上讲是非常对的，但是老子的思想并不是让你知道"美"，然后来突出一个"丑"，整个老子思想里面是"离形去知"，如果知道"美"才能体现"恶"，这个不是老子思想。老子并不是想把"美"、"恶"的区分强调开来，他要把它混同起来，觉得美、恶之间本身没有太大差别的，庄子也这样，庄子的相对论并不是要强调区别，换个角度也不丑的。

关长龙： 这句话如果不管语法的话，有很多种不同的解释。所以我说它是一个"起兴"，不是老子思想的一个表达。

周生春： 你是从语言学上讲，当然这也是新的看法。

周三一： 刚才你说得很好，第二章一开头这个开言和上一章有什么联系？

周生春： 对，要把前后联系起来看。

潘立勇： "皆知美之为美"，就不是常美了，美本来就是不可言说的。

周又红： 我觉得关老师的解释很合乎常理，因为第一章最后的结尾是引入道德观，必然是有社会存在，大家皆知美的时候，此时，你已知"恶"是什么，也就是大家反对的是什么，就是一种存在、一种状况；关老师解释的很符合哲理，所以后面有一个"故"。

赵瑞广： 我觉得太简单化了，这样的话就没有必要来表达了。

关长龙： 如果你要这样解释的话，《老子》的文本都不用看了。

周三一： 你先要不离文本，就这个字本身，然后再来说后面的意思。

赵瑞广： 因为本身我们对断句有不同的理解。

周又红： 多种理解都是存在的。从整体主义、个体主义的角度都可以分析。

孔令宏： 我认为直接从字面意思联系上下文也是对的，但是要更加紧扣精神实质，从形而上的本体世界去思考，这样能够看透问题的实质。除了这句以外，这一章还有很多，比如音声相和、前后相随等。这实际上就是我们现在所谓的辩证法。应该说辩证法最早的渊源是从《道德经》开始，后来从中国传到欧洲，经过莱布尼茨的工作，然后传到黑格尔，然后到马克思，然后又到苏联，然后再到中国，这么一个出口转内销的过程，有一个漫长的发展。

　　故有无相生，难易相成，长短相形，高下相倾，音声相和，前后相随。

周生春：　我们接着讨论下面一句，"故有无相生，难易相成，长短相形，高下相倾，音声相和，前后相随"。

孔令宏：　这句话最有意味的就是"有无相生"这四个字。"有"跟"无"，如果"无"作为本体论的概念来理解的话，那么这四个字的内涵就非常深刻。《道德经》里面还讲到"有生于无"，那么跟"有无相生"结合在一起，就是从"有"又回归到"无"，因为它讲返璞归真，道法自然。所以"有无相生"这四个字可以说把宇宙发生论跟本体论都完整地统一起来，而且把形上的世界和形下的世界，从价值观的层次进行沟通，所以后世道教无非就是把"有无相生"这四个字做了集大成的发挥，而且落实到实践的操作功夫层次上。所谓长生不死，得道成仙，无非就是从"有"回归到"无"的一个过程，那么具体的操作方法，就是从不同的道路去进行探索，比如外丹、内丹等。从这个意义上来说，道家和道教并不像一般人所理解的，一个是哲学，一个是宗教，没有这么严格的区分。现在汉语世界里面，把道家和道教区分得那么严格，往往导致很多很费解、很麻烦的事情，但是到英语世界我觉得很简单，他们不太讲道家、道教这种概念区分。

潘立勇： 孔老师专门研究道家哲学的。我觉得这里都是辩证的，相生、相成、相形、相倾、相和、相随，后面几个动词都是相比较，但是这个"生"有一个派生的意思，比如"有生于无"，这个"生"可以讲是本体论；但是其他几个词，比如"有无相形"，意味着"有"和"无"是相对的，相辅相成的，没有派生的意思。那么这个"生"是不是本体论、本原论的意思，还是"生"有另外一种解释，一种共生，和相成、相形等一样？

秦新恒： 另外说"有无"，应该说"无有"才对，因为"无"更本原。我想"有无"和本原的那个"无"还不应该是一样。

陆庆祥： 我觉得你理解错了，这个地方"有无"、"高下"、"长短"等，这是一个现象层面，不是本体宇宙论的，或者你不能狭隘地只理解成"有生无"，"无生有"。其实"有无相生"是很好理解的，就是"有"是相对于你"有"之前的"无"，才能说你"有"；"无"也是一样，相对我以前"有"，我才是"无"，这是从自己来说。如果把自己和他人对立，我有，他没有的话，我是"有"，他是"无"，这是"有无相生"的。"有无、高下、长短"这是并列的，如果把"有"和"无"本体论罗列，怎么理解下面的"高下、难易"呢？

孔令宏： 你这个理解没有考虑"有"和"无"的内涵，因为"有"包含万事万物，这是它的内涵；那么这个"无"就是跟"道"同行的东西，要不然我们怎么理解"有"和"无"的内涵呢？"有"和

"无"跟下面的"难易、长短、高下"是完全不一样的内涵，如果从"有无"这个概念来讲，那么"难易、长短、高下"等都是"有"，都不是"无"，所以这句话应该是起着提纲挈领的作用。

秦新恒： 但是第一章说"此两者同出而异名"，这两者可能就是指"有"和"无"，要是这样的话，"有"和"无"也可以放在一块并列来看。

陆庆祥： 我认为"有"可以理解成本体论"有生无，无生有"，但是不要狭隘化，只理解成这一个，其实都是相通的。

孔令宏： 如果这样理解的话，你就是把下面的"生"理解成所谓的"成、形、倾"这一类的概念，但问题"生"有没有这样的含义呢？

陆庆祥： 其实在先秦诸子里面所谓的"生、成、形"就是一个层次的概念，什么叫做"生"呢？"生"是"成、形"，"形"也就是"成"，"成"也就是"形"。

秦新恒： 那么"相"是什么意思？是相互的意思吗？

陆庆祥： 是相互的意思。

秦新恒： 那就是"有"和"无"相互生，"有生无，无生有"。

陆庆祥： 是，"有"和"无"是相互生的。

秦新恒： 这个"无"和"有"，谁是本体？谁是现象？

关长龙： 我觉得这个问题非常值得思考，就是"有中生无"的问题，"有"能不能生"无"，"有"怎么生"无"？"有"肯定能生"无"，这个很重要。

陆庆祥： 按照孔老师"有生无"那种理解的话，恰恰引起大家的这种歧异，"有生无"，那么"无"怎么生"有"呢？

孔令宏： "无"怎么不能生"有"？

关长龙： 这个问题值得思考，你不要一下子反对，我觉得这个问题非常有意思。

周又红： 我来谈一下理解，我认为本体论的载体是人，因为"无"本身是自然存在，"无"不相对"有"的时候，即没有形成人文社会科学之前，也就无所谓"无"了，所以"有"和"无"是同时并存的；也就是当你产生本体论的时候，当人有了认知哲学，有了世界观的时候，这个时候"有"和"无"是同时存在的。

陆庆祥： "有无、高下"等，本身是一种差别。"有"和"无"是一种差别，"高"和"下"是一种差别，既然存在差别的话，那么就是属于现象层面的东西，所以"有无、难易、长短、高下、音声、前后"。老子的本意我觉得是告诉我们不要用现象的这种眼光。

第二章

关长龙：　但是你要知道老子前面讲了一大堆，最后的目的是想要证明"无为有为"的问题，那么"无为有为"你也认为是形而下的？

陆庆祥：　所以后面得出结论：处无为之事。

关长龙：　那么"无为"就是想要有"大为"，有"无为"要有"无为无不为"。

陆庆祥：　但是这一章里面没有强调"无不为"，这一章只是强调"无为"和"无形"的，如果从"无为"和"无形"的角度来看，老子是强调了道的本体的东西。

关长龙：　这一段话解释成"形而下"是很好的，但我认为要结合后面涉及的一个问题，目的是什么？目的想证明"无为"，君子要"处无为"，实际上隐含着"无为"可以"有大为"，目的在这里。

陆庆祥：　那么什么是无为呢？

　　是以圣人处无为之事，行不言之教。万物作而不辞，生而不有，为而不恃，成功不居。夫唯不居，是以不去。

周生春：　刚才的讨论有两种不同的看法，我想是不是联系下面几句话来理解。"是以圣人处无为之事，行不言之教。万物作而不辞，生而不有，为而不恃，成功不居。夫唯不居，是以不去"。这个是不是"有无"的转化？"有无相生"？

陆庆祥： 不是"有无"转化的结果，这个地方强调了道的，比如"作而不辞"，"辞"和"有"、和"恃"、和"居"、这都是有行迹的表现，这是"为"，但是老子恰恰认为"有、恃、居"等都是现象层面的东西，他是要让人返回到道的本体。道的本体是"无为"，什么叫做"无为"呢？无形、无相。什么叫做无形呢？就是没有行迹，不要太显露行迹了。第二章要和第一章联系起来看，第一章是纲领性的东西，"道"有两个方面，一个是"有"，一个是"无"，"无"就是它的本体，"有"就是它的生成意义，那么第二章开始讲它的本体意义了，就是强调道的"无为"的一方面。

潘立勇： 道的本体没有错，但是道的本体论隐含一个生成方式的问题，"是以不去"这个里面有方法论的方式、生成的方式。

周生春： 如果按照你的说法，你应该同意孔老师的观点，"无"是本体，"有无相生"。当然我不同意你的观点，"道"是本体，还是"无"是本体，这两个可以再考虑。

陆庆祥： 我认为"道"是本体，但是"无"是对它本体的一个描述，什么叫做本体呢？本体就是一种纯粹的、无为、无形、无相的东西。

第三章

　　不上贤，使民不争；不贵难得之货，使民不盗；不见可欲，使心不乱。

周生春： 这三句话基本上是一个意思。

章颖亮： 什么是"贤"？我认为应该是一种标准，就是说不要设立同一个标准让大家去争取，每个人都有不同的生活习俗，要追求自己的东西而不是被别人的标准所左右。

孔令宏： "贤"主要是道德这样的东西。

章颖亮： 另外一种角度，当时"道"的一种标准是"贤"，但是对于每个人来说，标准是不一样的。

孔令宏： 这个"不上贤"的"上"怎么理解？如果是上下的"上"，是不是贤的人给他一个高位？

周生春： 这是在上者。

范良聪： 中国自古以来都有一个教化思想。

潘立勇： 让民怎么样，让民不争，让民不盗，让民心不乱。

周生春： 这里讲的是在上者的政策。

范良聪： 实际上这个政策是对应着那个本来的"道"的。

关长龙： 实际上老子的"无为无不为"，一直是隐含着有"大为"的。

周生春： 这就是老子和庄子的区别。

　　圣人治：虚其心，实其腹，弱其志，强其骨。常使民无知无欲，使知者不敢为，则无不治。

陆庆祥： 我觉得"虚其心，实其腹，弱其志，强其骨"和"不上贤"、"不贵难得之货"、"不见可欲"有道义上的关系，如果对"道"本身没有很彻底的理解，肯定不能理解后者。

孔令宏： 用"道"来理解这个很有必要，因为过去很多人批评老子是蒙昧主义，贴了"有利于统治者"等很多的标签，我认为应该从上下文联系"道"来理解，从人的本性、发展需要什么样的身心状态，需要一种什么样的社会环境这个角度来理解。

陆庆祥： 我觉得这一段是老子哲学的演绎，是论据，来证明"道"的无形有相。"不上贤"，"不贵难得之货"，"不见可欲"，这些都是无形的表现，所以"圣人治：虚其心，实其腹，弱其志，强其骨"。"虚"和"弱"等都是"道"的本体的演绎。

周生春： 有一句话"有无相生"。

陆庆祥： 如果我们从经验层面去看，老子的这段话有点愚民政策，但是我们从哲学的高度来看，是一种哲学的演说。作为"道"的一种论据，或者说把这个"道"应用于政治当中，我们怎么样去应用这个"道"。因为"道"是无形的，"道"是无为的，那么所以说你要虚其心。

陈　权： "实其腹"怎么解释？

陆庆祥： "实其腹"就是不要让他有过多的欲望，"圣人为腹不为目"，填饱肚子就可以了。

周生春： 有无相生，无中生有，无为才能无不为。

关长龙： 这里有一个字我提一下，"不见可欲"的"见"，这个字应该读 xiàn，使可欲显现出来。然后"虚其心，实其腹，弱其志，强其骨"和下一句应该联系在一起，就是"常使民无知无欲"。那么"虚其心"其实就是"无知"的问题，因为那个时候孟子讲的"心之官则思"，实际上心是"知"的器官，"虚其心"实际上就是把"知"去掉。"弱其志"的"志"是对着无欲的"欲"，所以"弱其志，强其骨"，让你身强体壮，肚子吃饱，然后没事可干，等着无为，等着让你生命中的"道"自为，那才能"无为"。后面那一句"使知者不敢为"，就是足智多谋的那些人，诡计多端的人，他不敢出谋划策，搞阴谋诡计。

章颖亮： 那民也不为，君也不为，那这个国家……

关长龙： 大家"不为"，就是"道"为了。

潘立勇： 自然而道的，那天下也太平了。

周生春： 老子主要针对君主讲的。

关长龙： 所以这个和儒家讲的君王要无为而治、垂拱而治，实际上意思差不多的。

第四章

道冲，而用之久不盈。深乎！万物宗。

周生春："道冲，而用之久不盈。深乎！万物宗"和前面第三章联系起来看，是一个整体。一方面是"冲"，第二方面是"用之久不盈"。

关长龙： 还是"有无相生"，有"虚"必然有"盈"，"盈"中一定要有"虚"。

关长龙： 这个"宗"就有点神的感觉。

周生春：后面还有一句话"吾不知谁子？象帝之先"。

陆庆祥： 这个"宗"，是什么意义上的"宗"？

关长龙： 主宰的意思，生命中的主宰。

挫其锐，解其忿，和其光，同其尘。湛常存。吾不知谁子？象帝之先。

周生春："挫其锐，解其忿，和其光，同其尘。湛常存。"一方面是"万物宗"，另外一方面是"湛常存"。

关长龙："光"是日月之光。

周生春：天地之光。

关长龙："尘"是世俗红尘。

周又红：这一章学术上怎么解释？

孔令宏：这一章比较容易理解，意思是说"道"就像器皿内部空间一样，能够很久很久用不尽，成为万物的宗主、万物的主宰，是实实在在的存在，不知道它像谁，是先于这种经验现象的存在。这里的"帝"我理解为原初的迹象，为什么这样理解？最早王安石的注解当中，"'象'者，有形之始也；'帝'者，生物之祖也"，所以在《道德经》把"象"理解成"现象、形象"，那么"帝"在古代，早期跟祖先的"祖"有同样的意思，所以"象帝"就是原初的形象。

第五章

天地不仁，以万物为刍狗；圣人不仁，以百姓为刍狗。

周生春： 这句话还是有不同的理解。请各位发表意见，这句话很多解释、理解很不一样。

孔令宏： "天地不仁"，就是讲天地当中万物的生长衰亡都是自然的，无所谓对谁仁爱，对谁不仁爱。

潘立勇： 天地普生万物是它的本然，百姓也好，万物生长也好，都是天的本然，一视同仁就没有"仁"了，最高的"仁"就是没有"仁"。

周生春： 后面第三十八章讲得很清楚，"失道而后德，失德而后仁，失仁而后义，失义而后礼"，所以天地不仁。"大道废，有仁义"，天地是符合"道"的运作，所以它是不会讲什么仁义的。道德的层次要高于仁义。

徐　佳：　就是说没有"道"了以后才会有"仁"。

关长龙：　这里天地是"道"的意思。儒家那个"仁"一般也是两解，一个是"爱"的意思，一个就是"虔诚"的意思，这里说天地不虔诚肯定不合适，那么说天地不爱呢，也不合适。

潘立勇：　"道"是最高的一种层次，那么这里"仁"到底是哪个"仁"？天地不仁，那么是要去掉这个"仁义"。下面一句，"圣人不仁"，当然这个圣人跟儒家的圣人不一样，道家的圣人是不要仁义的，儒家的是崇尚仁义道德。

徐　佳：　这个"仁"会不会通"人"，是人类的人？

陆庆祥：　不是。

潘立勇：　以百姓为刍狗，不是看不起百姓。哪怕以百姓为蚂蚁，蚂蚁也并不是贬义的概念，是中性的概念，不要有道德评价。

关长龙：　"刍狗"就是草扎的一个用来祭祀的东西。有的认为刍狗就是草和狗，但是我觉得还是应该连在一起。

　　　　天地之间，其犹橐龠。虚而不屈，动而俞出。

孔令宏：　"橐龠"理解成"风箱"。

周生春：　就像前面的"道冲，而用之久不盈"的意思。

多言数穷，不如守中。

周生春： 我们看最后一句话，"多言数穷，不如守中"，这是一个结论。

关长龙： "数"在这里是多次的意思。

孔令宏： 就是话说多了，没有什么话好说了。

周生春： 多言数穷，这个"数"应该读 shuò。

关长龙： "数"就是多次、经常。因为如果要守中的话，那就和儒家的中庸有一致性。

孔令宏： 儒家的中庸主要是不走极端，这个"守中"就是"无为"，但是也是相通的，无非强调少说空话、大话、套话、假话。

周三一： 鲁迅先生曾说过："当我沉默着的时候，我觉得充实；我将开口，同时感到空虚。"

孔令宏： 本来就是这样的，你张口说出来的只是一个方面，而且只是一种理解，所以老子让你反方向去，因为说出来只是多种可能性当中的一种，你一旦认可这种可能性，就把其他无穷种可能性排除掉了。

关长龙： 西方哲学追求"说不可说之神秘"，实际上你知道我说的东西肯定不是最本真的东西，但是我们互相交流经验，比如如何去"守中"，还是得说，不然不说什么都不知道。

孔令宏： 所以为了解决这个问题，后来唐代的重玄哲学，不断地否定，只要你说了一种可能性，马上给你否定，然后又打开了无穷种可能性，这样无穷无尽地持续下去，可以向最高的本体无限地靠近。

关长龙： 这个是对的。禅宗动不动就给你一棒，不让你说了。

第六章

谷神不死，是谓玄牝。

孔令宏："谷神不死，是谓玄牝"，这是比较重要的一句话，在宋代有关《老子》的注当中有很多争论。怎么理解"谷神"和"玄牝"，以及"玄牝门，天地根"也是比较重要的，后面到了道教的内丹修炼当中，把"玄牝"又视作另外一种实践操作。

周生春：在一定程度上，可能还是道教对《老子》的原意有更多的把握。

周三一：原因我想一是自身有见地，第二是有体证、认证。

关长龙：所以没有必要一定说道教的理解和《老子》不一样，实际上不是不一样，是一个理解系统。

孔令宏："谷神"就是对"道"的描写，就是对"道"的生生不息的功能的一种描述。山谷是两边高，中间是空虚的，因为空虚所以能够容纳很多东西。另外，"谷"通食物当中吃的谷子，那么谷子是养育的东西，是一种食物，都是描述"道"的生养万物。那么"不死"就是不停顿、生养万物的功能不停止，"玄牝"也可以理解成万事万物发生的最初的那种状态。

　　玄牝门，天地根。

潘立勇： 这个道家是不是对女性特别有体验？这段话里面，讲的这里的玄牝，玄牝之门，天地之根。

孔令宏： 也有另外一种解释，把"玄牝"理解为女性的生殖器官，这是一种解释，但是这种解释应该说包含了生育万物，这个说法也可以说得过去，历史上也有这种解释的。

　　绵绵若存，用之不勤。

周又红： 这个"用之不勤"？

关长龙： "不勤"也有很多解释，前面"用之久不盈"、"动而俞出"，好像是用之不尽；用之不尽还好理解，但是用之不勤不太好理解。要是把这个"勤"引申为"辛苦"的意思，可能还可以好理解一点，"用之不苦"。

陆庆祥： 我觉得古时候"勤"和"尽"是不分的。

周又红： "用之不勤"是否可以理解为次数，反复不停地用？长期地动态看那是不停地用，但是用的过程当中频率、次数勤了，时空都是统一结合的。

周三一： "绵绵，微细不断貌也"，一种状态。这个"勤"是不停的、不断的、不间断的，是不是指生命繁衍？

关长龙： "勤"字本身，好像义项里找不到这个意思。所以一定要围绕这个语言讲，这个道"绵绵若存"，你用它不辛苦，很自然、很轻松、很愉快。

周又红： 这也可以从另外一个角度判断，用之不累。

关长龙： 用之不累才能坚持用，你要是累了就不干了。

第七章

天长地久。天地所以能长久者，以其不自生，故能长久。

周生春： 这一章分两个部分，第一部分是第一句和第二句，我们先讨论第一句，然后再讨论第二句。这也是讲"有"和"无"的关系，"有无相生"的问题。

孔令宏： 关键是"不自生"怎么理解？应该是不跟别的物去争夺，自然而然地顺应这个规律去生长，或者说为自己而追求长生。

陈世干： 跟下面联系在一起看应该是不为自己而生。

周生春： 就是无私。

关长龙： 后面那句话表露出了老子真正的意思，"以其无私，故能成其私"，最终目的是要成其私的。

周生春： 也不能这样讲，只是告诉你，你不自生，就没有长生。

徐　佳： 所谓我为人人，人人为我。

陈世干： 自私的人，反而最后不能成其私。

关长龙： 自私有小我之私，大我之私。真正的大我之私，就是"道"之私，就是宇宙，就没有个体的那种私了。

陆庆祥： 我觉得天地固然是道，"道"本身是肯定存在的，但是那种存在不是生而存在的，因为道或者天地，是没有生没有死的，无生无死的话就不自私了。

关长龙： 语法上也解释得通，生了万物，但是不是为我自己生。

　　是以圣人后其身而身先，外其身而身存。以其无私，故能成其私。

周又红： 每一章都是先讲自然规律，再讲人文社会规律。所以前面那个"自生"不一定要和后面"私"紧密相衔，依此类推进行逻辑思辨。

关长龙： 我的理解就是天地生万物，不是天地要为自己生的万物，我不能说生了孩子，孩子一定要为我服务，不能这样的。我生了万物，实际上相当道生万物。不是为我自己的目的，所以我才能永久，但是这些东西又都是我的。其实不管是当官也好，还是个人修养也好，你做的一切事情不要为自己的目的，说我这个东西能卖多少钱，那个东西能赚多少名声，你做这个事情就要按照道的办法，道让你做你就做，不让你做你就不做，这样所有天地万物都是你的，这样成其私，实际上就是大私了。这个"私"有小私，有大私，就像自我一样，有小我，有大我，大我就是"道"，你和天地合一，天人合一。

陆庆祥： 大私无私，这个"私"和天地是相通的，这是人的个体性。

关长龙： 那个私就是"道"的私，实际上就是本体的"私"了。

周三一： 本体没有"私"的。

关长龙： 你可以说本体无私，但是实际上老子讲的"大音希声，大象无形"一样，那么大私无私，就是这个意思。

周生春： 最后这句话讲的是"大公有私"。

吴永明： 无形当中也成就了自己。

周生春： 老子是"大公有私"。

陆庆祥： 那么你的个体性也被取消了。

关长龙： 小河有水大河满，如果大河有水倒灌回去，那么就闹洪灾了。

第八章

上善若水。水善利万物，又不争。处众人之所恶，故几于道。居善地，心善渊，与善人，言善信，政善治，事善能，动善时。夫唯不争，故无尤。

孔令宏： 这句话还是承接着上面这个"是以圣人后其身而身先，外其身而身存"，还是"不争"的这个意思。水是就势的，地势往下就往下，能够滋润万物，对万物都有滋润养育之恩，所以能够无所阻挡，没有什么障碍。滴水可以穿石，引申出"道"的这个功能，所以"水"本身在老子的《道德经》里面就是"道"的一个形象化的引申。

关长龙： 也就是滋润万物，但是又不把万物据为己有。

潘立勇： "处众人之所恶，故几于道。"处在众人所厌恶的地方就接近于道了，但是后面讲，"居善地，心善渊，与善人，言善信，政善治，事善能，动善时"，这都不是众人所恶的，原因是前面所讲的"上善若水。水善利万物，又不争"。比如我做流氓了，并非我最接近于道了。我是流氓，是"恶"接近于道了，不是"善"接近于道，老子讲的肯定是正面的道。

周生春：这个问题其实和第二章有相通的地方，即天下"皆知善之为善，斯不善已"和本章中的"处众人之所恶，故几于道"。

周三一：善恶还是没有区分开，这个"恶"可能还是指不利的地位。

关长龙：这个"恶"就是众人不喜欢的位置。

孔令宏：因为众人不会像水一样，众人都要去争，去夺，我不跟众人，正好相反，所以我更接近于道。

关长龙：传统有一句话"水往低处流，人往高处走"，他说人也要像水一样，往低处走，就像潘老师刚才说的，流氓是大家不喜欢的，但大家都当流氓去了，那我怎么办？我们不支持做流氓，我们要学会区分这个问题。

陈　权："处众人之所恶，故几于道"，这是什么意思？

孔令宏：是说众人不像水，水是不争的，众人都要去争，水往低处流，大家都要往高处走。所以真正懂得大道的人，不会像世俗的人那样去做，而是像水一样懂得"无为"、"清静"、"冲和"的道理，所以更能够接近于道。

第八章

孔令宏： 这个"恶"就是不喜欢。

关长龙： 讨厌。

孔令宏： 众人之所恶，众人不喜欢，不愿意。众人都喜欢往高处走，而你喜欢往低处走就是接近于道。因为你更接近于水的品性。

关长龙： 实际上最后强调水还有一个特点，儒家讲水是可以"盈科而后进"的，就是你这儿有沟壑我就填，但是如果势达到一定程度的话，那我环山相连，可以把整个大地淹掉。虽然我取下，但是当我势能积蓄到一定程度的时候，我还是在上。道最后也是这样，开始好像我的志向是取低，但是实际上我的能量逐渐变大的时候，一定会上去。

孔令宏： 最后滴水可以穿石。

周又红： 我想问一个问题，这个"善"字怎么理解？

关长龙： 背后隐含着善恶相生的问题，你虽然处在众人所恶，但是实际上肯定最后会达到众人所善的。

周又红： 原来传统怎么解释"善"？是做动词还是做名词，有没有道德判断？在每个地方用意是不是一样？

关长龙： 一般来说，如果作为名词来讲，作为范畴来讲的话，那我觉得"善"就是恰到好处，就是最合适的状态。

周又红： 你是把它作为一个形容词来判断。

关长龙： 如果作为形容词的话，只是一个好的意思。

周又红： 那这章里的"善"是做什么呢？是善于利用它还是其他意思？

关长龙： "上善"就是最后的状态，还是有道德判断在里面。

周生春： "上善"是名词，"善利万物"应该是动词。

周又红： "言善信、政善治"，这个"善"难道还做名词吗？好像不太对。

关长龙： 都是形容词。

周又红： 就是更偏向于形容词。

周三一： 这个"善地"、"善渊"、"善人"，什么样的是善地？什么样的算是善渊？是不是好的位置就是善地？

关长龙： 这个"善地"应该是前面讲的众人之所恶，就是卑下之地，人家往上走，你往下走。

陆庆祥： 我觉得这个"地"和"渊"是一个层次，这个"地"是相当于天，地是非常低的，居善地，居的话就是处在什么位置，你的位置要低，要谦下，要低下的，然后"心善渊"，心要像深渊一样。

潘立勇： 地善于选择，心善于接受，人善于交往，"善"是作为动词，"地"也是作为动词。

周生春： 不同的解释很多，有动词，有副词，有形容词。

陆庆祥： 道理是一样的。

关长龙： 你解释这几个都一致就行，要么都解释成形容词，要么都解释成动词，就是要一致。

周生春： 前人的解释都是这样，都有不同的处理办法。

关长龙： "与善人"的"与"是结交，结交朋友的意思。"居"、"心"都是名词，这个"与"要么解释成交友。

周生春： 这个"与"和结交是一种意思，还有一种是给予，有不同的解释。

周三一： 因为主要解释水，都是水的一些特征。

陆庆祥： "居善地，心善渊"，跟后面的"与、言、政、事、动"这几者分成两层，"居善地、心善渊"这是一层，好像儒家修身一样，或者本体的修身，你只有先做到"居善地，心善渊"，你才能做到"与善人，言善信"，也就是说前面"居善地，心善渊"是一种无为，然后后面是无不为。

关长龙： 表达上有点问题，"居"和"心"也有选择的问题。

陆庆祥： 如果不这样理解的话，那么下面就没法解释了。

周生春： 解释很多，不是说不好解释，而是太多的解释了。

周又红： "善"如果选择做动词的话，不加道德判断，那么作为经济学来讲很容易理解，居所的时候我们要选择最有利的地方，心要选择深藏不露，交友的时候要选择什么样的人，都可以做动词。"善"就是权衡利弊的过程，就是一个动作的过程，你要是善能，就是发挥自己能力最强的一面，自己有偏好，明白自己天生具备什么能力，择时而动。

陆庆祥： 下面"夫唯不争，故无尤"，这是一个因果关系，不争的话就是要"居善地，心善渊"，然后故无尤。

周生春： 每个人的解释都不一样。

关长龙： 作为个人的话，还是应该有自己的一个解，如果你要是有多个解释的话，那就完了。

第九章

　　持而盈之，不若其以。揣而锐之，不可长保。金玉满堂，莫之能守。富贵而骄，自遗其咎。功成、名遂、身退，天之道。

周生春：　这一章比较容易理解，不会有那么多的不同的意见。

关长龙：　这一章最后一句说"功成、名遂、身退，天之道"，那么我如果功名未遂的话，是不是要努力去成功成名？成了以后才能退，没成我怎么退？

周生春：　主要针对侯王讲的，而不是针对一般老百姓，都是功成名就之士。

关长龙：　而且这个"退"不一定是指辞职。

周生春：　告诉你"无私才能成其私"。

陆庆祥：　这是老子的大智慧。

周生春： 老子显著的特点是智慧，与众不同的智慧，所以一般人是听不懂的。

周又红： 这样说的话，一般人是不需要懂的，老百姓都是市井小民。

周生春： 就是讲给精英听的，正所谓天地玄机，治国权谋，人生智慧。

第十章

载营魄抱一，能无离？

周生春： 我们先从第一句开始，"营"是营气，"魄"是魂魄。"营"和"魄"能不能分开？

关长龙： 我一直以为这个"营"是通"魂"。

周生春： 有人解释成精神，神魄。

陆庆祥：《说文解字》上"营"解释成阳气，"魄"是阴神。

关长龙： 这个"营"是通假字。

周生春： "营"是一种气，人吃了五谷有营养，变成这个气就是营气，那么可以解释成阳，"魄"当然是阴了，有很多种解释。

陆庆祥： 王夫之解释营魄，把营魄看成魂，他说"营魄者魂也"。

关长龙： 解释成"魂"也不行，后面有抱一，是不是要两个抱在一起，"营"和"魄"。

专气致柔，能婴儿？

周生春： "专气致柔，能婴儿？"一般解释成：抟气致柔，能婴儿乎？抟气就是聚集精气。

周三一： 能无离是什么意思？

周生春： 能够分开吗？

周生春： 能婴儿乎？王弼注本是很好读的，琅琅上口。

徐　佳： 这个"载营魄抱一，能无离？"这个"载"和"抱"是什么意思？

潘立勇： "载"是一个语气词。

吴永明： 王弼解释"载犹处也，营魄，人之常居处也"。

周生春： 这个"载"可以作为语气词，也可以作为实词来解释。

陆庆祥： 宋朝范应元说"营魄，魂魄也。"

周生春： "载"也可以是负载、负荷的意思。

陆庆祥： 有的说"载"是语气词。

周生春： 所以很多种解释，前面是两个问题，后面第三句是一系列的问题，"涤除玄览，能无疵？爱人治国，能无为？天门开阖，能为雌？明白四达，能无知？"，连续四个问题。

关长龙： 朱谦之那个校，他说没有"乎"似乎是古本，我的理解是，"能"解释为"而"，不应该用问号。就是"载营魄抱一，而无离"。

周生春： 从文字上看，不同的版本也是各有差异。

周三一： 朱谦之的解释其实都是说"营"是"阴"，《素问·调精论》"取血于营"，注："营主血，阴气也。"又《淮南子·精神训》："烛营指天。"知营者阴也，营训为阴，不训为灵。是不是还是讲道家修炼的一种方式？

关长龙： 河上公注："营魄，魂魄也。"那么"营"通"魂"，也是一说，如果通"魂"的话，比较好理解，因为我们比较熟悉魂魄放在一起，"营魄"放在一起似乎比较难解，所以很多解释"营"以后，还要把"魂"带出来，这样就有点乱。

涤除玄览，能无疵？爱人治国，能无为？天门开阖，能为雌？明白四达，能无知？生之畜之，生而不有，为而不恃，长而不宰，是谓玄德。

周生春： 他虽然是问了六个问题，实际上答案是很清楚的，"无离、婴儿、无疵、无为、为雌、无知"。最后来一个总结，"生之畜之，生而不有，为而不恃，长而不宰，是谓玄德"。提出六个问题，然后给出一个结论，这叫做玄德。

顾　征： 刘玄德是不是取自于这里？

周生春： 就是取自于这里，很多人的名字都是取自于这里。

顾　征： 玄德就是很高尚的道德？

周生春： 深奥的、玄妙的。

关长龙： 或者最高境界的。

顾　征： 但是前面是道经，后面才是德经。

周生春： 由"道"到"德"。

潘立勇： 成玄英认为五十一章里有与此章里的完全重复的句子，这里是错句了。

周生春： 因为帛书本是《德经》在前，《道经》在后，和上面是有联系的。

关长龙： 现在是道经三十七章，三十八章以后是德经。

周生春： 所以德在先的话就不存在这个问题，另外这个是跟上面有关系的。

徐　佳： 这个涤除玄览，这个"玄览"究竟是应该留下还是去掉？

潘立勇： 涤除就是洗干净。

徐　佳： 如果把它都去掉的话，能无疵乎？

潘立勇： 没有去掉，是让你心胸成见涤除掉以后去深深地体会到。

关长龙： 我理解是先涤除，然后再玄览。如果从语法上来讲，玄览是宾语的话，那么就把玄览涤除了，如果玄览涤除了，好像有点不太符合老子的意思。实际上这句话从字面意思上是可以有两种理解的。

顾　征： 天门开阖，能为雌？这个什么关系？

周生春： 天门指人的天门，一种理智。

孔令宏： 天门就是耳目。

关长龙： 按照河上公的解释，天门是鼻子，开阖是嘴。

周生春： 这是一种解释。"雌"就是静守，雌柔。

顾　征： 他提出这些问题的答案，都是不能。

周生春： 都是无。"无为、为雌、无知"，这个就是玄德。

周生春： 专气致柔，能婴儿，就是指抟气。

关长龙： 把"气"凝在一起。

周生春： 致柔，比如练气功，放松下来，像婴儿一样，能做到婴儿一样吗？能不能做到返璞归真的境界？

关长龙： 婴儿精气内敛，不像成人精气外放。

周生春： 这一章比较简单，下面一章意义比较深一点，高远一点，我们看下面一章。

第十章

第十一章

三十辐共一毂，当其无有，车之用。埏埴以为器，当其无有，器之用。凿户牖以为室，当其无有，室之用。有之以为利，无之以为用。

周生春： 这一章前面举了三个例子来说明有无的关系，最后一句话是作为小结。前面三个例证好像比较清楚。有车辐，中间必须留出空处，才能装上车轴，车轮才会转动。做陶器，器皿中间必须留出空处，器皿才能发挥盛放食物的作用。那么造房子，有这个门窗，人才能出入，空气才能流通，房屋才能有居住的作用。最后的结论是"有之以为利，无之以为用"。学美术、学艺术对这句话非常有感受的。

潘立勇： 非常有同感，做人也是这样，要留有空间。

周生春： 一般人比较注重"实"，不太注重这个"无"。"有"为什么有"利"，就是因为"无"在起作用。

关长龙： 如果没有"无"，那"有"也就没用了。

周生春： 所以这也是有无相生的关系，"有"和"无"的关系，是对立和统一的。

潘立勇： 读起来不顺。

周生春： 这是朱谦之的断句。

关长龙： 我觉得最后这一句话"有之以为利，无之以为用"，从语法上来讲，就是"以有为利，以无为用"，这样解释比较简单，从语法上就应该是这么解释的。比如一个碗，我卖给你，实际上你是用中间空的地方来盛饭，但是现在卖给你的价格，是以碗的大小，即"有"的这个部分的大小来算，所以"以有为利"，"利"就是获利、好处、利益。碗大卖钱多，碗小卖钱少。

周生春： 你卖的是"有"还是"无"？

关长龙： 但是你用肯定是用"无"。

周生春： 买你的是"无"，空间有大小，碗大空间大，碗小空间小。

周三一： 本质上应该买的是那个"无"。

周生春： 但是看起来应该是"有"。

第十一章

姚　烈：　价值和使用价值。

关长龙：　有无相生，这里真正体会到有无相生。

顾　征：　我觉得朱谦之的断句还是有意义的，当其无有，"无"和"有"共同"当"的时候，才有"车之用"。"有"和"无"都要具备，光有"有"没有"无"也不行，光有"无"没有"有"也不行。

陆庆祥：　这个"用"其实在古代是一个"通"的意思，那么一件器物之所以能"通"的话，必须具备"有"和"无"两方面，"无有"都具备了之后，把"用"解释成"通"也可以。

顾　征：　这样的话，就是把他的意思理解得复杂了，比如窗户，"无"的时候才有窗户的作用，就是应该说当其无。

潘立勇：　要联系老子整个思想。

顾　征：　"有车之用"，这个"有"的性质就变了，词性就变了，就是当做我们今天说的有什么的意思。

关长龙：　这个只能是个人具体意思的驱使，朱谦之这样判断肯定也有渊源的。

潘立勇：　他这样断句，不是"无"和"有"并存，是当其没有"有"。

周生春：　朱谦之考虑"无有"是一个字，就是"无"，和"当其没有"

一样的意思。

潘立勇： 这位先生讲"有"和"无"并存，这个不太符合老子整体的想法。

周三一： "无有"就是"无"。

周生春： 我们记住最后一句话，这句话很值得回味，很值得反思。

第十二章

　　五色令人目盲；五音令人耳聋；五味令人口爽；驰骋田猎，令人心发狂；难得之货，令人行妨。是以圣人为腹不为目。故去彼取此。

周生春： 这一章比较好理解，有没有什么新的看法？

顾　征： 这个"五味令人口爽"怎么讲？

周生春： 这个"爽"和今天的"爽"不一样，正好相反，就是不爽，吃得太多了没有味道。

潘立勇： 不但没有味道，还会变味道。

关长龙： 这个"为腹"，还是和第三章"虚其心，实其腹，弱其志，强其骨"意义有关联，就是吃饱了，身体养壮了就行了。

顾　征： 表象是无所谓的，只要肚子填饱就行了。

顾　征：　这个"难得之货"怎么讲？

周生春：　就是前面第三章的"不贵难得之货，使民不为盗"，追求难得之货，就要为霸了。

周三一：　不该得的就不该得，不要去追。

关长龙：　那就是说你不能听五音，不能看五色。目不视五色，耳不听五音，口不尝五味。

潘立勇：　还是要回到混沌之境，眼睛不要，鼻子也不要，耳朵也不要，本来就是一个混沌，因为有了眼睛以后就有罪恶，就起色心什么的。

陆庆祥：　那老子是不是取消了审美？

潘立勇：　要取消人为的那种。

周生春：　他并不是反对五色、五音、五味，而是要我们不要目盲、耳聋、口爽。

潘立勇：　这个五色、五味、五音不是自然的那种，反对的是人为的色、味、音。

陆庆祥：　是不是可以解释为人的一种过分的欲望？

潘立勇： 整个意思就是人类后来的文明使人变得更加的愚蠢，无论感官上的还是理智上的，所以要"离形去知"，这里就讲到离形的问题，人的感官的对象都是人类后来创造的，他认为创造的东西离人的本性更远，人的最高的本性应该是跟自然本身统一通用的，所以要回归到婴儿状态。

关长龙： 就是长眼睛不让你看。

周三一： 是提倡返璞归真。

孔令宏： 不要过分、不要过头、不要走到极端。

关长龙： 就像和尚，不能不让他看美色，看过就忘了，不能看过以后还念念不忘。

潘立勇： 没有五色或者很自然的环境本来就是很纯真的，而人为外加了好多东西。现象学也是这样认为的。现象学认为你叠加了许多知识以后，反而接触不到本真了，所以要悬置起来，把这些东西遮蔽掉。但是如果一概地反对"五色"，那就太绝对了，可能也不是他的本意，因为自然也是有颜色的，"道"也是会呈现的。

陆庆祥： 但是我们现在通常讲人和动物的区别，应该是"为目不为腹"。

潘立勇： 就是要回到真我状态，真我状态比人为的状态还要更进一步。老子认为人要回到婴儿阶段。当然人和动物的区别，我们是为"目"，耳目是高级的感官，低级动物只有触觉和味觉的，我们的审美器官是耳目。

陆庆祥：　那就是老子认为人和禽兽不应该区别？

潘立勇：　他根本没有禽兽这个概念，禽兽是儒家里面的，儒家用"仁义"作为区别人和所谓禽兽的标准。

周生春：　天地不仁，以万物为刍狗，圣人不仁，以百姓为刍狗。

潘立勇：　道家里面没有禽兽这种概念。不但人兽平等，人还要向兽学习，像猪一样很坦然地睡觉，但是你看我们现在很多人说话大多言不由衷。

第十三章

　　宠辱若惊，贵大患若身。何谓宠辱？辱为下。得之若惊，失之若惊，是谓宠辱若惊。何谓贵大患若身？吾所以有大患，为我有身。及我无身，吾有何患！

孔令宏：　有的本子是"何谓宠辱若惊？宠为上，辱为下，得之若惊，失之若惊，是谓宠辱若惊"。

潘立勇：　老子的本意就是"宠为下"。

关长龙：　这个有争议，有不同的版本，差异很大。

陆庆祥：　这个"宠"应该是上级对下级的"宠"，那么就是"宠为上"。

潘立勇：　河上公作"辱为下"。"辱为下"那是常人的见解，但是老子跟常人见解刚好相反。

关长龙： 何谓"宠辱"？他光解释"辱"，但是那个"宠"呢？既然自己提出来"何谓宠辱"？那"宠"也应该解释。

潘立勇： 那么就应该"宠为上，辱为下"，那么就是常人的看法。

关长龙： 我想应该有。

顾　征： "宠辱"和"得失"是一个意思。

陆庆祥： "得"的时候是"宠"，"失"的时候是"辱"。

潘立勇： 应该是这样的："何谓宠辱若惊？宠为下，得之若惊，失之若惊，是谓宠辱若惊。"

周生春： 字不同，就只能是按照字面的解释，"宠为下"就按照"宠为下"的解释，"辱为下"则按照"辱为下"的解释，但是意思还是差不多。

周三一： 但是那个"宠为下"就完全不一样了，等于说以受宠者为下。

关长龙： 由此看来还是应该"宠为上，辱为下"，前面提"宠辱若惊"，他是"得失"都应该"惊"，所以提倡不得不失。

周生春： "惊"可以有不同的解释，一个是惊喜，一个是惊恐。得到了就是惊喜，失去了就是惊恐。

周三一： 就是有失有得，大失大得。

周生春： 这个"惊"是不一样的"惊"。

章颖亮： 而且有时候"得"了不一定是惊喜。

周生春： 正因为这样，所以下面就讲怎么解决你这个问题。一惊喜、一惊恐，怎么保持你的心态平衡？得到了也不是好事情，失去了也不是好事情，那么怎么做到心理平衡呢？"及我无身，吾有何患。"

章颖亮： 不以物喜，不以己悲。

孔令宏： 不把自己当回事。

关长龙： 连"身"都不在意了，那身外之物就更不用说了，生死都无所谓了。

孔令宏： 用"无为"的手段去追求"有为"的东西。

关长龙： "大患"和"身"都重视，"贵"是重视，重视"大患"也重视"身"。

孔令宏： "贵大患若身"怎么解释？我这里有一本书，里面有四种解释。一是用杨朱的贵身与"拔一毛而利天下，不为也"进行解说。这个"贵身"就是把所有人世间的"宠辱、祸福、大患"都看得像身体一样重，如果把身体看得比天下还重，哪里还会把"宠辱、祸

经典会读 老子

074

福"放在心上？所以利己重身就不会有世俗的大患。这是一种解释。另外一种，是用《庄子》进行解释。宠辱之所以成为"悬"，是因为我太看重身体，如果不把自己看得太重，那么就跟天地万物成为一个整体，可以逍遥遨游在宇宙当中。这是第二种解释。第三种用"利他主义"来解释，就是陆希声的《道德真经传》。按照他的意思，如果我们把"身"看作天下的人，那么就是"无身、无我、无私"，这样才能够把天下治理好。第四种解释，把"身"理解成为"自己"，意思就是把自己看得比天下还贵重的人，那么就可以把天下托付给他，这样的人就不会拼了自己的命去争夺身外之物，作为表率，那么大家都不去争夺身外之物，那么天下就没有纷争，就太平了。至少有这么四种解释。

周生春： 有没有第五种？

陆庆祥： 这个"身"，一种是欲望或者私欲之身，我们的眼、肢体都是为了一种欲望而存在的，你要看东西要有眼，想吃东西要有口，所以说这个"身"理解成私欲之身体的话，那么有这个私欲之身就会有大患，所以要"无身"。但是为什么要"爱以身为天下者"？老子说，身体的本身的那个层面，就是"大公之身"，无私欲之身，这个时候身体才可以寄托天下。一个是私欲之身，这个私欲之身要"去"的，要"无"的，如果不去掉的话，会有大患。但是如果把这个身体放到天地万物当中去看的话，那么这时候的"身"是要"爱"的，要"贵"的。

孔令宏： 这里关键是不要把"贵身"理解成"贵私"，"贵私"就会追求这个名利。那么这里"贵身"应该解释成尊重生命、尊重自己，自尊自重，就是尊重人的主体价值。从这个角度理解，能够跟前面所讲的其他的思想，比如"后其身而身先；外其身而身存"等等，更加吻合一些。

关长龙： 我刚才从孔老师第四个说法里面受到一个启发，"贵大患若身"，后面省略一个"贵"，就是"贵大患若贵身"，就是重视大患就像重视自己的身体一样，所以后面讲，"身体"扔掉了，"大患"也没有了，所以我把"大患"扔掉了，"身体"也没有了，好像是要把"大患"和"身体"绑在一起。

陆庆祥： 就是"患"之所以"有"，是因为人有身体，这个身体应该是私欲的身体。

顾　征： "贵大患若身"，因为有"身"才有"大患"。

周生春： 有"身"才有"患"，有"患"才有"惊"。

周生春： 无"身"就无"患"。

关长龙： 但是实际上也不是说真的没有身体，因为天地生成，你又不是要自杀，又不能提倡自杀，所以你的身体还是存在的，但是希望你的意识里面不重视这个身体，就是重视"道"不要重视身体，但是你既然重视"道"了，那么身体是"道"生的，身体也就自然重视这个问题。还有一个看法，老子这里面"我"是指"小我"，"吾"是指"大我"。

故贵身于天下，若可讬天下；爱以身为天下者，若可寄天下。

周生春： 这句是什么意思？

陆庆祥： 《庄子》里面说"道与之貌，天与之形，恶得不谓之人"，"形"既然是天赋予的，对天赋予的身体要"爱"，要"贵"，但是这个身体还是秉承着天本来的状态，不管是庄子还是老子，不是让人轻易地去毁掉自己的生命，你自己的生命是天给你的，所以你要"养身"，一定要"贵身"。

周生春： 我提一个新的看法，前面讲到要"无身"，这里讲的是"贵身"，这个"身"不是同一个"身"，是两个"身"。前面是"无身"，不要有"我身"、"私身"；这里是"天下之身"，就是不要有自己的"身"，要以天下人的"身"作为你的"身"。

关长龙： 就是有一棵树被砍了，想到我的一根毛被拔了。

孔令宏： 前面的"身"是名词，这里是动词。

周生春： 也是名词，一个是"民众之身，大众之身"，需要以百姓之身为"身"，就是后面"圣人无常心，以百姓之心为心"。

周三一： 贵身大概指"身心"了，一个是肉身。

周生春： 后面有"心"，"圣人无常心，以百姓之心为心"。既要"无心"又要"无身"。

范良聪： 后面的"身"实现了，前面的"身"也就实现了。

陆庆祥： 也不能说后面的"身"实现了，前面的"身"就实现了，而是后面的"身"实现了，就把前面的"身"超越性地包容了。

顾　征： 应该是可以统一的，你解释的这个私心我觉得是不对的。

陆庆祥： 我不是说私心，而是私欲。

顾　征： 理解为私欲那是对的，可以理解的，因为我也是天下的一部分，是可以统一的，圣人和普通百姓的"心"也可以统一的。

陆庆祥： 但是统一的结果是你自己的"身"升华了。

孔令宏： 是可以统一，首先你自己的"身心"存在，这是前提，而且健康，否则其他都是空谈，因为救人先得救自己，如果你不会游泳先跳下河去，淹死的是自己。

周三一： 还要修炼。

第十四章

视之不见，名曰夷；听之不闻，名曰希；搏之不得，名曰微。此三者不可致诘，故混而为一。

关长龙： "搏之不得"就是用手摸，摸不到。

潘立勇： 这一章描写"道体"。

周生春： 道的"无"的一面。

孔令宏： 说明跟形而下的经验世界是不一样的，看不见、听不到、摸不着。

周生春： 这叫做"一"。

潘立勇： "夷、希、微"，都一样的，都是抽象的。

其上不皦，在下不昧。

关长龙："其上不皦，在下不昧"，上面也不发光，下面也不黑暗。

绳绳不可名，复归于无物。是谓无状之状，无物之象，是谓忽恍。迎不见其首，随不见其后。执古之道，以语今之有。以知古始，是谓道已。

关长龙：这就是"道"。

潘立勇：整个就是对"道"的具体的描述。

周生春：道体的描述。

潘立勇：看不见、听不到、摸不着，又不可以追究。

关长龙："执古之道，以语今之有。"今天的"有"太多了，所以我们用"古之道"，但是古到是什么时候，这个不知道，是两千年前，三千年前，还是什么时候？他说"以知古始"，道之开始的时候，有宇宙以来。

周生春：大爆炸以前。

关长龙：那个天地是什么天地？如果是现在这个天地，肯定是爆炸之后。没有大爆炸之前没法知道，因为是极点。

第十五章

古之善为士者，微妙玄通，深不可识。夫唯不可识，故强为之容：豫若冬涉川，犹若畏四邻，俨若客，涣若冰将释，敦若朴，混若浊，旷若谷。

周生春： 这一章比较难理解的，当然是接着上面第十四章。第十四章讲到了道的"无"的一面。

潘立勇： 前面讲的是道体表征，这里讲的是"为道之士"怎么做，已经不是道体本身了。

关长龙： 这个"士"怎么讲？

潘立勇： 有的本子是"古之善为道者"。这句话已经是从对道体本身的描述讲到"为道之士"的状态。老子的话本来是很坦然、很自然的，这儿好像很紧张，如履薄冰似的。

关长龙： 就是不让你说话了。

周生春： 小心翼翼、如履薄冰是一种外部的表象，看起来是这样，其实不是这样。

吴永明： 如果是"古之善为道者"，这个"者"就是"的人"。

关长龙： "深不可识"，如果是识（zhì）的话就是记住，识（shí）的话就是认识。

周生春： 有两种读音，解释就不一样。

关长龙： 读成 zhì 的时候是动词，就是记住的意思。

周生春： 我们先讨论"古之善为士者，微妙玄通，深不可识。夫唯不可识，故强为之容：豫若冬涉川，犹若畏四邻，俨若客，涣若冰将释，敦若朴，混若浊，旷若谷"，这一部分比较好理解。

关长龙： 就是小心翼翼，犹犹豫豫。

孔令宏： 不是犹豫，是谨慎的意思。

章颖亮： 因为他当时生活在春秋的时代，必须先保身，先把自己生命保住了。

陈　权： 他敬畏道，不是为了自己的命。

关长龙： 小心翼翼最后结果，得到的状态是"敦若朴，混若浊，旷若谷"。

周三一： 就是天道合一。

潘立勇： 前面还是很敬畏的，最后还是很自如的、很洒脱的。

关长龙： 他也不认为"朴"好，大朴若敦，大敦若朴，或者说大智若愚，实际上他不认为"愚"好，但是他认为大智像"愚"的样子，实际上内心还是明白的。

　　熟能浊以静之？徐清。安以动之？徐生。保此道者，不欲盈。夫唯不盈，能弊复成。

周生春： 外表看起来好像是混水一样，看不透，其实它是浑厚。

周三一： 还有混沌的一种状态。

周生春： 不是浑浊，而是像浑浊那样。

章颖亮： 后面意思是不是让浊水静一静它就会慢慢地变清了？

关长龙： 他是说你万一已经进入到那种状态中怎么办？已经在"浊"里面怎么办，你要慢慢地静下来，让它清。

关长龙： 在"浊"里面能够安静下来，在浑浊的世界里面或者环境里面能够安静下来。

周生春： "静"了就"安"了，"安"了再"动"。

关长龙： 会自"动"，道之"动"，不是说不动，因为道之"动"，还会"生"，这是根本的。

周生春： 有无动静。

关长龙： 其实任何时候强调一个方向的时候，都是讲有无相生，强调这个方面，你就知道有那方面在。

周生春： 所以有无相生这句话非常重要，这一句有推陈出新的意味在。

第十六章

致虚极，守静笃。万物并作，吾以观其复。夫物云云，各归其根。归根曰静，静曰复命，复命曰常，知常曰明。

关长龙： 虚之极致得道，静之极致也得道，但是它有阴阳之别，阳虚阴静。

陆庆祥： 这个地方应该要理清"复、根、命"三者的关系。

周生春： 这里强调的"虚"和"静"，后面都会讲到。

章颖亮： 这个"复"是不是轮回的意思？

陆庆祥： 回复到"根"的那种状态。

周生春： 回复到"命"。

潘立勇： "吾以观其复"的"复"是往返。

关长龙：《周易》复卦讲的"反复其道，七日来复"。那个"来复"就是往返，"道"生万物，万物回到"道"那里去。

章颖亮：世间万物是曲折中前进，有人反驳世间万物是轮回的。

关长龙：曲折前进最后就是没有目标了，前进到哪里去呢？前不前进和我没关系，但是轮回就不一样，和我有关系。

周生春：参照二十五章就知道这个"复"就是"反"。

关长龙：返回到本根。

陆庆祥：这个本根是不是可以理解成就是婴儿的状态。

周生春：这个本根就是"命"，也就是出发点。

章颖亮：比如人老了，老人有些智商跟婴儿已经差不多了。

陆庆祥：返老还童了。

章颖亮：有些想法、走路跟婴儿差不多了。

周生春：回到出发点，返回到出发点。

陆庆祥：但是对人来说，这个出发点是不是婴儿的状态，所谓的出发点就是人的最理想、最本然的状态。

潘立勇： 这些对宋明理学很有影响。

周生春： 这里很强调知识。

周三一： 道家还是指生命本然、本身。

孔令宏： 太极图是在北宋的时候才开始的，但是太极图的思想在老子这儿已经有了。

　　不知常，忘作，凶。知常容，容能公，公能王，王能天，天能道，道能久，没身不殆。

周生春： 我们下面把最后两句话讨论一下。万物都是要归根复命的，这个就是"常"。达到这种境界以后就能做到"容"，"容"就能做到"公"。

范良聪： 不是说要无知吗？

周生春： 他提出一个很重要的问题，不是说要无知吗？

陆庆祥： 无知也是一种"知"。

周生春： 他指的无知不是这里的"知"。

潘立勇： 明白这个道理，明白"常"，明白天地是"常"的，天地是自然的，这样心胸就宽了，这里"知"是从智慧的角度讲的。

周生春： 或者借用老子的另外一句话叫做"知不知，上"，这里是"知常曰明"。

顾　征： 强调你不要穷究于某一个具体事物当中。

潘立勇： 不要拘泥于一个概念，拘泥于一个常识，老子讲的同一个"知"有不同含义。

关长龙： 单独拿来两句话来看，老子说应该无知，这个还不行，而且这个"常"是道生万物，万物回到"道"的过程。

周生春： 知常曰明。

关长龙： 这个同儒家的慎终追远和孝道，意思有点类似。

第十七章

太上，下知有之；其次，亲之豫之；其次，畏之侮之。信不足，有不信！由其贵言。成功事遂，百姓谓我自然。

关长龙： 那些都是"不知有之"，"不知有之"和后面比好像还容易理解。

周生春： 这里是"下知有之"。

吴永明： 我是这样理解的。对我们企业来说，是下面员工对领导的评价，那么他所推崇领导的是什么？"下知有之"，就是知道有你这么个人，而你干了些什么，他并不知道，但是下面人全部跟你在做；其次就是下面人很拥护你。还有很多领导人，认为下面怕我，好像我威信高，"其次，畏之侮之"，最糟糕的是下面背后骂他的，这是最糟糕的领导人。还有一点，为什么下面员工好像说不诚信，因为上面"信不足"，下面才"有不信"，这句话我是有深刻体会的。

关长龙： 这个还是"不知有之"，有点那个《击壤歌》说的"日出而作，日入而息。凿井而饮，耕田而食。帝力于我有何哉"。

周生春： 所以"不知有之"和"下知有之"两个"知"是不一样的。

潘立勇： 应该是"不知有之"。

孔令宏： 从老子的思想来讲，万物都是从"道"那个地方产生的，你是从"道"那儿来的，我也是从"道"那儿来的，我不见得比你高明，你也不见得比我高明，该怎么活按自己的方式就可以了。

第十八章

　　大道废，有人义；智惠出，有大伪。六亲不和，有孝慈。国家昏乱，有忠臣。

周生春： 这一章可以联系一下第二章，第二章就讲了，"皆知善之为善，斯不善已"，孝慈、忠臣的出现就说明是有不善的，那就是六亲不和、国家昏乱。这里的"人"、"惠"有异文。

关长龙： 要理解为"仁"、"慧"。

孔令宏： 应该是智慧的"慧"，这里是优惠的"惠"，这个有点不可思议。

关长龙： 这个"惠"一般情况下解释为仁慈，但是这里不能解释为仁慈。

顾　征： 有好人的话，就说明世风日下。

周生春： 就是说明有坏人了。

顾　征： 有英雄的话，说明大家都是凡人了。

关长龙： 有一个科学家讲，一个需要英雄的时代，那是时代的悲哀。

周生春： 所以讲得最早的还是老子，两千多年前就讲这个问题了。

吴永明： 五百年必有王者兴。

潘立勇： 再过两千年，我们的思想又变成后来的老子了。

第十九章

　　绝圣弃智，民利百倍。绝民弃义，民复孝慈；绝巧弃利，盗贼无有。此三者，为文不足，故令有所属：见素抱朴，少思寡欲。

周生春：　这是接着上面讲的，国家昏乱有忠臣，所以要"绝圣弃智，民利百倍。绝民弃义，民复孝慈"。不是绝仁弃义。

关长龙：　参照前面"大道废，有人义"的"人"，当时"人"很可能是通仁义的"仁"。

周生春：　这三句话讲得不够，他又加了下面的话，下面是两句，和第二十章的第一句"绝学无忧"其实是连在一起的，所以很多人把"绝学无忧"放在第十九章。

关长龙：　这个版本在考验我们的智慧，跟流行本不一样。

周生春：　这本《老子校释》提供了很多的异文和版本资料，有这个本子在手，很多本子就不需要看了。为什么是"少思寡欲"，不讲"无思无欲"？这里为什么提出"少思寡欲"？

潘立勇： "少"是减少。

周生春： 减少"思"，"寡"也是"减少"，就是"为道日损"的意思。

潘立勇： 减少思，欲望寡。

周生春： 这个是通行的看法。

耿依娜： 这里面的"见素抱朴"，后来的《抱朴子》是从这儿来的吗？

周生春： 词是从这里来的，因为是道家的经典，老子是道家的开创者，影响很大。

关长龙： 这个"圣"字在春秋战国时代还有一个意思，当"聪明"讲，帛书《五行篇》里面，"仁义礼智圣"，那个"圣"就是"聪明"的意思，这样一来，这个绝圣，到底是绝圣人之圣，还是绝聪明之圣的意思？

周生春： 绝聪明的意思，不是绝圣人，否则里面很多都矛盾了，应该是聪明。

孔令宏： 这里讲的还是治国的伦理规范，是作为被统治者授予高贵阶层的价值观念，如果"圣"是聪明的话，跟"智"本身就是重叠的。

孔令宏： 因为"圣"一般是聪明的意思。

关长龙： 儒家《五行篇》讲五行，我们后来一般讲"仁义礼智信"，但是当时没有"信"，是"仁义礼智圣"。"圣"的繁体作"聖"，字形是和"耳"有关，所以表示聪明，通达内外，耳聪目明的"聪"，是这么一个解释。

孔令宏： 还有一种解释就是"圣"跟贤能的"能"有联系，但是一般来说"圣"的本意还是注重从伦理学的意义上来讲的。

关长龙： 本来从"聪"的角度来讲，可以引申通内外，圣贤就是通内外，通天地的。

第二十章

　　绝学无忧。唯之与阿，相去几何？善之与恶，相去何若？人之所畏，不可不畏。忙□其未央！众人熙熙，若享太牢，若春登台。我魄未兆，若婴儿未孩。乘乘无所归！众人皆有余，我独若遗。我愚人之心，纯纯。俗人昭昭，我独若昏。俗人察察，我独闷闷。淡若海，漂无所止。众人皆有已，我独顽似鄙。我独异于人，而贵食母。

吴永明：　我感觉这一段很抒情。

周生春：　他是有真实感受的，他是特立独行，和俗众不同。

吴永明：　而且有一种忧郁在里面。

周生春：　这个"绝学无忧"何意？

顾　征：　不学习也就没有忧虑？

章颖亮： 这个"绝"是不是有"尽"的意思。

顾　征： 学尽了，学完了。

章颖亮： "人之所畏，不可不畏"，双重否定跟前面一句意义一样。

陆庆祥： "婴儿"和"孩"有什么区别？

顾　征： "孩"比"婴儿"大一点。

关长龙： "孩"最早的意思是婴儿笑，他会笑了，就叫"孩"。如果不会笑的时候那就更小了，所以叫孩提。他刚会笑，然后可以抱着，这时候就叫孩提之年。

陆庆祥： 可不可以理解成"孩"是"婴儿"的下一个阶段。

关长龙： 婴儿大概生下来个把月或者几天以后就会笑了，但是刚刚生下来当然第一声是哭的，不能哈哈笑的。

陆庆祥： 那么老子说"赤子"是指"婴儿"还是"孩"？

关长龙： "赤子"最早讲有几个说法，一个是不穿衣服的，一个是说"尺子"，刚生下的小孩。

陆庆祥： 老子认为人要回复到"婴儿"的状态还是要回复到"孩"的状态？

潘立勇： 这个"孩"解释成婴儿会笑的一刻。

关长龙： 这个对我们今天来讲有点麻烦，如果一定要了解"孩"到底是什么状态，看看《黄帝内经》里面讲的"孩"，那个基本上就是3岁以前的时候。一般我们讲小孩生下来3岁以前的时候是可以通神的，那个时候是通天通神的。

陆庆祥： 就是没有私欲的。

关长龙： 所以两三岁的孩子离开父母半个月以后他就不太认你了，他没有那个智慧记忆。

姚　烈： 到3岁以后就有记忆了。

关长龙： 古代讲虚岁的，实际上没有。

章颖亮： "食母"是什么意思？

周生春： "无名天地之始，有名万物之母"。

关长龙： "食"是供养的意思，所谓的孟子讲的"治于人者食人，治人者食于人"，被人治理的人食人，供养他们食物，而贵食母，给母亲供养食物，或者养育母亲，是不是这个意思？

周生春： 意思要反过来。

关长龙： 求食于母？

潘立勇： 你怎么能去养"道"，只能"道"养你。

关长龙： 这个当然不是说你真的拿食物供养，如果这样讲的话，最好讲成"而贵食于母"。

周三一： 前面"我独异于人"，就是和常人不一样，常人都是赡养母亲，他是问母亲要吃的。

关长龙： 因为要是直接从字面意思理解，"治于人者食人，治人者食于人"，有没有"于"含意是不一样的。

顾　征： 这里讲的"人之所畏，不可不畏"，这个"畏"什么东西？

周生春： 简本有一"人"字，"不可不畏人"，人所畏惧的人，也不可以不畏惧别人。

章颖亮： 前面已经是双重否定了。

潘立勇： 让"道"的智慧得到体现。

耿依娜：《老子》里面经常提到女性，比如"玄牝，而贵食母"，我想问一下老子本身是不是对女性相对来说比较尊重一些？

周生春： 有你讲的这个因素在里面，所以有人提出很多看法。

潘立勇： 从人类学上讲，在父系社会以前是母系社会，母系社会是原始社会，是老子比较理想的状态，进入父系社会就是伦理社会，进入伦理社会，在老子看来人格就异化了，存在人为的好多的东西。所以父系社会的东西，好多都是人为的，母系社会的都是原始的。进入男人社会以后，穿衣服了，各种身份出来了，各种制度性的东西出来了。因为在父系社会以前都是原始社会，老子这种理想的东西还是比较原始纯朴的东西。

周生春： "唯之与阿，相去几何？善之与恶，相去何若？"这个应该没有什么问题吧。

关长龙： 这个"唯"何意？

潘立勇： "唯"就是小心翼翼的答应，"阿"就是大大咧咧的。

周生春： 前面是答应，后面是呵斥。

潘立勇： 一个是呵斥，还有是怠慢，反正是两种态度。

周生春： "相去几何"，其实他认为是没有什么差别的。"善之与恶，相去何若？"善可以变成恶，恶可以变成善，这个应该可以理解的。

章颖亮： "人之所畏，不可不畏"，人所怕的东西，不可不畏，就是要怕的，就是双重否定。

徐　佳：　这个"人之所畏"的"人"是指别人，"不可不畏"是指他自己。下面所有的文章都是在对比他和别人。

顾　征：　不光是别人，应该是众人。众人所畏的，不可不畏。

徐　佳：　就是众人都害怕的，那么老子也害怕。

章颖亮：　我觉得从另外一个角度讲也很有意思，人之所畏，可能有其他身外之物的东西，但是老子说我不是怕其他东西，我就是怕人。

陈　权：　老子敬畏这个"道"，而不是怕人。

潘立勇：　你这个版本多了一个"人"，好多版本都没有"人"的。

陆庆祥：　这里的"畏"和儒家的"戒慎恐惧"有区别吗？

周生春：　君子有三畏："畏天命，畏大人，畏圣人之言。"

陆庆祥：　这里是畏道。

周生春：　也是一种说法，也可以畏人，也可以畏道。你说"畏道"跟"三畏"可能是有一部分相同。

潘立勇： 更抽象一点，人所害怕的，人所畏惧的，宾语空着，也许是"道"，也是是"事"，都有可能。

顾　征： 别人不怕的东西，他是不是也不怕。

陆庆祥： 别人不怕的，也要小心一点，而且不怕的东西我认为可以看出"道"的存在。

潘立勇： 这一篇笔触比较沉重的。

周生春： 老子不得志，众人皆醉我独醒。

章颖亮： 就是失意的人。

周生春： 这都是针对社会精英来讲的，所以他得不到大众的响应，所以跟一般人讲是白讲，听不懂。"上士闻道，勤而行之；士闻道，若存若亡；下士闻道，大笑之。"所以我们要做上士。那么"忙其未央"也是好理解的。

关长龙： 屈原也说"举世皆浊我独清，众人皆醉我独醒"。

周生春： 知识精英就是这样一种心态。

关长龙： 反过来说，但是众人看着好像"察察"，你很精明的样子，实际上我是大智慧。

周生春： 所以他说我独若昏，而不是真的昏。

潘立勇： 这个是值得推敲的，当然若愚是可以成立的，王弼作"我独昏昏"，诸本作"若昏"，句法不协，其实"昏昏"更通，他不是故意说自己"若昏"，他当然会讲大智若愚，但是不会称自己是"若愚"，称自己"若愚"的话不是老子的风格了，老子认为，我就是昏昏。

关长龙： 表现上是昏昏的，但是实际上我不是昏昏。

周生春： 实际上正好倒过来。

潘立勇： 因为"若昏"和"若愚"不一样。

顾　征： 老子这个思想，在西方思想史上也有跟他比较接近的。

孔令宏： 吸收道家的思想。

周生春： 道家受到老子思想的深刻影响。

第二十一章

　　孔得之容，唯道是从。道之为物，唯恍唯忽。忽恍中有象，恍忽中有物。窈冥中有精，其精甚真，其中有信。自古及今，其名不去，以阅众甫。吾何以知众甫之然？以此。

潘立勇： 又是描述道体的。

周生春： 这个孔得的"得"，有的本子作道德的"德"。

关长龙： 大德的形象。

周生春： 道体有两面，"忽恍中有象，恍忽中有物"。

潘立勇： 前面一句"孔得之容，唯道是从"，那么"道"是更高的，"德"是秉承了"道"变成"德"了。

关长龙： 人认知"道"的方法、途径或者体系不同。

潘立勇： "忽恍中有象，恍忽中有物"，若有若无之间。

周生春： "其精甚真，其中有信"，不仅仅是规律。"自古及今，其名不去，以阅众甫"，这里又用"名"了。

关长龙： 道名不去。

章颖亮： "众甫"是什么意思？

关长龙： 一般解释"甫"是开始，"众甫"是众多东西的开始。

周生春： 和"母"相对应的。

陆庆祥： 这个"甫"和"母"有没有区别？

关长龙： 一般"甫"古代常用的意思就是开始，如果当"始"的话，"无名天地之始，有名万物之母"，这个"始"和"母"还是有区别的。

陆庆祥： 是不是可以这样理解，"母"就是孩子是由母亲生下来的，但是一开始是父亲赋予他生命的。

关长龙： 肯定要比"母"还要早。

潘立勇： 人类学上也可以做这种解释。

周三一： 这个"甫"就是"父",也有这样解释的。

潘立勇： 注解上有的。

关长龙： 也有一个解释把这个"甫"当作"始","众甫"就是众始,万物的开始。

周生春： 很多人这样解释,理解为父亲的"父"。

潘立勇： 第四十二章也有"吾将以为教父"。

关长龙： 这里就有这个问题,朱谦之取的这些注释基本上都是通父亲的"父",而有一些解释是通开始的"始"。

潘立勇： 河上公注就是"始"。

关长龙： 先秦"甫"和"父"是通用的。

第二十二章

曲则全，枉则正；洼则盈，弊则新；少则得，多则或。是以圣人抱一为天下式。

周生春： 我们先看"曲则全，枉则正；洼则盈，弊则新；少则得，多则或。是以圣人抱一为天下式"，这里讲的和前面的第二章是一样的，"有无相生，难易相成"。这个"或"是疑惑的"惑"。

关长龙： 抱一，道家老子抱一个太极图。

周生春： 看不见、听不到、摸不着。"三者不可致诘，故混而为一"这个"一"。

章颖亮： "是以圣人抱一为天下式"是什么意思？

潘立勇： 圣人把持着遵循的"道"作为天下的法则、法式，"一"就是"道"。

不自见，故明；不自是，故彰；不自伐，故有功；不自矜，故长。夫惟不争，故天下莫能与之争。古之所谓"曲则全"，岂虚语？故成全而归之。

周生春： 都是相生，"不自见，故明；不自是，故彰；不自伐，故有功；不自矜，故长"。

潘立勇： "夫惟不争，故天下莫能与之争。"

关长龙： "莫能与之争"还是他第一。

周生春： "以其无私，故能成其私"，"夫惟不争，故天下莫能与之争"，"无为而无不为"，都是一样的套路。这个和"不自见，故明；不自是，故彰"一个思路。所谓"曲则全"。

关长龙： 最后是"成全而归之"。

周生春： "曲"才能证明"全"。

关长龙： 这就像两个人一起进门，他说你先走，那么大家都不争先走，那么争后，实际上也是一种争。

周生春： 那不要争，你让吗？

关长龙： 两个人一起进门，如果让多了——儒家讲的礼让三次，不能超过三次，但问题是道家不讲"让"——不讲几次的话就麻烦了。

周生春：　很好办，如果不争先要争后，那么你就先了。

关长龙：　争后也不对。

周生春：　那么你就先。

潘立勇：　谁先就谁先，谁后就谁后。

关长龙：　这个很简单，比如你和周老师一起进门，你是争先还是争后呢？你肯定要争后。

陆庆祥：　一般人是争先恐后。

张跃迅：　危险也是争先的问题，碰到危险的时候，谁争先。

陈世干：　按照老子的意思就是顺之。

关长龙：　两个人并驾齐驱。

陆庆祥：　谁在前面走，谁先进。

周生春：　最好的就是顺其自然。

陆庆祥：　但是对刘翔来说是争还是不争？那肯定要争的。

章颖亮： 那个时代还没有奥运会。

周生春： 最高的是自然的，顺其自然的。

第二十三章

希言自然。飘风不终朝，骤雨□终日。孰为此？天地。天地上不能久，而况于人？故从事而道者，道德之；同于德者，德德之；同于失者，道失之。信不足，有不信。

陆庆祥： 前面说天长地久，现在又说天地上不能久。

周生春： 前面讲的天地是长久，这里讲的是风和雨。

陆庆祥： 现在这个天地是自然界的这种比较具体的天地，前面的天地好像是一种与道同体的。

周生春： 还有一个，就是说前面讲的天地生成的长久的问题，能够长久存在，这里讲的天地所造成的风和雨这种现象。

潘立勇： 天地是不会灭亡的，自然现象尚且如此，何况人呢？

周生春： 刮风下雨，刮风不会刮很长时间，下雨也不会下很久，天地尚且不能使得风雨一直延续下去，何况人呢？

潘立勇： 天地的现象尚且都不能长久，何况人呢？

陆庆祥： 但是老子有"长生久视之道"。

潘立勇： 这是一个理想。

周生春： 顺其自然，顺着道去做就能够长久，你背道去做怎么可能长久呢？

关长龙： 提及人的时候主要两个层面，一个是肉体，一个是道，因为你生命中有道，如果你顺道就可以长久，如果放任你的肉体就不能长久。

周生春： 最后的结论是"故从事而道者，道德之"。

陆庆祥： 人的形体、肉体是没有长久的，但是人的精神是可以长久的，人的精神达到与"道"统一的话，那么就能长久，因为"通天下一气耳"。

周生春： 这个本子和其他本子差别很大，但是结论的第一句话也就够了，"从事而道者，道德之"。

关长龙： 按照老子的意思隐含着"不从事而道者，道失之"。

周生春：　与道同在。

陆庆祥：　那他不同意"道"，是不是"道"就不存在于他身上了？

章颖亮：　按理说"道"也是应该存在的，只是他没有意识到。

陆庆祥：　是他身上没有"道"了，还是他没有意识到"道"的存在？

周生春：　他没有意识到。

潘立勇：　按照陈鼓应的解释，自然的社会能持久，暴政是不能持久的，然后君主信不足，老百姓会有不信，这是从政治上讲的。

周生春：　因为老子是对侯王讲的，会有政治色彩。

顾　征：　老子对道的这种认识和休谟的不可知论有区别吗？

潘立勇：　老子没有认为不可知，休谟类似于康德，那个东西永远不可知，我们中国思想家没有不可知论的。老子认为天和道、人和道是可以合一的，但休谟也好，康德也好，他们认为不可以合一的。

第二十四章

　　企者不久，孚者不行，自见不明，自是不彰，自伐无功，自矜不长。其在道，曰余食赘行，物或有恶之，故有道不处。

周生春： 这个"故有道不处"帛书本作"故有欲者不处"。这一章讲的是不要背道而行，前面讲的是要与道同在。

关长龙： "余食赘行"是多余的东西。

陆庆祥： 五味是不是可以理解成余食？除了填饱肚子之外还要追求过多地享受美食。

周生春： "余"是过于丰盛的，过多的，"赘行"是画蛇添足之行。

陆庆祥： "故有道不处"是不处什么？

周生春： 不处这样的一种位置、状况。

陆庆祥： 那如果说"有欲者不处"的话，是不是就是相反的意思。

周生春： 因为你认为有道者一定是无欲的，不是有欲的。为什么有道者一定要无欲，不能有欲呢？

关长龙： 那么可欲就是恰到好处的欲望。

周生春： 符合"道"的欲。

陆庆祥： 那就像孟子说的"可欲之谓善"那个欲。

关长龙： 差不多意思，否则的话，吃饭算不算欲呢？

陆庆祥： 但是我觉得那个"有欲者不处"的话，可以理解成有欲的人与私欲的人不处于道。

周生春： 那还不如把它去掉，正因为这样，所以他们把这个字改掉了。"故有道不处"，因为你是偏向于"无"的一面，否定"有"的一面，肯定会把它改掉。如果你认为是兼容，本来就是都有的，那么你要修改你的看法，两种肯定要取一。

关长龙： 这句话感觉是不是有的人就令人讨厌，所以有道者不和他交往？

潘立勇： 余食赘行这个现象是不符合"道"的，所以有道者不和这样的人交往。

周生春：　"自见不明，自是不彰，自伐无功，自矜不长。其在道，曰余食赘行，物或有恶之，故有道不处。"你要顺下来理解。

关长龙：　实际上"不处"是不处余食赘行的人。

章颖亮：　"自见不明，自是不彰"是什么意思？

孔令宏：　自以为是，自我表现。

潘立勇：　你自己吹嘘自己，反而没有功劳。

周生春：　你自以为自己是贤人，反而不能做到。

潘立勇：　有意为之，但是反而得不到。

章颖亮：　老子需要一个自然状态，自然表露，不是刻意的。

陆庆祥：　庄子的解释，这个世界没有是非的区别。

潘立勇：　自以为正确的东西就是不正确，因为世界上没有一个唯一的正确的东西。

顾　征：　那么问题就来了，你自以为得道了，或者自以为知道"道"了，实际上不是，这个"道"怎么去把握？

潘立勇： 自然而然的。

陆庆祥： 我们在空气中的时候感觉不到空气的存在，但是到没有空气的时候就感觉到空气的重要了，就是当你感觉到空气存在的时候，你已经快窒息了。

潘立勇： 这个得道是自然而然地得道，得道以后不要刻意地夸耀和宣扬，比如我美学上如何如何高的成就，这样做一点"道"都没有。还有，你认为我掌握了美学原理，但原理是说不尽的，"道可道，非常道"，真理不是只有一个，答案也不是只有一个，如果你自己认为掌握了真理，就断绝了任何其他东西的"道"。

顾　征： 但是你自己能不能感觉到你的"道"呢？

潘立勇： 当然有的。

顾　征： 我已经得到"道"了，我为什么不能讲呢？

潘立勇： 不是说不讲，该讲的时候讲，不该讲的时候不讲，顺其自然，不是刻意的。

关长龙： 你不能告诉大家我知道的是"道"，你们知道的都不是"道"。

周生春： 知者不言，言者不知。

第二十四章

117

陆庆祥： 老子在十五章中已经说了，"夫唯不可识，故强为之容"。

周生春： 智慧有时候既能说又不能说，"知者不言，言者不知"，但是又是必须要言，否则这本书干嘛要写出来，不能不写，我们只能是"上士闻道，勤而行之"，只能是"上士"的态度。

第二十五章

有物混成，先天地生。寂漠！

周生春： 今天经典会读的主持人是香港中文大学刘笑敢教授，他是道家研究的专家和权威，所以我想这次我们可能会有更多的收获。

刘笑敢： 很高兴有这个机会和大家一起来读《老子》，我自己在北大的博士论文是《庄子》。毕业以后在美国期间，因为傅伟勋先生让我为他《世界著名哲学家评传》写一本老子，那么从那儿开始，我就转入老子的研究，也十几年了，感觉还有很多问题没有研究完。我们香港中文大学的副校长说，《老子》才五千字，做梦也背下来了，我说读那么多遍了也没有背下来，不是背下来的问题，是理解的问题，从文字到思想，有很多问题。再一个就是现代社会的应用问题，因为讲老子，很多人都拿到现代社会跟物理学比较，跟大爆炸理论比较，跟经济管理比较，跟教育思想比较，或者直接就拿过来，我觉得这个问题没有那么简单，不是说拿过来用就可以了。

我先讲一个开场白，我们读经典，怎么读？其实有各种各样的读法。比如在杭州逛西湖的时候，每个人都有自己的感受，有的人到了西湖会想起来自己跟太太第一次相识在那里游园，有人想起来跟女朋友分手就在那里吵架，每个人的感受都不一样，这没有什么对错。但是你不能把自己的感受当作是对西湖的知识，或者当作是对西湖的研究，个人的感受和研究成果和学术研究完全不是一回事。你在西湖感受得非常好，你可以写出非常优美的散文，你可以得散文大奖，但是你不能说你是研究西湖的专家，要研究西湖的话大概需要生物学家、水文地质学家、历史学家或者文学家等，研究跟西湖有关的各个方面，可是你的感受不是研究。我讲这个话的原因就是说我们研究中国的经典，特别是哲学思想的经典面临着类似的问题。就好像我来看西湖，每个人看《老子》，看《庄子》，看《孔子》，看《孟子》，都可以有自己的感受，感受可以很不一样，那么这个我想各有各的道理，你不喜欢《论语》，不喜欢《老子》，有你不喜欢的道理，那喜欢的有喜欢的道理，但这都不能代替研究。在我们这个行当里一个比较常见的问题就是说把自己的感受、体会当作是对《老子》的研究，或者是对《论语》的研究，这个现象我觉得是不大好的，是需要注意的。我想大家来读《老子》，可能每个人都有不同的想法，有的人想增加一些生活阅历，有的想提高一些自己的思想文化水准，有的人可能希望从《老子》里面得到一点对自己专业工作有关系的资源，各种各样的都有，但是大体说，我想无非是两个方向，一个方向就是想了解两千多年前的老子说过什么，那个文字表达一种什么样的思想，我想很多人想知道这个；同时我们有意识和无意识地想知道这些东西对 21 世纪的中国，对自己的生活，对自己的工作有什么影响，或者有什么帮助，那么我想大家可能潜意识里都会有这两个方向的目的，或者是追求。有这两个不同方向的目的和追求是很正常的，但是你要在思想的自觉意识上分清，哪些是老子那个时代可能有的思想，而我们现代人把它应用到现代社会，对问题的观察、解释、分析或者指导自己的生活工作，这是另一个方向的问题。这两个方向，有可能衔接起来，但是不能等同起来，这是我想讲的一个开场白。

那么我们现在来看第二十五章，会读选的是朱谦之的本子，我顺便讲一下，读《老子》有很容易的地方，容易就是说只有五千字，人人都可以读，认识汉字的人，《老子》中百分之九十多的汉字我们都认识，另外版本非常多，注释、讲解非常多，周生春教授也出过《老子》的译注，这是一个方便的地方，那么同时带来的麻烦是说，因为版本太多，歧义太多，那么文字又相当拗口，所以带来的理解上就会有一些困难。我们选的朱谦之的本子，我没有跟厉教授讨论为什么选这个本子，我猜想一个就是学术上比较扎实一些，比较可靠。这个本子曾经认为是比较接近古本的，但是现在来看，这个本子不一定是很接近古本的，为什么这样说呢？问题是我们现在发现了汉代初年的本子和战国时期的本子，要拿那两个本子和这个本子比，这个本子文字比较简朴，就是虚词什么都删掉了。删掉一些虚词以后，有的地方不影响文义，有的地方对文义的理解是会有一点影响。删掉一些虚词可能有这样的一些原因，一种说法就是司马迁的《老子韩非列传》里提到"老子乃著书上下篇，言道德之意五千余言"，但实际现在《老子》的字数有5400多字，后来的人为了五千字，就删掉一些虚词凑成4999个字，这样造成很多虚词被删掉了；还有一个原因可能是为了降低刊刻成本，字数少一点比较好刻，这样造成了朱谦之这个本子文字比较简朴。我们对照帛书本和竹简本来看，就是字数不太一样，二十五章还不太典型，有的章节就很典型，后来的版本就说有的是简字，有的地方是加字。我现在给大家看的是我做的一个五种版本对照的《老子》，我用的是河上公本和王弼本、傅奕本、帛书本和竹简本，河上本和王弼本是最流行的两个版本，现在的市面上最常见的就是这两个版本，朱谦之这个本子其实是河上公这个系统的，跟民间信仰关系比较大。我为什么用河上本和王弼本，原因就是他最流行。我为什么选最流行，不选最好的或者最可靠的？因为我要观察版本的演变。这两千年版本有什么变化，那么我选了一个傅奕本。傅奕本是唐代人发现加工的，是从项羽小老婆墓里挖出来的一个本子，所以这个本子应该是相当早了，应该是汉初甚至更早的版本，但是我是把它作为唐代的本子用，为什么？因为傅奕在整理这个本子的时候，参照了其他九个本子做了加工，他既然加工过了，我就不能再拿它当汉初的本子用了，所以我把它当作唐代的本子，就是中古时期的本子。另外我用的一个本子是帛书本，帛书本肯定是汉文帝以前的本子。帛书本有两种，一个是甲本，一个是乙本，我用的是乙本，乙本比较完整。还有一个竹简本，很幸运的是有二十五章。帛书本是1973年在马王堆发现的，竹简本是1993年在湖北荆门郭店发现的。竹简本不是一个完整的本子，是三组长短不同的竹简，三组加到一起也不过是两千多字，所以是不完整的。我想这个跟我们关系不大，因为我们多数人关心的是思想，而不是这个版本。我顺便讲一下，不同版本之间是有一些歧义的，你注意到这些歧义可能对我们理解这个思想会有帮助。

我们从第一句开始，大家有些什么想法，怎么理解，自由发言。第一句"有物混成，先天地生"，如果按照我们现在讲的"物"好像万物，具体的存在，那有物混成，好像是有很多具体的东西存在，混在一起。这个讲不通，这个"物"应该是很抽象的，是一种抽象的存在，但有人把它解释成一种类似于元气一样的东西。但是现在的竹简本的出土，这个"物"字是有点像这个形状的"状"，裴锡圭这些古文字学家就把有物混成的"物"解成"状"，那么"有状混成"就更抽象了，就不可能是很具体的东西了。如果是"有状混成"，就是一种模模糊糊，没有具体形体，没有边界，没有上下前后左右的那么一种状态。那个东西混合而成了，好像是有那么一个东西在那儿，这个东西比天地早，"先天地生"。下面"寂漠"两个字，通行本就是"寂兮寥兮"，帛书本也是"寂、寥"，就是有虚词了。现在我们看的《老子》，虽然是两千年来有很多的版本，但是现在理不出一条清晰的线索，就是从哪个版本到哪个版本再到哪个版本，因为流传是散开的，全国各地都有，一个本子传出来以后传到各地，各地不同的本子又往下传，随时参考别的版本做注释、校勘，所以这些版本之间混合，很难有一个很清楚的线索。从现在竹简本来说，竹简本是不是最早的版本？也不敢肯定，是我们现在看到的竹简本是最早的版本，那实际上应该还有更早的版本，这是另一个话题。我们现在通行本"寂、漠"就是形容这个状态，"有物混成"这个状态或者"有状混成"这个状态比天地还早，比天地还早的状态，是非常的静寂的、模糊的、分不清前后左右上下高低的那么一种状态，所以"寂漠"形容最初的那个什么都没有的、什么特点都没有的那么一种寂寥的状态。

独立不改，周行不殆，可以为天下母。吾不知其名，字之曰道，吾强为之名曰□。

关长龙：他说"为天下母"，为什么不说"为天下父"？有没有"天下父"这个概念？

刘笑敢： 我做过一个统计，就是《老子》中有"牝"和"牡"，"牝"是雌性的，"牡"是雄性的；另外有"雌"和"雄"，"雌"是雌性的，"雄"是雄性的；也谈到"父"和"母"，但是毫无例外的是，这几组词里都是雌性的那个方面用得多，就是"雌"比"雄"多，"牝"比"牡"多，"母"比"父"多。这没有例外，而且在讲柔弱，讲像水这样的特点，所以陈鼓应就开玩笑，说如果世界女性主义开大会应该挂老子像，说老子是世界最早的女性主义者，当然这是玩笑了，但是显而易见。这位先生提的问题，为什么不是"父"，我觉得这个问题问得很好，值得我们思考，那么这个其实跟老子的整体思想有关，因为老子讲这个"道"，有人说是讲宇宙论，我想这个讲法也没有错，但他不是孤立地讲宇宙论，他不是孤立地讲宇宙生成的过程，他在对宇宙生成的过程，对"道"的描述过程中，其实渗透了他对这个世界的整个的观察，渗透了他的价值观念，也就是他认为人应该如何做的这种理念已经在里面了，所以他用"母"而不用"父"，实际上已经体现了他的一种价值倾向。这个母性的特点和父性的特点，老子没有讲那么多，但按照常识来讲，父性的特点是主动、控制、强制，那么母性的特点是慈爱、被动、关怀，大体说是这样。弗洛姆是研究过父性和母性的区别，他的一个讲法就是说父亲要儿子向着你，儿子不向着你，父亲很不高兴，会不喜欢，但母亲会无条件地爱孩子，这个说法是否适用于《老子》，这是另外的一个问题。大体说来，老子讲的母性的特点包括慈爱，包括被动，包括无为而无不为，这些都是一致的，所以我个人认为，"可以为天下母"，这个"母"字用得是很重要的，不是随意的。但是我认为不能把老子这个思想解释成女性主义，因为老子讲的不是男女问题，他虽然用的词，用了"母"，但是他实际讲的不是男女问题。在那个时代，你们读过《论语》的话，就知道《论语》里已经有男女这个字，但是老子从来不讲男女，因为他关心的不是男女问题，不是性别问题，他关心的是整个宇宙、社会、人生的生活价值取向的问题，所以把他讲成男女问题就讲窄了，而他贯穿整个宇宙、世界、自然、社会、人生有一个共同的价值取向和共同的发展趋势，这个趋势他认为用雌性的特点来代表比较合适，所以第二十八章会看到"知其雄，守其雌"，我们还会进一步来讨论这个问题。

金　敏：我想起有一篇文章，就说上帝的性别，说基督教的文化是父性的。

刘笑敢：的确是这样。我顺便说一个故事，当年我在新加坡的时候，美国有一个基金会计划找全世界十几个宗教文化传统的男性学者和宗教领袖来一起讨论性别平等的课题。为什么找男性？因为在社会上男性占主导，另外则还有让男性反思的味道。我一开始觉得这个有点不像正经搞学术的，就有点犹豫，但是因为我儿子在美国，这个研究可以给我提供三次往返美国的机票，这个太有诱惑力了。还有一个我想去的原因，就是在道家和道教的文化传统中，性别平等的观念比任何其他宗教传统都明显。这不是说老子或者道教中存在女性领先的思想，而是在传统社会里没有任何一个宗教文化是以女性为社会主体的。

但是中国古代不是有母系社会吗？不，那是一个误会。跟父系社会相对应的母系社会是不存在，只有母系的家族——即家族内的女性起领导作用。父系社会的特点是男性在国家或者社群中的政治经济生产活动中起主导作用，相反，女性在政治经济生产活动中起主导作用的社会现在没有发现，所以我们传统说的母系社会其实是一个母系氏族，并不是跟父系社会相对应的母系社会。那么这个就涉及一个问题，人们喜欢把对女性的歧视归结为儒家，杜维明对这个问题是最敏感，总想为这个问题作辩解，其实我觉得这个也没有什么需要辩解的，因为世界各个民族文化中，两千年来都是歧视女性，不仅是儒家文化，基督教、天主教、伊斯兰教等都存在这种情况，比如在非洲的伊斯兰教对女性的迫害要比裹小脚残酷得多。为什么人类历史上会出现这种情况，那更复杂了，这个不是属于我们研究道家和儒家的范围。相比之下，道家和道教对女性的歧视最少，我不能说没有，相对来说少。比如道教刚刚成立的时候，祭酒必须是夫妻两个人一起，随便找一男一女不行；而且在道教经典里，女仙传占的比例相当高，佛教就很少有专门的尼姑传，可是在道教里，唐代就有专门的女仙的传记。

所以我那次去了以后，就发现天主教、犹太教、基督教、伊斯兰教的人都在反省，都在忏悔，这个是有关系的。但是现在基督教也有变化，有的人就提出上帝不一定要是男性的，上帝可以是中性的，那也有的人把基督画成女性的，或者一半是男一半是女，当然这不代表主流，但是代表他们的文化也在反思这个问题。

周三一： 人类学里史前文化，"坤"代表地，代表母系，"乾"代表父性，好像到文王演易以后才把乾坤倒过来，变成乾卦，你刚才说的，一直以为史前那个时候是母系社会，然后到父系社会是一个转折。

刘笑敢： 我想母系社会这个说法在内地很流行，但是内地也有学者指出来了，如果父系社会指的男性在政治经济生产活动中起主导作用，而反过来，女性在政治经济生活中起主导作用的社会现在没有，纳西族是女性在家族中起作用，在家庭生活中起作用，不是在社会中起主导作用，所以那个跟父系社会相对应的所谓的母系社会不存在，但是母系家族是存在的。

关长龙： 我有一个想法，从宇宙生成论的角度来讲，老子讲"有无相生"，所以遇到"有"的时候就想到"无"，遇到"无"的时候要想到"有"，它是一个有无互引的概念，那么如果这里从宇宙生成论的角度来讲，你光讲母亲没有父亲，这个是不对的，儒家也讲"孤阳不生、独阴不育"，也是这个道理。

刘笑敢： 你的问题很好，但是我想提醒，我们在看《老子》讲有无的时候，要看不同的语境，看上下文讲的什么问题。那么在这一章里，他还没有明确提出有无的问题，直至第四十章和第四十二章才有，而第一章提的有无，很多人把它讲成"道"本身，讲形而上学，但是你仔细读第一章，他讲"道可道非常道，名可名非常名"，是讲"道"的特点，有名如何，无名如何，有名无名相当于对道的认识问题，而且现在看帛书本，"有名万物之母，无名万物之始"，都是万物，而现在的通行本，一个是天地，一个是万物，好像一个早，一个晚，按照帛书本都是万物，那就是说明有名无名都是一个起源，都是万物的起源。我们读到四十章会讲到有无问题，"天下万物生于有，有生于无"，"道生一，一生二，二生三，三生万物"。既然"天下万物生于有，有生于无"，那个"无"就比"有"根本，在这种情况下，"无"和"有"不是并列的，不是一个相互转化的关系，因为他是从宇宙起源的最根本的角度来说的。那么第二章讲有无相生，有无相生是在经验世界、现实世界里，现实世界里孤阳不生，那必须是天地配合，夫妻配合才能有生育能力，可是从宇宙最早的起源来说，还没有男女，还没有雌雄，现在就是假定有雌雄的因子，雌雄因子产生之前呢？

李晓辉： 从生物学上，最早是无性繁殖，再前面是单细胞动物到多细胞动物，过去根本就没有雌雄，特别是单细胞动物的话，就是细胞本身的分裂。

周三一： 先天地生。

李明友： 还没有天地，先天地生。

张家成： 我们现在常常把"有"和"无"作为一对概念，实际上"有"和"无"不是一对概念，不是绝对的有机的相对。

刘笑敢： 在讲宇宙起源的时候，"有"和"无"不是并列的，不是相对的。"有无相生"这个地方是讲经验世界的，善恶、有无、美丑，那是讲经验世界的，所以我想讲"无"要分几个层次，一个层次就是宇宙起源的层次，宇宙起源的"无"早于"有"，这个是可以肯定的，但是"有无相生"这个"有无"，它是互相配合的，谁也离不开谁，那是在经验世界、物理世界"有无"是相互作用的，这个就是不要把它等同起来。至于无为的"无"那又是另一个问题了。其实这是我们读古典的一个困难，就是我们要不要把一个字或一个概念理解成一个统一的东西，比如老子五千言讲的"无"，是不是所有的"无"都应该是同一个意思，按道理应该一样，你刘笑敢讲的这个字前后应该一致，但是又不一定，我在这个场合讲的这个字是这个意思，在那个场合讲的又是另一个意思，那我们还要看哪个场合，可是如果我们把每个字在每一句的意思讲的都不一样，那可能就过分了，这个字还应该有一些基本的意思。比如"道"字用 70 多次，每一段的意思不完全一样，也不能说出现了 70 多次"道"就有 70 多个不同的意思，这肯定也不通的，它有一些共同的基本意思，而不可能是 70 多次有 70 多个不同的意思，但也不可能说 70 多次就是一个意思。有些美国学者如陈翰生，他就想把老子的道、庄子的道、荀子的道、孟子的道、墨子的道全都理解成一个意思，那我觉得太过分了。

李晓辉： 自然科学基本上是这样的，牛顿的力学所有的书中都是一个意思。

刘笑敢： 在他的书里，如果他发现需要用第二个力的含义，他会作说明，会作解释。

李晓辉： 所以我觉得我们不应该从自然的角度去理解老子，如果从自然的角度，那你应该严格按科学来理解。

刘笑敢： 但是我们现在写学术论文，应该把你自己想的"道"界定为哪个"道"？是老子的道，还是荀子的道，或庄子的道，尽量讲清楚，但是不能这样要求古人。

陆庆祥： 您讲那个"可以为天下母"，为什么用"母"？大家解释"道"的时候，大体上分成两层意思，一个是宇宙起源的意思，道可以生万物，另一个是宇宙本体的原则规律等等。这里的"有物混成"，理解成元气或者道的话，那么"为天下母"是注重"道"的

第二十五章

129

哪一个层面的意义？或者这个地方能不能改成"可以为天下始"，第一章"无名天地之始，有名万物之母"，当然无名有名都是"道"的一种不同的性质的描述。

关长龙： 第一句"有物混成"，讲"母"我觉得是合理的。

陆庆祥： 这个地方可不可以理解成从宇宙的起源或者生成的意义上来讲的，就是必须是用"母"。

刘笑敢： 如果你把它换成"可以为天下始"，那我觉得讲得通，"可以为天下始"，没有问题，但是他用"天下母"，为什么不用"始"，很多地方可以用"始"，但也可以用"母"，但是这儿用了"母"，关键是为什么不用"父"？那这里体现的就是整体的价值体系，他要提倡的不是一种主动的、一种强制的或者一种高度自信的，要把真理推广到全世界的一种态度。

李晓辉： 我觉得用"母"能体现出其清楚的来源，他是讲的来源，用"父"就不知道这个来源。

关长龙： 这个不一定，比如一颗种子种在地里。

李晓辉： 对于来源本身来说是不知道，那只有长大了才知道，而"母"来源一下子就很清楚。

张家成： 这个"可以为天下母"或者"有物混成，先天地生"，您觉得应该是讲先天的世界还是经验世界？

刘笑敢：　这里面贯穿了，"有物混成，先天地生"，这讲的是物理世界之前，那么"寂兮寥兮"是对它的形容，而"独立不改"，这是已经产生了，原始状态已经存在了，这是独立不改的，这就是天下的开始。但是老子就要问，天地之前是什么状态，在万物之前是什么状态，在"有"之前是什么状态？他的回答是"无"的状态，是一种模模糊糊的，寂兮寥兮的，恍兮忽兮的，忽兮恍兮的状态，那么就说明它既不是一种纯粹的什么都没有，但是又没有任何具体存在的那么一种状态，而这种状态早于任何具体的我们可以感知的世界，这个就是他的一个回答。其实以前争论老子到底是唯物主义还是唯心主义，争论了几十年，现在不争了。老子那个时代没有唯物唯心的判断，所以"有状混成"这个东西到底是物质的还是精神的，这个不是老子所想回答的问题，或者所要描述的问题。

关长龙：　这一段以我的理解，如果结合老子第一段，就应该是无生有，然后有物混成，先天地生，所以只能说是天下母，不能说是天下始，因为"无"是"始"，而"有"不可能说是"始"。整个这本书有一个大语境，宇宙论预设在那里，如果这个大语境不预设的话，每一小段都把那个大语境抛掉了，这也是问题。

陆庆祥：　但是我觉得这个地方不能用"为天下父"，有一种解释说老子在多数情况下用"母"。

周三一：　"可以为天下母"，"可以为"就是它能够当得起天下万物之母。

陆庆祥：　《说文解字》里面"母"是像怀子形，就是说母亲生育孩子，孩子从母体脱落，那么有物混成，有物解释成元气，老庄思想里"气"是一种宇宙论思想，"气聚而生，气散而死"。

刘笑敢： 你这样解释我觉得未尝不可，我觉得我们今天尽量解释清楚，但是同时你要知道，非常清楚的情况下可能已经不是老子所讲到过的那个意思，老子讲不了那么清楚。我给学生讲的，我必须讲清楚了，但同时我告诉，我讲得很清楚，不一定能全面反映老子的意思。老子本来的意思是比较含糊的，是比较朦胧的，你不讲清楚，你就下台了，你不要当教授了，那你就得讲清楚了，但是讲清楚的同时，我给的是一个骨架，那么血肉要你自己思考，自己把那个血肉补上，变成一个活生生的老子。

关长龙： 这种预设也有一个问题，如果预设老子是模糊的，那么你今天就不应该给他解释，因为你如果一解释清楚，那就错了。

刘笑敢： 问题是这样，你现在在大学里教书，你不把他讲清楚了，学生没有办法理解，学生从小受的数理化的教育，他接受的清楚的逻辑思维，你不用清晰的逻辑语言把他的基本意思讲出来，那学生没有办法接受。我在北大教书，我就提出一个"道"怎么解释，困难很多，学生就问我，我们能不能不用这个现代西方的哲学概念来解释这个"道"，我说很简单，"道"就是"道"，"道"就是你们自己去体会，你就不能讲了。

关长龙： 我的意思想反过来说，我们不能预设老子是模糊的。

刘笑敢： 我想老子可能是很清楚，他心里觉得很清楚，他没有遇上我们，一遇上我们一问他就模糊了，他没有想过这些问题，比如你们问的"可以为天下母"，这个"母"是先天地的，还是有天地之后，是独立不改的，还是有状混成，这个讲不清。

周三一："可以为天下母"，也就是当得起天下万物的母亲，然后他说"吾不知其名"，我不知道怎么称呼它，所以字之曰道，把它叫做"道"，老子本身很清楚这个"道"，因为"道"无法用文字来描述，所以他说我不知道怎么样来称呼它，所以就把它叫做"道"，后面"强为之名曰大"，勉强可以把它叫做大。

李明友：这个"母"就是一个根本，我们联系第一章，老子讲"无名天地之始，有名万物之母"，也用了一个"母"，"无名天地之始，有名万物之母"，那么这里"可以为天下母"，这个"母"就是根本，所以我说理解这一段，要把第一章和二十一章联系起来看，还是不要搞得太复杂。

张家成："无名"就是无不知其名的意思。一个是从本体论角变去解读，还有一个从宇宙论角度去解读，后来王弼的解读，应该讲转到了本体的角度去，老子讲的时候，这两者是含混在一起的。现代的知识结构往往喜欢从本体论、宇宙论讲，搞得非常复杂，但是他那个时候是含混在一块讲的。

刘笑敢：这一句话还有什么想法？

李光虎：我想问一下"先天地生"的意思？

刘笑敢： 我觉得就是比天地还早的意思，这个"生"不一定是很具体的"生"，这个"先天地生"就是比天地还早。

张　彦： 这里比天地还早，是时间在先的概念还是逻辑在先的概念？

刘笑敢： 我想应该是时间在先的概念，大概没有逻辑在先，这是我个人的理解。

张　彦： 再早的话，一般来说可能有时间因果的关系，另外还有在逻辑上，本身就是和天地是相对的概念，就像后现代与现代性一样的道理。

刘笑敢： 我想没有那么复杂，这是我个人的看法，天地之前是一个什么状态？那个状态应该就是一个类似于"无"的状态。我刚才讲的所谓元气，我也不是说要把这个"道"或者这个"物"解释成元气，而是便于理解，就是比天地还早的浑浑沌沌、朦朦胧胧、模模糊糊，用老子的话，就是恍兮忽兮，忽兮恍兮，这个就是你自己体会了，变成清晰的汉字解释就会导出各种误会。庄子也讲"夫道，有情有信，无为无形；可传而不可受，可得而不可见；自本自根，未有天地，自古以固存；神鬼神帝，生天生地；在太极之上而不为高，在六极之下而不为深"，也是在追究万物之前的那个起始状态，这是道家的特点。道家追究这个，儒家不讲，儒家到"天"就完了，如果还要讲，那就是《周易》讲，"太极生两仪，两仪生四象，四象生八卦，八卦生万物"，可以把这个理解成宇宙的起源。老子讲的不是这个，就是有那么一个原始状态，老子把它叫做"道"，或者应该叫做"大",字之曰道,"道"是表字,表字是外号的意思,不是正名。没有正名,你非让我取个名字,就把它叫做大,形容地位重要,形容空间很大,或者功能很伟大,无非是这个意思,就是没有名字。但是这几句话我非常的欣赏,我欣赏就是清清楚楚的模糊,就是说我不知道那个是什么东西,我起个外号叫做"道"。"道"在古代汉语,在孔子那个时代有方法的意思,有原则的意思,那么这个叫做"道",含有我们应该怎么做的意义在里面,那你非要我起个名字,"吾强为之名曰大",那是一个形容词,这个"大"是形容词,并不是真的是一个名词,并不能真的作为一个东西的称呼。

这个讲法我为什么觉得好?你看所有的经典,人类文明的经典,都是有一种高度自信的口气在讲话,讲宇宙是怎么开始的,讲得一清二楚,儒家也讲得非常的自信,那伊斯兰教都是这样,有一个最高的神和最高真理的代表。随着两千年的发展,自然科学的发现,那个讲法就讲不通了,讲不通的一种讲法说那是一种比喻,是一种象征,不是在讲宇宙的真实过程,这样才能够维护宗教的价值意义。那老子讲我知道有那么一个起源,在天地之间应该有那么一个状态,那么这个状态延续下来,对我们的生活是有影响的,我们不应该违背这个宇宙生成过程中这个状态给我们的启示意义,但是它是什么,我不知道,这是老子的高明之处。他明着说我不知道,"道"和"大"都是一个不得已的代号而已,这个我觉得高明,但是现在关于宇宙起源的理论无论怎么发展,它都不违背这个假设。你说宇宙大爆炸理论,原中国科技大学副校长方励之是搞天体物理的,他讲这个宇宙大爆炸,他就引用老子,"天下万物生于有,有生于无","道生一,一生二,二生三,三生万物"。那么大爆炸理论就跟老子这个对宇宙起源的想象吻合了,为什么能吻合呢? 其实我想将来宇宙生成论不管怎么变化,跟老子这个都不会有大的冲突,因为他讲就是有一个起源，而这个起源对我们是有影响的。现在讲天体物理学的话，比如大爆炸理论，假定大爆炸理论正确，但是它没有告诉我们应该怎么生活，那是纯自然科学的、纯描述的。任何古代文明的经典都是这样，他讲这个好像在描述事实的时候，同时就告诉你应该怎么做，这是古代文明经典，特别是带有宗教性经典的共同特点。

这跟近代休谟以来哲学传统很不相同，休谟以来哲学传统特别强调事实和价值分开，事实不等于价值。我说这个香蕉是黄色的，不等于我爱吃它还是不爱吃它，我说它是黄色的，这是一种客观的描述，我爱吃不爱吃是我个人的一种爱好，或者一种价值判断。自休谟以来，西方哲学特别强调把事实和价值判断，或者叫做实然和应然要分清，有人就说，中国的哲学事实和价值都分不清，可是不仅中国哲学如此，任何宗教文化经典都是这样。但是绝对的讲，事实和价值毫无关系，这个也很困难，很困难在哪里？比如喝酒太多了，开车很危险，那我是讲事实，喝酒多了开车危险，这是事实，但是这里面隐含了一个不应该喝完酒去开车，所以即使在现代生活，我们也不能把这个截然分开。这里面我想关键是老子用了一个"道"字以后，就跟我们人做事的方法、原则联系起来了，那么它这70多个"道"字都隐含了我们人应该怎么做，特别是圣人怎么做，这就都带出来了。

周又红： 刘老师，我想问一下，如果"道"我们都能够理解的话，现在要反思一下在研究过程当中"物"是不是区别于"道"。

刘笑敢： "物"和"道"当然不一样了，按我们理解的这个"道"应该是贯穿在"物"之中的，我们现在讲的"道"的意思已经更多是原则和价值的意思，不是宇宙起源的意思。宇宙起源的那个意思，它应该是早于"物"的，或者它就是那个最早的状态本身，但是到了万物产生之后的这个"道"，就更多的有对万物的维系作用和万物应该怎么做的价值意义和原则意义。

周三一： 还有一个问题，"人法地，地法天，天法道"，这个很熟，就是最后我们经常说的"道法自然"，这个"自然"究竟是什么？

刘笑敢： 我们还是先讨论"大曰逝，逝曰远，远曰返。道大，天大，地大，王大。域中有四大，而王处一"。我们先把这一段讨论一下。

大曰逝，逝曰远，远曰返。道大，天大，地大，王大。域中有四大，而王处一。

刘洛福： 那这么看，"大"和"道"是不是同一个系列的概念？比如比较抽象的，比较具像的，或者是抽象和具像都包含在一起的，因为如果从它这个可以替代来看的话，可能具备抽象的特点。"大"在老子的著作里面是一个什么样的性质和概念？从文字学来看的话，"大"是人站立的形象，手伸着，然后两个脚岔开。荀子有谈到"大"的一段话，里面重点强调的是尊重的意思，所以到底在先秦的文献当中是什么样的性质概念？还有相关方法论的问题，读具体的每一段要跟整个大的语境联系起来，这个挺重要的。理解老子的本意和我们今天各个角度思考的问题应该尽量有所区别。比如说文字上到底是什么意思，几千年来，汉字其实有很大的变化，但是还会有联系。还有这个字产生的时候，当时人类的智力水平和人类的社会组织生产状况都是联系在一起，包括宗教等。在这方面希望专家能给我们一些提示，就是在那个时代总体的宇宙观，相关对社会宗教的看法，跟我们现在有什么样的联系和区别，这方面专家学者能够多提供这些方面的知识，可能更便于我们理解当时的情况。

刘笑敢：　你讲的我基本都赞成，当然你问的关键就是"大"字如何理解，我觉得"大"字在当时是一个普通的字，就是重要的意思，因为我是比较重视一些比较重要的概念。怎么看是比较重要的概念？一个是反复出现，再一个是作为名词性的术语出现，而不是作为一个形容词反复出现，比如很多人都很重视老子的"无"，但是我对老子的"无"没有那么重视，为什么？老子的"无"一百多处，绝大多数是作为形容词来用的，不是作为名词用的，那这个你要是看西方哲学就会发现，西方哲学的概念术语一定是名词。这个我当年问张岱年，他说当然了，哲学概念一定是名词，好像不需要讨论的，那你要懂英文、德文就知道，一变成哲学概念一定得名词化。我要研究宗教的特性就要把它作为一个研究对象，那么就变成一个名词化的东西了，所以我不是研究宗教，我研究宗教性，这样就抽象了。可是这个"大"字我觉得没有那么抽象，这个"国中有四大"、"域中有四大"是有不同的版本的，那"域中有四大"我觉得比较好。帛书本、通行本都有用"国"字的，"域"字是比较好的。"域中有四大"可能就是指在天下范围里，最重要的是"道"、"天"、"地"、"王"。那"天"、"地"、"王"重要，不言而喻，问题是他提出一个"道"，他把"道"放在"天"、"地"、"王"之上，"王居一焉"，"王"在"道"当中是其中一个，这实际上肯定了"王"的地位，但是在某种程度又降低了"王"的地位。这跟儒家一样，儒

经典会读　老子

家认为天地高于皇帝，当然当时没有皇帝了，就是"王"、"天子"，天之子，"天"还是高于"王"和皇帝，关键老子所不同的是在天地之上又提出了一个"道"，那这点就跟儒家的思想有了一点区别。他为什么要在天地之上又加一个"道"？我觉得从宇宙生成论来看，他认为天地之前是什么样子，他要追问这个问题，那就追问出来天地之前一定是有一个没有天地产生的那么一种状态，这就出来一个宇宙起源的问题，而这个宇宙起源他命名为大，或者"强为之名曰大"，而这个东西他认为产生万物之后没有消失，仍然存在起作用，那就是"道"、"天"、"地"、"王"，"四大"都存在，都起作用，都重要。

你刚才讲到重视古文字，我也很赞成，我有一个朋友在新加坡，他研究西方哲学，现在搞甲骨文，如哲学的"哲"字，甲骨文是怎么写的，有折断的意思，折断代表一种果断、决断，他讲得津津有味。但是就算是有这个意思，跟我们现在讲的哲学也已经离得很远，而且就算是甲骨文，离老子孔子的时代也上千年了。那个字一出现，在使用的过程当中意义就开始变化，所以你用这个字的最初起源来讲，问题一个是字形的解释已经是后人追溯了，许慎《说文解字》里面就有猜测的成分，这个猜测我想80%都是合理的，否则我们没有办法解读这个文字，可不见得每个细节都是准确的，就算是准确的，从金文、甲骨文流传下来一千多年，这个字义已经越来越丰富了，就说单纯用字义来解释它的思想含义我觉得有参考价值，但不一定有决定性的价值，这是我的看法。

金　敏：我问一个问题，我手上这个本子是"道大，天大，地大，人亦大。域中有四大，而人居其一焉"。按我们法律上来讲，"人"和"王"区别太大了，那到底是"人"还是"王"？我原来读自己这个本子，一直是"而人居其一焉"，觉得很顺的，而且后面"人法地，地法天，天法道，道法自然"，是和前面是一致的，因为前面如果是"人"的话，顺下来就是"人"，如果是"王"的话，反而觉得别扭，为什么有那么大的区别?

　　人法地，地法天，天法道，道法自然。

刘笑敢：我的想法就是说，因为你读到"人法地，地法天，天法道，道法自然"，我们干脆连起来一起讨论。就是说朱谦之这个本子，跟很多本子都是一样，"域中有四大，而王处一"，但是下面讲"人法地，地法天，天法道，道法自然"。这个四大的系列从"王"变成"人"了，那有人就说矛盾了，所以就要把这个"王"字改成"人"字，这样改就一致了，那这个是从逻辑道理上来改的，但是我们现在看到的竹简本和帛书本，就是最早的版本都是"王"字，那么"王"字跟下面的"人"字其实没有矛盾，因为"王"本身也是"人"之一，他讲"大"，那是讲重要性。

金　敏："王"也是"人"，但是在法律上区别很大，"人"是代表人民，都可以是"人"，但是"王"就是一人了。

刘笑敢：可是看你在什么场合讲，"人"都是要死的，是"王"不是"王"都是要死的，那在政治学中和法律中"王"和"人"差别很大，可是要讲宇宙最根本的道理，那你的社会地位已经不重要了，那我自己猜想，为什么是"王亦大"，他要讲"大"，讲重要。如果说他讲所有的人都重要，这个是现代民权的观念，那个时候大概没有。他讲"天"、"地"、"王"，"王"是天子，天子是"大"，这个没有疑问，你讲所有的人都"大"，这个是有疑问的。可是下面讲"人法地，地法天"，所有的人都要"法地、法天"，这是没有疑问的，所以我觉得它这个不同，其实背后有很重要的理由。我们现在的逻辑说，你行为应该一致，既然前面"道"、"天"、"地"、"王"，下面应该也是"王"、"地"、"天"、"道"，那这是我们现代人行文的逻辑，但是从竹简本、帛书本来看，前面是"王"，后面是"人"，但是你细想有道理，它不是普通人"大"，是王"大"，"王"才可以配天，普通人不能配天，但是普通人应该"法地、法元"，所以这样讲，我觉得也是很合理的，所以不必改。

薛剑晖： 金老师，我认为"王"和"人"在当时其实并不是对立的，因为这里的"人"并不是指人民，这里的"人"是指所有地上人间的生物，当然不包括动物，就是指人，当然也包括"王"在内。我们之所以觉得"王"和"人"是有矛盾的，是因为您站在现代法律学的概念上说人权和王权是不一样的。但是在古代来说是这样的，古代的人认为"王"是人间的代表，他说"王处一"，其实作为"人"的代表，已经是代表了"人"这个含义在里面。所以后面说的"人法地"，这里其实相当于前后"王"和"人"是可以通用的，只不过在这里"王处一"特别强调"王"的一个概念，就是说在古代，"王"是人间的代表，"王"和"人民"不是对立的。

金 敏： 所以我刚才说，既然前面可以代表，为什么后面就不代表了。

薛剑晖： 下面"王"也是要"法地"的。

金 敏： 所以后面"人"也改成"王"算了。

刘笑敢： 这个"法"我想用现代汉语来讲，相当于效法，人应该效法地，地应该效法天，天应该效法道，道应该效法自然。这个讲的"人"、"地"、"天"、"道"这样一个逐步上升的系列，"人"、"地"、"天"没有问题，传统社会都有这个，在老子之前都讲"人"、"地"、"天"，关键是老子出了一个"道"，不仅出了一个"道"，又出了一个道法自然。那么道法自然的"道"，是老子哲学的重要的特点，自然是老子哲学的重要内容，所以这个是关键，是我们要重点讨论的内容。那么这个"道"，我的解释，就是宇宙万物的总根源和总根据。我就避免用这个本体、实体这样的说法，总根源是起源的意思，根据是维系万物的存在天为什么不会塌下来？地为什么不会陷下去？这都是因为有"道"的维系，这个"道"是以自然为价值和效法体现的对象，这就是道法自然。"道"以自然为效法和体现的对象，那么以自然为一种价值，这个"道"相当于终极关切的象征符号。

这个终极关切，我是借用蒂里希的说法。蒂里希讲什么是宗教或者有宗教性，说每星期去教堂未必有宗教性，当然一个哲学家、艺术家、政治家他从来不去教堂，他不是教徒，但是他可能是有宗教性的，他对宗教性和宗教做了一个区别。去教堂的人不见得有宗教性，不去教堂的人不见得没有宗教性，那他讲的宗教性就是一种终极关切，有这个关心人类的整体的命运、宇宙的起源、人类社会的生存状态的终极关切，有这种关切的人就是宗教性的。那你天天去教堂，你没有这种关切，你就是看朋友去了，去休息去了，这个不叫宗教性。那么这个"道"呢？我认为就相当于老子所说的终极关切的一个对象，而这个对象不是一个具体的精神，不是一个具体的神或者一个人物，而是一个象征符号。为什么说象征符号？没有一个很具体的内容，老子自己都说他不知道那实际是什么，所以"道"只是一个符号，而自然则是这种终极关切所寄托和向往的最高价值。我用的是最高价值。那么就是说是希望人类社会总体上或者根本上的自然而然的秩序，自然而然的和谐，而这个自然宇宙也必然是和谐的，那这个是我对道法自然这句话的一个理解。

对于道法自然这个话有不同的理解，有一种通常的读法，我们是把它读做名词动词加名词，"道"是一个主语，"法"是谓语，"自然"是宾语，道法自然是主谓宾结构，那么这种读法又产生一个分歧，一种读法就把自然解读成自然界了，这个解法我很少提，因为对于我们行内的人从来没有人这样理解，我们行内人不会把自然理解成自然界，那作为常识我们就不讲了。最近几年，我觉得不得不讲，因为越来越多的书，都把自然解释成自然界了，这是绝对不能接受的。为什么？它不可能，因为在古代没有自然界的意思。'自然"两个字是在《老子》里出现的，《老子》之前没有自然两个字，而在《老子》这里，这个自然讲成自然界是讲不通的，十七章里有"百姓谓我自然"，那个自然绝对不可能是自然界，"希言自然"，那是讲语言的问题，也不会是自然界，第六十四章"以辅万物之自然而不敢为"，把所有的五个"自然"联系起来看，自然不可能是自然界。自然变成自然界的意思是什么时候出现的？现在还没有很确切的考察。我的老师张岱年曾经说过，阮籍的《大人先生传》里讲过一句话"与自然齐光"，那个就是自然界了，但是马上就有人反对，说不必作为自然界来理解，为什么？因为有些话，他讲自然，你把它理解成自然界，比如人是要死的，这是自然现象，你怎么理解？人要死是自然现象，是自然界的现象，是自然科学的现象，还是自然而然的现象？都通，所以不必区分，我们不必问，大家都明白了。所以就说在很多情况下，这个自然有没有自然界的意思，是比较模糊的，到魏晋以后有一点模糊，但是可以肯定地，很自觉地把自然这两个字当作自然界是西方自然科学传入以后对 nature 的翻译，那么所以到了现代社会我们讲自然，很多情况下讲的是自然界，但是老子讲的不是自然界。这就是说虽然是主谓宾结构，但是自然这两个字是不是自然界是有分歧的。

我认为自然应该解释成原则、价值或者秩序或者一种状态。为什么人要道法自然，"人法地，地法天，天法道，道法自然"，人应该法自然，这就说明自然有一种最高的价值地位和最高的原则，是一种终极关切的目的和目标。我们说自然不可能是自然界，因为"域中有四大"，有人说如果自然是自然界的话，那不变成五大了？跟原文不通了，跟古汉语常识也不一致了。所以这个自然绝对不是自然界，而且如果把这个道法自然的自然理解成自然界，就跟天地重复了，因为天地就是自然界。有的人就想道法自然很好，老子很早就有这个自然保护的思想，有生态保护的理论，好得不得了，那错了，老子没有这个思想，老子那个时代没有生态问题，他没有关注过生态问题，古人是有类似于你什么时候上山、砍树、打鱼、打多大的鱼，是有这样的记载，但是没有形成生态保护理论。老子这个道法自然和生态保护也没有关系。在先秦的时候，讲到自然界用的是万物，用的是天地，有时候"天"就代表自然界，或者天地合起来代表自然界，有时候万物代表自然界。另外一种读法是王弼的读法，现在也有人如牟宗三就是这个读法。王弼讲"法自然者，在方而法方，在圆而法圆，于自然无所违也"，那有人推出来就是道无所法，道法自己，万物法自己，那么"道"就没有意义了，道法自然就是"道"的法则是效法自然而然，就是自己如此。那么他把"道法"看作一个名词，是"道之法"，是自然而然的，所以"道之法"是法自己，那就变成人是法地，地是法天，天法道，而"道"

什么都不法，法自己。如果是道法自己，那人要法道，也变成法自己了。那王弼讲的"法自然者，在方而法方，在圆而法圆，于自然无所违也"，你是"方"就法方，你是"圆"就法圆，那就没有一个外在的更高的价值和追求了。那这跟老子所讲的"道"的崇高地位也不合，而且从语法上讲，明明是一个并列的，"人法地，地法天，天法道，道法自然"，是一个并列的句式，你突然把道弄断开讲自然，这个从语法上来说也有点奇怪，从思想上讲好像挺合理的，"法自然者，在方而法方，在圆而法圆，于自然无所违也"，也讲得通，但是全面的看，我觉得这个讲法不太好，有点问题。

周又红： 这个"法"怎么解释？从字义上，你为什么要加一个效法？

刘笑敢： 效法，就是现代汉语我们习惯用双音字，用单音词还要问"法"是什么意思，我说效法，觉得意思清楚一点，就说按照它的原则去行事，人法地，就是按照地的原则去行事，地法天，就是地按照天的原则去行事，那么天法道，天按照道的原则去行事。

关长龙： 那个"效"是仿效的意思。

周又红： "效"其实想说的是不是对人类自身有意义的方面。

刘笑敢： "人法地，地法天，天法道"，这个里面其实我可以再多说一句。如果认为自然就是大自然，自然就是风雨雷电、雨雪风霜那种大自然，那我觉得麻烦大了。人如果法地、法天、法自然，这个自然是自然界的，人怎么效法地震火灾和海啸？怎么效法？该不该效法？第一你不可能效法，第二你不该效法。老子讲"慈"，"一曰慈，二曰简"，你讲慈悲，"战胜以丧礼处之"，怎么会去效法地震的毁灭性活动呢？讲不通的。

陆庆祥： 这个自然界我们可以单列成风、雨或者地震等个别自然现象，但是用整体眼光看自然界的时候，这个时候道法自然有没有道理？就是整体自然，"地"是个别自然现象，"天"是个别自然现象，我们通常讲自然界的时候，按照整体意义上讲的自然界，那么整体意义上的自然界有没有一种抽象的本体存在，就是一个原则，比如自然界作为一个原则或者一个法则存在？

刘笑敢： 那你现在汉语里这样讲是没有问题，如果到老子那个时代就有问题了，老子时代没有这个用法，老子时代没有自然界这个概念。你去查先秦汉代以前的书，你绝对查不到自然两个字当作自然界来解。我觉得古代的时候用万物和天或者天地代表我们现在所讲的自然界，没有一个统一的标准。

章颖亮： 前面那句话说人法地，地法天，那么"地"比"天"小一级？

刘笑敢： 儒家是讲天尊地卑，"天道圆，地道方"，"天道圆"像头，"地道方"像脚，脚踩在下面，头应该在上面，所以"天"是高于"地"的。我想用自然这两个字翻译自然界有这个道理，那就是代表了自然现象，用它代表大自然，这个翻译应该有道理，但是这种翻译会引起很多误会。但是你把老子的道法自然的"自然"理解成"自然界"本身会有很多很多的问题。自己这样的一种状态，自己发生了，不是外在的力量控制的，也不是自己有意识、有目的实现的。

李明友："自然"是自己那个样子，就是"道"效法他的那个样子。

刘笑敢：《老子》翻译的本子非常非常地多，包括很多根本不懂中文的人也在翻译《老子》，我想时间关系，把下面第三种解释讲一下，这个讲法也是唐代李约的一种读法。"人法地地，法天天，法道道，法自然"，这是一种很怪的读法，最后的结果跟那个道法自然是一样的，就是"法自己"，那么"人法地之所以为地，法天之所以为天，法道之所以为道，法自然就是法自己"，那跟道法自然讲法是一样的。"万物法自己"这个讲法好像也不错，但是跟整体"道"的地位就不一样了。我的一个同事现在重新用这种讲法，我觉得他是受了西方哲学的一些影响，那么现在的学术出了一个问题，就是说现在的学术不是求真求实，而是求新求怪，一年要发表几篇 paper，你总得跟别人不一样才能发表，你跟别人一样就发表不了，所以就得提一点跟别人不一样的观点，标新立异变成了学术研究的一个标准，所以浪费了很多纸张和大家的时间。可是太严格写不出 paper，硕士毕业不了，博士毕业不了，升不了教授，怎么办呢？也没有办法，所以这是我们现代学科评价体系的一个问题。

李明友：我有一个问题，按照李约这个读法，不是"道法自然"，是"人法自然"，中间都可以去掉，最后是"人法自然"。

关长龙：人法自己，就是最后我是流氓我怕谁。

刘笑敢：我们休息一会儿。

第二十六章

重为轻根，静为躁君。是以君子终日行，不离辎重，虽有荣观，燕处超然。如何万乘之主，以身轻天下？轻则失臣，躁则失君。

张家成： 我谈一点"静为躁君"的体会，马克思主义哲学里面有一个基本的观点，世界是物质的，物质是运动的，运动是绝对的，静止是相对的。那么老子的观点刚好相反，他把静止看成是绝对的，运动是相对的，那么我的理解是，所谓这个运动的话，可能是现象在运动，而老子所说的静止是根本所指的，道的根本属性应该是静止的，是一个超越自然万物之上的东西。所以"静为躁君"的理解，字面意义上讲的话，静止是绝对运动的一种形态。我也想听听刘老师对"静为躁君"的一个看法。

刘笑敢： 我个人的理解，这一段谈的是现实社会中的问题，不是在谈宇宙万物的根本的问题，跟修身治国有关系。"重轻"、"静躁"都是一个相对的关系，那么从这个相对的关系看，他是强调"静"，但是这个"静"有没有从宇宙根本上提倡"静"的意思，这个我不敢肯定。

张家成： 因为老子里面有"夫物芸芸，各复归其根。归根曰静，静曰复命"，这是讲宇宙论的。

刘笑敢： "归根曰静，静曰复命。复命曰常，知常曰明"，这个我是觉得更多的还是在讲现实生活中的。这个"道"本身是动还是静？"独立而不改"，这句话好像是说道的本质是不会变化的，但是道本身是不是静止不变？我的一个学生他在跟我讨论这个问题，他要写一篇论文，他觉得道并不是不变的，道是变的，我是说他很有把握做这个问题，这个跟我们流行的观点不太一样，我说你要找证据，他正在做，那就是说相对于我们现代或者西方哲学所讲的静止来说，道没有那么绝对的静止，不是我们现代意义是动静对立的那种绝对静止。道有它的稳定性，但是老子的概念跟我们现在哲学所讲的哲学概念有一点不同，就是我们近代西方以来的哲学概念，它要求很清晰，从笛卡儿以来，他讲的一个概念什么意思，都定义得非常的清晰，而且非常单纯，有绝对性，我们中国古代思想里没有这样清晰的、绝对的概念，所以你讲"静"，你说老子"主静"，这个没有错，一般人都是这样理解的，但是静到什么程度？可能细致体会就不一样了，你说"道"，它是永恒，这个永恒是不是像柏拉图那个绝对理念那样的永恒，或者像黑格尔那样绝对精神的永恒？那就又有问题，所以我那个学生就说，这个永恒不是永恒不变的意思，是永恒存在，但是永恒存在本质是允许变化的，他这个理解我觉得也有一定的道理。

陆庆祥： 这里的"静"，是人的行为动作方面的"静"，还是心里的"静"？

刘笑敢： 我想它既有心里的，也有整个治理社会的一个原则和精神修养，这是合为一体的，古人说你自己的修养是这样，你治理天下的态度也就是这样，你自己修养是"主静"的修养，你的价值是"主静"的，那你治理天下也是"主静"的，那这个"主静"，可不是让万物也"主静"，他是给万物留下了发展的空间，就是六十四章讲的，"以辅万物之自然而不敢为"，而不是一种提倡整个宇宙的"静"。

陆庆祥： 这里的"静"和"道"是相对的，我觉得更注重是人的心里，心里是趋静的，是不是可以这样理解？

刘笑敢： 但是你看下面讲，"是以君子终日行，不离辎重"，所以不纯粹是心里的，他有治理天下的意思，也有策略和方法的意思。

陈　权： "重为轻根"，"重"和"轻"是什么意思？

刘笑敢： "重"和"轻"来比，"重"就是重要，"轻"就是不重要，我们从物理上来讲是有轻重，但是他比喻的是一种价值上的轻重，哪一个更重要，你要抓住最根本。

陆庆祥： 这里讲"静为躁君"是主静，那么前面第二十五章讲"有物混成，周行不殆"，"周行不殆"反而是运动的，而且是不停地运动的状态。

刘笑敢： "周行不殆"我没有强调，因为他刚才讲"静"的问题，我就没有讲"周行不殆"这句话，要用"周行不殆"的话，从根本上不主静了。

陆庆祥： 两个有什么侧重点？

刘笑敢： 但是"周行不殆"这个话在帛书本里面没有，所以我就不讲了。

顾　征： "静为躁君"可不可以从另外一个角度理解？虽然物体是运动的，但是这个物体的内部各部分实际上是保持相对静止的，否则的话这个东西就分崩离析了，任何东西哪怕再高的速度运转，事物本身也是内部静止的，也就是本体论，能不能这样理解，是共存的？

刘笑敢： 那你从语法上来讲是"静"比"躁"更重要。

顾　征： 那是不是可以这样理解，如果物体内部的结构不能保持相对的静止的话，也不存在动，一动就是分崩离析。

刘笑敢： 我认为你是现在的解释或者现在的发挥，但是我说从语法上来讲它是有轻重的。

薛剑晖： "静为躁君"我当然也可以理解这句话是什么意思，但是我想为什么是用"静为躁君"？我想"躁"其实是一种感觉，我们能不能从一种主观的情绪上面来理解，而不是从客观的行动上的动静来理解？

刘笑敢： 坦率地说，我对这一章没有下过很大的工夫，我觉得没有那么重要，大意是批判一个君王应该谨慎主静从事。

薛剑晖： 这是一种心静吗？

刘笑敢： 这个不纯粹是心静，也包括他的修养，包括他治理天下的方法，包括他对宇宙的理解都融为一体了。

李天琼： 说到这个，我们杭州的富阳，现在提出城市的人文精神是"灵动致远，大气阳光"，这个"灵动"我想也是包含这种"静"的意思。现在是一个全球化的时代，就是大家要多交流，这个"静"和"动"之间，不是人不走、不出去就是一种"静"，你"动"的时候也可以保持一种心静。

薛剑晖： 就是像我自己也在练那个太极拳，我们知道太极拳的爆发力有时候是强的，但是它即使在发力的时候，心也是非常静的，就是说我觉得是不是这个"静"应该是一种主观的情绪上的一种状态？

刘笑敢： 我反复强调，绝对有主观修养的意思，但是不纯粹是主观修养的意思，比如太极拳的"静"，它还是表现在"动"之中，不是不动的"静"，是在动中的"静"，所以这个"静"，你说是心态，没有错，可是它还表现到行动。"君子终日行"，还是要在行中表现"静"，在行动中"不离辎重"，在治理天下中是以静为主，而不是以躁为主，那这个"躁"字，我没有下很大的工夫，因为这个"躁"字，到底是原来怎么写，这个比较复杂了。这个"躁"不等于"动"，"躁"我觉得它可能也不纯粹是一种心理状态，因为中国古人没有把心理现象和行动分得那么清楚，感觉你的行动一定是从心理状态引申出来的。所以你刚才讲的灵动，一有灵字，那怎么解释都行了，它不是动，是灵动，怎么个"灵"法，这个有很大的解释空间。

周三一： 这个文本上，我觉得这个"躁"可能就是像你刚才讲的，不同的语境代表不同的意义，这个"静为躁君"的"躁"可能还是指"动"的意思，"静"作为"动"的一个主宰，那么最后那句话"躁则失君"这个"躁"可能就是妄动、乱动，可能还是不太一样的两个"躁"，第一个"静为躁君"其实"静"应该是"动"的三宰，最后"轻则失臣，躁则失君"这个就不一样了，因为动中可以有静，有为中可以无为，达到这样一种状态，所以这个"躁"指的是妄动。

张家成： 我还是觉得老子讲动静的话，这一章里面字面意义显然是指社会政治怎么样去行事，但是道家讲《道德经》，先讲道，后讲德，他可能先把这个原理讲出来，然后按照这样去做，所以这个"静"肯定有宇宙的根本的属性的含义。后来宋代周敦颐的《太极图说》讲得比较具体，"太极动而生阳，动极而静，静而亼阴，静极复动"，后面引出一个结论是"主静立人极"，他把"静"和儒家人伦关系结合起来讲，这是把儒家思想融到这个体系里面去，但是我还是愿意把"静"看作是道家根本的东西，"静"失去之后，"失道而后德，失德而后仁，失仁而后义"，然后这个天下大乱，老子的理想的话就是倒过来恢复，恢复到这个"道"的环境，那是一个理想的、完整的状态，所以我还是愿意把整个实践和本体论串起来解。

周三一： 好像老子的辩证法是"主静、贵柔"。

张家成： 他是以静制动，以不变应万变，这种原则还是符合道家这样一个宗旨的。

陆庆祥： 能不能理解成"静"和"柔"是对"道"本体的一种描述？

张家成： 我还是愿意把这个"静"看作是"道"的一种根本的某种状态的描述。

章颖亮： 在老子这本书里面曾有一句叫做"静为躁根"，那我觉得"静为躁君"这个"君"就是"根"的意思。

刘笑敢： 可以这样理解。我觉得这一段是笼统地谈，就是说有一些基本的原则是比较重要的，那么这个"静为躁君"，强调"静"的重要性。认为这个"静"是宇宙本根，我想会有一定的联系，但是我不会轻易地把"道"解释成"静"，道的原则落实到人的行为上，"静"是一个原则，但是这个原则不等于是一种绝对的现象。"静"是一个原则，是一种心理状态，太极拳追求心理宁静，但不等于不动，所以你讲那个"静"如果是现代物理学意义上的"静"，那我觉得就很难接受。如果是跟"道"的原则相一致的一种精神原则，一种行事方法，那就比较合适了。

第二十七章

善行，无辙迹；善言，无瑕谪；善计，不用筹策；善闭，无关键不可开；善结，无绳约不可解。是以圣人常善救人，而无弃人；常善救物，而无弃物。是谓袭明。善人，不善人之师；不善人，善人之资。不贵其师，不爱其资，虽知大迷，此谓要妙。

张　彦：这里的"是以圣人常善救人"，包括前面的"是以君子终日行"，这里的圣人也好，君子也好，有没有特指？他是一个身份上的所指还是道德意义上的判断？跟儒家当中的圣人君子有什么样的区别？这是我的一个问题。

刘笑敢：那这个我查了一下，《老子》里"圣人"大概讲了 28 次，"君子"讲得比较少，在我看来，圣人高于君子。老子讲的圣人跟儒家讲的圣人不大一样，儒家讲的圣人更重视个人的建功立业，比如说在孔子看来，即使尧舜都达不到圣人境界，因为圣人要"博施于民，而能济众"，就是仅仅道德修养高是不够的，还要能给老百姓带来实际好处，孔子认为尧舜都未必达得到，这个是很高的标准。后来的圣人就比较简单了，孟子已经把孔子当圣人了，后来又把孟子当圣人了，这个圣人就多起来了，而且圣人的意义变得狭窄了，主要是"道"的意义上面比较多，这个建功立业的意义比较少。这个老子讲的圣人，在很多情况下给人一种是主静的、无为的、不做事的，好像甚至带有不负责任的意思，纯粹是一种个人修养。那我的理解不是这样，圣人不是不做事，他是用一种特殊的方式做事，那其实像本章"善行，无辙迹；善言，无瑕谪；善计，不用筹策"，这都是讲的一种跟常规不一样的行事方法，不是不做事，而是跟常规不一样的做法。

比如说爱子女我有一种爱法，从两岁开始让她去学游泳，3岁让她学芭蕾舞，4岁开始学钢琴，5岁开始学英语，每天安排得满满的。我女儿在新加坡的时候，到了星期六、星期天想出来玩，楼道里找不到一个孩子能跟她玩的，这个补习英语，那个学钢琴，那个学跳舞，那个补数学，我女儿找不到人跟她玩。有一个笑话，就是一个小孩跟他妈妈说，我很高兴，我毕业了，我从此不用再念书了。什么毕业？幼儿园毕业。幼儿园毕业他就觉得以后不用念书了，因为在幼儿园期间，他已经念得很苦了。我女儿在新加坡两岁的时候，老师给我太太打电话，说你女儿怎么不会写ABCD，你们得教她，两岁，拿笔都拿不稳，就要写ABCD，现代教育就走上这条路了。有一个封面故事，亚洲的小朋友的父母给他们太多的压力，不光是中国，包括新加坡、菲律宾，小孩的负担太重，而且上海出现了一个EMBA，你们都知道MBA是什么意思，那EMBA的这个E是什么？Executive，就是现代的经理人再来学一个MBA，他已经当经理了，再来学一个MBA，这个现在很流行，他原来没有MBA，当了经理再来学MBA，这个学多少东西不重要，这个人际关系太重要了，一下子建立了一个网络。但是上海搞的EMBA，这个

"E"不是 Executive，不是高级管理人员，而是"Early"，3—6 岁的 MBA，就让 3—6 岁小孩学习理财，学费很贵，家长趋之若鹜，要把小孩送进去，家长很自豪。3—6 岁就让他学理财了，这简直是荒唐，小孩的成长是有规律的，什么年纪适合学语言，什么年纪开始应该做什么样的游戏，什么时候开始有理财的概念，这个现在是越早越好，简直是扼杀小孩的天性，小孩没有童年了。这个在亚洲是很普遍的现象，这是一种当父母的方法，你能说他不爱子女吗？他是爱子女，而且对子女高度负责，但是这是一种世俗的爱的方法。那么老子讲的"善行，无辙迹；善言，无瑕谪；善计，不用筹策"，就是说我善于运算，不需要用算盘，不需要用计算器；我善于走路，不需要给你留下任何足迹，这是一种更高的境界，那么这种爱子女的方法，可能是另一种爱，从道家立场上一种更高的爱。我举一个很实在的例子，就是我在新加坡教书的时候，新加坡国立大学副校长的三个孩子成绩都是中等左右，他从来不给孩子找补习，他不是找不起，他当副校长工资很高怎么会找不起？他跟记者说，我不能给孩子太大压力，给孩子太大压力，他在这个压力下可以学得比较好，成绩会比较高，但是他一旦毕业以后可能厌倦学习，从此再也不想学习了，我要让他在快乐中学习，他毕业以后仍然愿意学习。这种跟从小围着孩子、安排各种补习的家长比，他好像没有那么爱，他好像没有那么高度负责，其实他有一种更高的眼光，让儿童在快乐中学习，保持一种终身学习的兴趣和爱好，那么这是一种更高的眼光，一种更高的责任感，而不是不负责任，但是一般人就把它当作不负责任。所以我觉得这一章里讲的基本上是一种跟常规世俗不同的价值观念和做事的方法，说简单就是"无为而无不为"，表面上是无为，实际上追求的一种更高的效果，表面上我不逼子女去念书，实际上让他对念书还保留一份兴趣。

关长龙： 这里提到"圣人"和庄子的"至人"有什么地方不一样？

刘笑敢： 很不一样，庄子的"至人"、"圣人"是逍遥于"游乎四海之外"、"游无极之野"、"与天地万物为友"，那是超现实的，老子讲的圣人是在现实社会中的，你看他讲的例子都是如何治理天下，有什么样的心静，如何维持社会的和谐，所以老子的"圣人"和庄子的"至人、神人、圣人"都不一样。

关长龙： 那就是说，比如说"善计，不用筹策"，你认为就是绝对不可能像电影里面那个数学天才，他不用算盘，可以一下子数出一百几十个牙签？

刘笑敢： 不是技术意义上的"善"，而是一种战略上、策略上的一种更高境界的考虑。

章颖亮： 是不是有点像金庸的无招胜有招的感觉。

刘笑敢： 我想不战而屈人之兵，我不跟你正面交手，使你没有心思打了，那是最好的，那是更高的境界。

陆庆祥： 老子讲过，"圣人不仁，以百姓为刍狗"，"刍狗"是一种器物。

刘笑敢： "刍狗"不是一般的器物。

陆庆祥： 这里讲"是以圣人常善救人，而无弃人"，这两段话我们怎么看？

刘笑敢： 这句话非常非常重要。那个"以百姓为刍狗"，我觉得他跟儒家有一个很大的不同，儒家那个仁爱，是直接表现出来的，是直接感情道德的表现，而道家不强调个人道德感情的直接表现，这是儒家和道家圣人的最大不同。像刘备见人受难了，就哭了，一看赵云为了自己的孩子差点丧命，就把孩子摔地下了，那是一种感情的直接表现，而这个道家老子所讲的那就是不动感情的，他这个不动感情，不是说个人没有感情，或者对你没有感情，他考虑的是全局的状态。下面这个讲"是以圣人常善救人，而无弃人；常善救物，而无弃物。是谓袭明。善人，不善人之师；不善人，善人之资"，这句话我觉得是最值得我们注意的。儒家讲的，有学生就问孔子，说以德报怨怎么样？这个以德报怨的话是《老子》里面的，孔子说，你要以德报怨，那怎么报恩呢？那说以德报德，以直报怨，这是孔子的说法，就是反驳老子说的以德报怨。那么以德报怨，我们现在人很少有接受，历史上很少有人能够按照以德报怨的原则行事，当然诸葛亮七擒孟获好像是以德报怨，抓了六次都放了，第七次他投降了，那就是感化了，那诸葛亮这个七擒孟获还不是老子说的以德报怨，有点像，其实还不是，那是一个谋略，诸葛亮是个军事家，他是谋略家，他感动孟获，让他投降来为他打仗。老子的以德报怨，"是以圣人常善救人，而无弃人"，他是一种更高层次上的不辨善恶，因为后面老子讲到"善者吾善之，不善者吾亦善之。信者吾信之，不信者吾亦信之"，从圣人的角度，而不是从一般人的角度考虑问题。儒家的伦理，是要一般人就做到"仁义礼智信"，我跟你交往，我就应该讲"仁义礼智信"，而老子的圣人，是管理天下的圣人，不是他个人直接表现出"仁义礼智信"。他要让天下安定，这个天下安定就要在天下百姓之间不要分善、不善，信、不信，恶、不恶，那就是说有道德的人是我的子民，无道德的人也是我的子民，所以我都不会抛弃，就是说你是不善的人、不讲信用的人，我不会抛弃你，你也是我"辅万物之自然"的这个"辅"的对象。这个讲起来好像是有点不分敌我友，但实际上他不是说普通人在日常生活中不要讲道德，而是讲圣人作为一个治理天下的人所应该有的一种襟怀。有人批评新加坡政府，新加坡政府名义上是有民主选举的，他们的人民行动党每四年一次选举，即便选票低了，他们也是赢的，从来没有输过，但是上届赢85%，这届赢75%，这就是大事，他们要反省，为什么我们丢选票了，而且有人批评他。新加坡政府说，你这个选区选了人民行动党，我就先给你这个选区修房子，你这个选区选了反对党，我就后给你修房子，有人就批评政府不应该这么干，政府是政府，政府是百姓的政府，不应该是政党的政府。老子那个时候讲了，"善者吾善之，不善者吾亦善之。信者吾信之，不信者吾亦信之"，"是以圣人常善救人，而无弃人"，他不是讲"以百姓为刍狗"，就是说他不以个人的感情来对待百姓，他对百姓没有个人的亲疏远近。这个"天道无亲"的"天"跟儒家那个天不一样，儒家的天是有意志的，是惩善罚恶的，儒家的天喜欢善人，讲仁义道德的人不喜欢恶人，道家的天是覆盖天下，不分善恶的。那这个我觉得是不是对儒家的道德的否定呢？可以说是，也可以说不是。我们可以把它看作两个层次，你作为一个治理天下的人，你不要在百姓中分善、不善，信、不信，那你的天下就会太平。我昨天跟陈教授还谈这个问题，宋明理学家朱熹是很伟大的一个哲学家，但是他活得很不舒服，很多人不喜欢他，而且演戏的人都会笑话这些宋明理学家。理学家们自成一党，他们自我标榜为君子，本来这个社会没有君子，有些人自我标榜为君子以后，就把某些人划为小人了，朝廷里和学界就出了君子党、小人党，这么一分，就斗个没完了，所以朱熹被人攻击，也去攻击别人，那道德判断就成了最高或者唯一的标准，这样就会给整个社会带来动荡不安，因为评价一个事情的时候，有很多标准，那你把某一种政治标准或者"道"的原则提到最高的标准的时候，就会在人群中制造分裂。

比如说我当老师，这个班上喜欢我这门课的人我就对他好，我就给他高分，不喜欢我这门课我就给他低分，那我这个老师肯定不是好老师，不能这样做，就是不管喜欢你不喜欢你，不管喜欢你这门课不喜欢你这门课，你都应该对他好，这才是个好老师，那就是说不管学生爱学不爱学，你都应该对他好。当然他死活不来找你，你找不到他这也没办法，但是你在态度原则上是应该对所有的学生用一个同样的标准。那我觉得这是老子的"是以圣人常善救人，而无弃人"这样一种态度。我觉得在民主社会也应该是这样，民主社会比如说我当选了，我只为选我的选民服务，我不为不选我的选民服务，那行吗？肯定是不行。几十年前有人问我为什么不从政，我说不能从政，不从政原因很多，其中有一条受不了，假定我有机会当部长了，刘老师，我听过你的课，你给我的小孩帮个忙怎么样？我舅舅来了，我母亲来了，我父亲来了，我学生来了，让我帮忙，我帮不帮？不帮你是六亲不认，帮了你算什么？是任人唯贤还是任人唯亲？可是老子提出的理想还是对的，当然实行很困难。新加坡政府也经常受到批评，你不能只为选你的人来服务，你应该为全本国民服务，这个原则我觉得跟老子说的"善者吾善之，不善者吾亦善之。信者吾信之，不信者吾亦信之"接近，我说这是一种更高的责任感，是一种道家式的责任感，不是传统意义上的责任感，传统意义上的责任感，我爱你我就直接让你学这个，学那个，就是恨铁不成钢，但是道家式的责任感，就给你更多的自主的活动空间，你即使不喜欢我，批评我，我也不会直接去打压你，控制你，那这个是一种更高的境界，更高的责任，跟现代理想社会其实更为吻合，这是我的一个看法。

顾　征：刘教授，我不是非常同意你的观点，我觉得这里讲的"无弃人"实际上是一个后果，并不是过程。比如说刚才讲了，对学生区别对待的问题，要不要区别对待，是不是好学生要对他好一点，不好的学生对他不好一点，我觉得还是应该这样，你对好的学生好一点，那么不好的学生希望你对他好一点，他就会努力，然后就会学习好了，从而达到"无弃人"的这个结果。

刘笑敢：你说这个"无弃人"是一种后果，这个我不反对，但是作为原则也没有错，就是说我从原则上，我不把人分成三六九等，就是说原则和具体做法有时候是不一致的。

李天琼：其实是用另外一种方法在帮助那个不好的学生，我就是做给你看，但是我不是说一定要关心你，每天来跟你交流，我用关心一个好学生的一种方式来刺激你。

陆庆祥：过程和目的是一致的。

刘笑敢：我想这里面有一个智慧和知识不大一样的问题，现在我们讲儒家道家都是一种智慧，这个智慧是需要运用的，和具体知识不一样。现代教育制度越来越知识化、原则化、具体化，美国的大学文理学院是核心的，就是校本部的部分，研究院是周边的，美国的大学制度是这样。所有人先上文理学院，90%的学校都是这样，文理学院毕业以后你才能考商学院、法学院、医学院、工程学院，绝大多数这些学院都是职业学院，都要受完文理教育四年以后才能上。哈佛商学院院长写了一本书《失去灵魂的卓越》，他说他在哈佛大学教了30年，比尔·盖茨就是他的学生，他就说我在哈佛30多年没有听教授讨论过怎么样帮助18、19岁的孩子成长为22、23岁毕业的人，怎么样让他们变成更好的人，怎么样让他们未来生活更好，没有教授讨论这些问题，所以这个大学变成了生产知识、储藏知识、散播知识的一个场所，而不是一个教育人的场所，他对这个做了一个反省。那我觉得这个说到我的心里去了，就是现代教育制度不是以人为本，是以数字为本，是以基金为本，这个是一个极不正常的现象。

那我觉得回到老子那里，老子的"道"体现了以人为本，那这个以人为本是一种智慧，一种原则，你如何运用，那就是有很多很灵活的标准了。你掌握这个原则，我要对你好，我用什么方式对你好，我用什么方式保持你对学习的兴趣，激发你对学习的兴趣，激发你学习的主动性，这个可以有各种各样的做法，但是原则上，你让他自己有自主性，就是"辅万物之自然"，我非常欣赏老子这句话。圣人是"辅万物之自然"，他绝对不会包办代替的，绝对不会越俎代庖，也不会过分宠爱你，那按照儒家的高度责任感，恨不得把你从头到尾都照顾很好，或者培养很好，那有时候就是揠苗助长了。所以我觉得不光是这一章，老子的很多章里都有这个思想，那基本上现代批评他就是说不辨是非。

陆庆祥： 刘老师，下面这一句，"善人，不善人之师"和孟子的"人之患，在好为人师"，这个有什么关系？

刘笑敢： 我觉得这是两个不同层面的问题，我愿意当老师，那是不是我就是孟子所讨厌的那种人呢？我愿意当老师这个职业，但是我不喜欢老去当别人老师去教训别人，所以我每次去演讲，我就特别希望大家提问题，你不提问题，就我一个人讲，我走了什么都得不到，你们得到多少东西，我也不知道。你们提问题，你们发表看法，即使跟我不一样，我知道还有人这样想，这段文章还有这样的理解，那我多少有点收获，如果你的理解更高明，那我可以吸收，我觉得对我有好处，所以"好为人师"如果理解为喜欢教训别人，喜欢让别人听自己的，那绝对不好，但是喜欢教师这个职业我觉得没什么不好。我觉得应该有更多的人喜欢当老师才对，只是现在的社会制度，聪明人都去挣钱去了，都去上商学院、法学院、医学院了，不上教育学院或者不上师范。现在师范免费，可以吸收一部分穷的聪明的孩子，还是比没有好，其实我个人觉得，真正对社会、对人类、对国家民族负责，应该给幼儿园老师、中小学老师更好的待遇，让他们过一种体面的不愁生计的生活，说一个小学老师成天为柴米油盐发愁，为奖金发愁，他怎么会耐心地教孩子，怎么能引起孩子安心学习的那种热情，很难。现在很多都是找不到好工作，挣不了大钱去当老师，那教育质量怎么提高？

关长龙： 你教不好，就给你辞掉了，你的饭碗就给你砸了。

刘笑敢： 教不好是这样，问题是好的还是不来。刚才我想强调老子是智慧，孔子孟子是智慧，智慧不等于知识，知识可以很具体，很明确，比如说我刚才讲的哈佛那个院长的反省。我没有讲完，他讲了这样一个问题，现在的教授根本不关心学生个人的事情，只传授知识。我是一个专业的教授，我只教专业知识，至于你个人生活、个人感情、未来志向、未来发展，根本跟我没有关系。他就说现在学校经常跟教授说，发现某个学生情绪有问题，要马上向学校报告，然后马上给他分析，心理辅导，心理辅导不行，马上找心理医生，心理医生不行，马上送精神病医院，学校没有任何责任，教授没有任何责任，都是首先教你摆脱责任。哈佛大学就是这样，我们在香港感觉也是这样。你发现这个学生有问题了，学校马上就来关心你了，这是一个好的方面，另外一个方面，所有的整个学校本身对学生的成长不负责任，就变成几个心理医生关心学生，那么这个学校整体的责任没有了，而且我觉得中小学也开始向这个方向转变，小学老师，甚至幼儿园老师升职都要写论文，你让他怎么全心全意地去爱孩子，教孩子呢？所以我觉得这是现代社会的问题，一方面我们享受现代社会的物质文明，另外一个方面我们要看到现代社会的问题，这个问题不能一刀切，说现代化不好，砍掉现代化，这是不可能的，那现代化好，我们一切都接受，这也是不对的。就说我们读老子、孔子、孟子可以得到一些启发，得到一些体会，那我现在为什么愿意讲这些问题，我总觉得讲比不讲好，有一个人接受总比没人接受好，万一将来某一个人当了校长，当了教育局局长，也许有一点好处。

顾　征：　现在这样的一个状况，主要是因为你对学生的投入是不可考核的，无法考核，那么怎么来改变这个考核体系，怎么来考核你对学生的投入？

刘笑敢：　这个问题，如果说这是一种病态的话，这种病的病毒来自于美国，但是你要知道，这种病毒在美国人身上只是小感冒而已，到了亚洲就可能病入膏肓，因为亚洲是政府行为，一下子贯彻下来了，而亚洲这些学校历史很短，你说北大说起来上百年，其实现在的北大也不过一二十年、二三十年的历史，不断地动乱，没有一个学校延续发展几十年上百年的。美国随便一个学校最少都是一百年的历史，你不要说私立学校，就是政府的学校，没有一个教育局局长去不断地下指示，下命令，怎么考核你，没有。所以哈佛大学评审，你自己说，你未来三年要怎么发展，是以教学为主还是以研究为主，让你自己讲，然后三年以后，根据你自己的目标来考核你，而且哈佛大学年轻的教授教三年可以休息半年，给你这个机会休息半年写书去成长，亚洲反过来，当高级教授了，旅行津贴什么都来了。我最近才知道，我一直没有用过，我有旅行津贴，我没有用过。可是年轻的教授，把休假都取消了，不是不让你休假，你申请，可是年轻的教授关系少，研究成果积累少，不会做选题，那你申请到的进修的机会就少，所以是反过来的。所以亚洲这些学校把美国那些不好的东西很快地学来了，好的东西学不来，因为好东西是需要积累出来的，在自己的土壤中发展出来的。我们向西方学习，就学那个见效快的、数字化的东西，这个就是一个很大的麻烦。那怎么改变？我觉得在价值观上要改变，而价值观改变要很多人的价值观改变才能改变。我有一个南京大学的朋友，他说我就不想让我的孩子那么辛苦，因为那个重点学校就是 5%，大家一起拼命还是只有 5%，大家都不拼命也是 5%，我退休以后我就要想这个问题，要解决这个问题，我知道很难，我觉得没有什么简单的办法解决这个问题，可是我们看不到这个问题，那就毫无希望，我们看到了这个问题，还有一线希望。

章颖亮： 我觉得教授学生知识还不如教授学生方法，我们可以教授学生怎样管理时间，怎么样更好的有效率的学习知识，把它提高到 50%，那后面的 50% 就让学生自己去学习。

刘笑敢： 我想你这个说的是比较具体了，具体方法都可以商量，其实我觉得应该允许每个教师自己来设计怎么样教好这些学生，每个学校不一样，每个科目不一样，每个班的同学情况不一样，不能用统一的模式要求。比如在新加坡我就很不高兴，那个时候我在新加坡的中文系，就规定每门课考试必须出四组题，每组题是两道，然后所有的考卷，什么科都是这个出题模式，后来校外考委说，你们不是提倡学生独立思考吗？你把老师管得那么严，你怎么让学生独立思考，后来说放宽了，原来第一组题是一道必答题，现在第一组题也出两道，可以选答一道，40 个人开了三个小时的会，最后就这一点改革，所以我觉得真的没有办法。因为新加坡有历史原因，他们最早没有大学，后来建大学，中文系是一个中学老师升上来弄的，就是按照中小学的管理方法管理，但是其他系就不是这样，其他系本来就是学西方的，就不会这样。刚才说的考核方法，我讲我个人的，我现在就觉得考试，其实对学生是一种压力，收获不大，因为他为了应付考试，他要背，背完了，总算考完，可以忘了，没有用了。那我觉得考试应该是学习的过程，尤其是人文学科的，我觉得考试本身是一个提高过程，所以我开卷考试，开卷考试出题难，你就出那个不能在书上直接抄来的题目，而且开卷考试，我就鼓励你再写一遍，或者我一开始就说你可以写两遍，你先交上来，我改完了以后，你改一遍，我最后一块给你成绩，后来有同学说负担太重了，可以自愿，可以先写一遍草稿，然后再改一遍，把草稿附上，我再给你打成绩。我们那儿有校外考委，我就把他的努力和他的提高打到分数里，然后我说你拿到考卷以后你再来找我，你有哪些不明白？为什么我给你这个分数？这个我很辛苦，但是我觉得这样才提高一点他的学习兴趣。内地的学生学习热情一向很高，香港的学生学习热情我觉得更差一点，想让他们好好学习真的很不容易。因为很多孩子他不想念大学，是父母让他们念大学。

刘洛福： "是谓袭明" 什么意思？

刘笑敢： 这个 "袭明" 是最难解释的，就是它看起来像一个专有术语，可是它从来没有定义，没有解释。所以到底 "袭明" 是什么意思？我没有一个很有把握的解释。这个 "袭明"，还有庄子的 "莫若以明" 都有一个 "明" 字，那《老子》里讲的 "知常曰明"、"知和曰明"，这个 "明" 可能跟那个 "明" 有关系，了解常态，了解和谐的状态，这是一种 "明"，那这个 "袭明" 就是要体现、继承这个 "明"，这是我的一个解释，这个解释我不是十分有把握，因为老子本身讲得不是那么清楚。

周三一： "袭" 本来不是掩盖盖住的意思吗？

刘笑敢： 这个 "袭" 有因袭、继承的意思。

周三一： 那帛甲本是作 "愧明" 这样的解释。

刘笑敢： 对，这个 "袭明"，帛书为 "愧明"，这个 "愧" 字，到底怎么读，这是古文字学家的事情，那我就不敢乱说话了。

第二十八章

知其雄，守其雌，为天下蹊。为天下蹊，常德不离，复归于婴儿。知其白，守其黑，为天下式。常得不忒，复归于无极。知其荣，守其辱，为天下谷。为天下谷，常得乃足，复归于朴。朴散为器，圣人用为官长。是以大制无割。

刘笑敢： 这一段挺有意思的，不知道大家有什么体会，"知其雄，守其雌"、"知其白，守其黑"、"知其荣，守其辱"，这三段其实是在重复讲一个道理，用的比喻不同，讲的道理其实是一样的。

徐萌娜： 刘老师，我有一个问题，这边"知其雄，守其雌"这个"其"是不是特有指代的？

刘笑敢： 它是个代词，但是这个"其"没有特别的指代，从上下文来看，没有任何具体的所指。

徐萌娜： 就是一个泛指。

刘笑敢： 但是这个"其"是什么意思值得考虑，这个"其"是知道的那个人，"守"的那个人的"其"，还是其他人的"其"？应该是自己。明明知其雄，偏偏要守其雌，明明知其白，偏偏要守其黑，明明知其荣，偏偏要守其辱。从句式上看，这一段是非常典型的跟《诗经》一样的句式。现在的民歌，不知道现在的年轻人听的迪斯科的那种音乐是不是还有这样的一段歌词，然后第二段歌词就重复几个字，换几个字，重复这个内容，再重复，再重复，这个是典型的民歌式。他这三段"知其雄，守其雌"、"知其白，守其黑"、"知其荣，守其辱"就是同样的句式，同样的内容，反复换几个字，表达的是一个基本思想，像"复归于婴儿"、"复归于无极"、"复归于朴"，也都是一个并列的关系，表达的类似的思想。

顾　征： 这个"守"应该怎么解释？

刘笑敢： "守"我觉得就是持守、坚持。怎么守其雌，怎么守其黑，怎么守其辱？这个"雌、黑、辱"都是一种原则，一种价值原则，一种行事的原则或者一种做事的方法。我当年在北大读研究生的时候，那个时候比较流行的说法就是说老子是没落奴隶主阶级的代表，所以他们失败了，老子不甘心失败，要向新兴地主阶级挑战，所以代表的是弱者向新兴力量的反抗。我当时不接受这个观点，但是我接受了老子代表弱者，柔弱胜刚强。这十几年我在反复读，我的思想有一个重要的变化，老子他代表的不是弱者，你看"知其雄，守其雌"，这个"其"是同一个人，"知"和"守"是同一个人，知道雄的好处，如果这个"其"是他自己的话，知道他是雄的，但是他要守其雌，知道是白的，但是要守其黑，知道是荣，但是要守其辱。那就是说我知道一个世俗的公开的流行的正面价值，我要坚守一个似乎是相反的一个出发点或者一个价值原则。这里出现了雌雄，其实第十章也有雌雄，很多章都出现了雌雄，而且他好像在雌雄之间更推崇雌的特点，或者雌所代表的一方，那有人就从女性主义的角度来理解这个观点，那我觉得其实是不对的。我一开始就讲过了，老子没有谈男女问题，而女性主义谈的是男女问题，是性别问题，老子没有谈性别问题，没有谈男女问题，这个雌雄是比喻，而老子本身是男性的，他的书也不是替女性说话的。他还是站在男性社会的立场上做事，而男性是知其雄，知道自己是雄性的，而且可以认为知道雄性的优点和特点，但是要守雌性的特点和原则或者做事的方法，那么我觉得这个是他的精义。他并不是说我打不过你了，我是弱者，我要守弱者之道，完全不是这样，完全不是这么回事，他明明知道雄性的好处，刚强的好处，白的好处，荣的好处，但是你做事要守相反的原则，按照相反的价值方向来做事，那这个就跟他的无为而无不为、柔弱胜刚强的整体思路是一致的，跟道法自然也是一致的。那我觉得从这个角度理解，跟他的整个价值观念和他做事的方法就是完全一致的。他这个"为天下蹊、为天下式、为天下谷"都是代表了为治理天下提出的一个价值原则和行为的方法。

那么"复归于朴，朴散为器，圣人用为官长，是以大制无割"，这个总体上就跟之前讨论的一个问题"静为躁君"的那个"静"的意思有一个相近之处，都是一个总的原则。"知其雄，守其雌"还有一种解释，就是直接把它看作是对女性特点的肯定，那这样讲的人很多很多，就是老子的思想代表了女性主义的特点，代表了母系社会的特点怎么样，那我觉得这个讲法讲得太实了，就把这个"雌"字讲成女性了，其实老子不是在讲男女问题。有一个很特别的观点，就是安乐哲，他现在国内活动很多，到处讲课演讲，影响挺大，他提出了一个观点就是很有意思的，他说"知其雄"的"知"就是王阳明知行合一的"知"，所以这个"知其雄"本身就是"行"，而"守其雌"也是"行"，所以他就是又要守雄，又要守雌，又要知雄，又要知雌，就是要实行雌雄合一之道。这个讲得很漂亮，阴阳和谐，雌雄和谐，但是我觉得等于没有老子了。老子的特点是"知其雄，守其雌"，所以"知"是一个方面，"守"是更重要的一个方面，重点在强调"守"的一个方面，那你把它讲成雌雄一体，我就觉得把老子特点讲没了，而且他用王阳明的知行合一来解释，我不知道在座熟悉不熟悉王阳明的知行合一。王阳明的知行合一简单讲，用他举的一个例子，就是说你闻见这个臭味的时候，你已经讨厌他了，你知道它臭是"知"，你讨厌它就是"行"，这就知行合一了。我看见这个花儿漂亮，喜欢这个漂亮的颜色就是"行"，那么我知道它漂亮是"知"，所以我知道它漂亮的同时，我已经喜欢它了，所以是知行合一。所以你要真正知道孝，那你就要行孝，你只知孝，你不行孝，不是真知，这是王阳明的知行合一。安乐哲就用这个"知其雄，守其雌"来解释这个"知"，这样"知"和"守"这两方面平行的，是和谐的，讲雌雄一体，那这样讲老子就跟儒家也没有什么区别，跟基督教也没有什么区别，所以这两种说法我都不大赞成。

我的讲法就是说"知其雄，守其雌"不是在讲男女问题，这里面的雌雄只是比喻，黑白、荣辱都是通过不同的角度讲一种价值观念，就是跟世俗和流行的社会的价值观念和普遍方法不一样的另一种价值，另一种方法。这个"雌"有它的比喻的意义，那这个比喻的意思基本上就是说，比如"柔弱、被动、守静、服从"，这个跟传统社会所说的女性特点是一致的，那么雄性特点"主动、刚强、控制、操纵、领导"就是这样一些方面，那么在这两个方面，老子强调，你明明是雄的一方，你明明应该起主导、主动、控制、领导的这个角色，但是你也应该守雌之道，深刻就深刻在这里，他不是说我没有办法了，我不得不守雌之道，那是另外一回事，那个不是老子原文的意思。老子原文实际上是讲圣人了，圣人治理天下，那么圣人他是有地位的，他应该起领导作用，他有能力起领导作用，但是圣人应该是"守其雌，为天下蹊"，蹊是溪谷，那么水是向下流。后面我们会读到，老子说的大国应该守弱，水往低处流，大国就应该处在低势，小国就会归顺。那圣人也是，就是处在大家都不喜欢的位置，大家都不喜欢低，都不喜欢黑，都不喜欢辱，都不喜欢雌，我就守那个位置，守在这个位置，前面你们已经读过了，"后其身而身先"，我在大家后面，我才能领导大家，我才能让大家接受我的领导。你在大家后面怎么引导大家，其实这个"后"不是说我走路一定要在后面，他是说在这些价值观念上好像跟大家的看法相反。

我觉得老子的第二章"生而不有，为而不恃，长而不宰"这几个也是，一方面是"生"、"为"、"长"，那就是有为的一个方面，另外一个方面"不有"、"不恃"、"不宰"，就是我不认为我有权力占有它，我不自恃我是它的主宰者。比如说父亲对子女有责任，他在子女面前有权威，但是他不应该随时摆出来家长的权威，要子女服从的这样一个姿态，或者这样一种身份，反而如果他爱护子女，关心子女，倾听子女的要求，这样更容易得到子女的认同，更容易让子女听他的话。那同样作为一个老师也是这样，老师摆出老师的架子，要求学生无条件服从，我讲错了你也得听，我绝对不可能向学生承认我讲错了，那么这样的老师表面上很有权威，但是学生心理上不一定真的接受你或者佩服你，同样一个领导人，如果他不能倾听大家的意见，代表大家的利益，为大家的利益共同去奋斗，那他那个权威可能是一个靠严厉或者靠某种外在的力量确立起来的权威，而这个权威可能是不牢靠的，不稳固的。

顾　征： 这个话能不能这样理解，"知其雄，守其雌"，只有知道"雄"，比如不好的一面，才能够安守或者发挥"雌"的这一面，柔弱的这一面，"知其荣，守其辱"，只有知道尊容带来的不好的东西，当你受到羞辱的时候才能安守，能不能这样理解？

刘笑敢： 这样理解有一个问题，就要加字，知其荣之不可，知其雄之弱，或者知其白怎么样，就是你要加字。

顾　征： 那么知其雄，因为我对"雄"有非常深刻的理解，所以说我才能够采用"雌"，你不知道什么是"雄"，怎么发挥"雌"呢？

刘笑敢： 这个"雄雌、白黑、荣辱"是一个常规的价值判断，那么老子大概有 70 多对相反的价值，上下、左右、前后、黑白、荣辱、有为无为这样对立的概念，其中有 30 多对都是跟世俗的价值观念相反的，比如说众人都希望聪明，我就希望愚钝，那众人都希望在先，我愿意在后，都愿意处上，我愿意处下，一般人都愿意刚强，我愿意处柔弱，所以他的一系列几十个概念都持跟世俗价值相反的立场。"你们讲的都是错的，我讲的才是对的"，老子没有这么说，他就是"知其白，守其黑"，那假定白是好的，我守着的是相反的。

章颖亮： 这也表现出老子很强烈的思辨的一种思想。

刘笑敢： 是有这个特点，那相对来说，他是比先秦儒家的东西思辨性强一点。

金　敏： 我有一个问题，我当初在北大学中国哲学史的时候也跟刘老师讲的情况差不多，认为老子是没落的奴隶主阶级的代表，当时我一直以为他是代表一种弱者的哲学，但是刚才刘老师说他实际上代表一种强者的哲学，我觉得非常有意思，但是我也有一个疑惑，这样一下子就反过来了，知其雄可以守其雌，但是如果本来就是弱的，要不要守弱？

刘笑敢： 你本来就是弱的，你又表现弱之道，让人家来欺负你？那我是这样看的，你是弱者，你要"求强"，但是这个求强之道，不能逞强，你没那实力，老子讲你是强者，你还要守弱道，你不是强者，你要唱一下空城计，偶尔唱一下可以，不能老唱。我在新加坡生活了七八年，有一个体会，新加坡是一个小国，它的人口和面积比中国香港都小一半，马来西亚、印度尼西亚的人说新加坡在地图上是一个小点，就是根本不把新加坡放在眼里。新加坡刚独立的时候，李光耀在电视上公开流眼泪，他不想独立，他觉得很难生存。马来西亚当时的总理让新加坡独立的原因，是因为新加坡人民行动党到马来西亚去参加竞选，而当时新加坡有 70% 多的华人，马来西亚有 46% 的华人，如果新加坡的华人和马来西亚的华人合为一体的话，很可能马来西亚变成华人执政的一个国家，这是马来西亚绝对不能接受的，所以那个总理就让它独立。这个在国际政治上大概很少见。但是李光耀当时不想独立，他们很难生存，因为是移民社会，整个马六甲还有新加坡这一带都是移民，华人移民特别多。华人到南洋要坐两个多月的帆船漂流在海上，李光耀自己讲过多少次，这些人在海上冒着得疟疾、随时死去的危险漂流到南洋，为什么？因为他们在家乡太穷了，他们在家乡没有地位，没有财产，所以冒着这个风险到南洋去。所以他跟邓小平讲，中国人比我们新加坡人聪明，我们新加坡没有军事家、没有艺术家、没有外交家、没有政治家，你们中国人聪明，知识分子学者都在你们那儿，所以邓小平改革开放以后见到李光耀，李光耀就说，我们能做到，你们都能做到，邓小平当时半天没说话。但是他能做到，他就是很务实，一个最基本的就是说，新加坡是移民社会，大家早晚都要走的，只要中国一好，大家马上就回去了，只要他的家里一好，他马上就回去了，那我作为国家根本就无法生存，那要把大家留住，留住的最好办法，给大家提供房子，盖廉价的房子让大家买。所以我在新加坡的时候，80%的人都住政府盖的房子，从最简单的、最便宜的到比较高档的都有，那这房子一盖，大家有钱一买，政府还给他贷款，这一下子就稳定下来了。李光耀在国际重大问题上是不卑不亢，既没有小国的懦弱胆小，又没有强国的傲慢。比如有一个美国孩子在新加坡把别人的汽车碰得乱七八糟的，后来被抓起来要打12鞭，那个鞭不是我们说的皮鞭，而是藤条，就像棍子一样的，而且那是专门打的，就在屁股这个地方，就是笞刑。如果判打12鞭，就要打四个礼拜，或者八个礼拜，两周或者一周打一次，打三下，三下就不行了，回去服药养伤，好养伤以后再打，然后当时的美国总统克林顿出面替孩子说话，说能不能少打或者不打，后来新加坡政府说少打三下，照样打，可见李光耀在国际事务上就有一种不卑不亢的姿态，那我觉得这个就是作为小国，你不能太懦弱，但是你绝对不能逞强。

我是觉得"知其雄，守其雌"，你是雌的话，你更要小心，这个"雌"在某种意义上是"被动、柔弱、观察、静观其变"，这个韬晦我不太喜欢。因为韬晦，你早晚还是要起来主宰的。那老子这里没有说希望国家分裂，老子还是希望天下统一的。还有大国和小国关系，他说"故大国以下小国，则取小国。小国以下大国，则取大国"，大国以下小国，小国愿意归顺你，你也得到了很多小国的支持，你统一天下，这有什么不好呢？所以他是希望自然而然地实现小国的归附或者天下的统一，但是如果他不归附，要不要打，让他归附？这个老子没有讲，但是我觉得根据老子这个"道"好像没有必要去打。

金　敏：　这还不见得一定是国家的事，个人还有出处进退。

刘笑敢：　但是因为他讲"为天下蹊"、"为天下式"、"为天下谷"，那这个就有治理天下的意味，你用到个人身上也是一样。比如我老婆在一个地方当院长，我自己也当一点小小的职务，我觉得其实当这种领导的人就得让，给大家让一让，那你不让，让别人让着你，这样大概你这个领导当不好。

金　敏：　被领导让怎么办呢？

刘笑敢：　这个老子没有讲。

关长龙：　这个也像小河一样，人家下，你更下。

刘笑敢：　网上有一个笑话，我觉得有点道理，说三个人得到一个神灯，那么就是说可以许愿了，那么三个人里面每人只能许一个愿。那第一个人先许愿了，说我想去哪里哪里度假，第二个人许愿说我要去干什么干什么，第三个是老板，他许愿说我让他们都回来上班。前两个愿望都没了，第三个愿望让所有的员工都回来上班。后来他们就总结，这是一个教训，就是永远让老板先说话。这个有一点开玩笑的意思，但是我觉得你自己要认清你的地位和处境，什么话该说什么话不该说，什么事应该怎么做，什么事不应该怎么做。那这个里面我又说了，智慧是智慧，它不是做事的具体的指导原则和方案。

像西医有 guideline，遇上病，化验指标到多少，就开什么药，用多大的量，都是有 guideline，所以西医有一个好，你治死了人，基本上你没有责任，你只要按照这个 guideline 做，你不负责任的。中医就有点麻烦，中医没有这个东西，所以治好了大家说没事，你要治坏了，这事说不清楚，所以西医得到全世界公认了，这是科学，这是可靠的，所以按这个原则治死了，没有人负责任的，就是这样。我讲一个我认识的很熟的人，她得乳腺癌，我知道这个乳腺癌是很轻很轻的，一定要动手术，我也不敢说不让动。医生说动了手术就要切淋巴，那这个人就问，你为什么要切淋巴？要不要化验？你化验的结果是什么？然后我决定要不要做放疗，什么样要做，什么样不要做，超过 1 厘米一定要做，那不超过 1 厘米也得做，那你何必切呢？那不行，我们规定就一定要切。你能不能少切一点？这样一种讨价还价。这个当然不是发生在中国。不知道中国的医生是不是也有这样？这个医生是个好医生，他照章办事，但是这里面他就不考虑病人的实际情况，他就根据标准，够 1 厘米怎么样，够 1.5 厘米要怎么样。我认识的傅伟勋就死在手术台上了，他本来是癌症，放疗化疗以后好了，高兴得不得了，什么事都没有了，说让我写书，医生同意了，说马上住院，住院出来就让出版社给你寄合同怎么样？我马上给他打电话，你为什么要住院？他说没有关系，这

经典会读 老子

是小事，一个小的东西，取下来就好了，跟癌症没有关系。结果进了手术台，手术台下来就没有醒过来，原因是霉菌感染。因为他得癌症的时候，化疗把他身体的免疫力彻底摧毁，他完全没有免疫力了，所以霉菌感染，他自身没有任何的抵抗力。那这个医生是不负责任的，但是我就想，他明明是癌症病人，他做过放疗化疗，他的免疫力受到伤害，你这个医生在做这个手术，要不要多考虑？但是没有人负责任的，所以我就觉得，如果我们考虑一些很具体的问题，比如老师应该怎么当，见了学生说什么话，判作业怎么判，这些都有了标准，老师就不要负责任了，不能负责任了。我必须按照这个规章制度，我就不负责任了。那倒霉的是什么？从总体上可能对学生的利益是不利的，但这是人类社会的一个矛盾，我就想我们读完《老子》以后，就会发现人类社会没有万无一失的 guideline 或者指导原则。所以这就是说为什么《老子》两千多年了还有人读，反老子的东西两千多年还有不断的人讲，儒家的东西两千多年还有人读，反儒家的东西也还有人读，因为这个东西就是非常复杂。自然现象也复杂，但是自然现象它是几年、几十年、几百年、几亿年的变化，可人类社会，每个人都是一个独立的个体，他有理智，有感情，有意志，有利益，这些都会影响他的行动，所以人类社会是最复杂的一种现象，在这里面，你完全没有法律，没有指导原则，那可能会乱套。可是完全靠那套东西，就把人捆死了，当机器来管这是不行的，所以在人类社会的管理中，智慧和法律和原则怎么样共同交替起作用，这是一个问题。我就觉得道法自然这个原则比较好，就是没有时间展开来讲，它其实就为这些社会所需要的各种不同的机制发挥作用提供一个价值原则，就是自然而然的原则，就是说法律也需要，竞争也需要，民主也需要，自由也需要，人权也需要，这个自然无为的原则，或者道法自然的原则，就是相当于提供一个润滑剂，要让这些机制都可以共同来运作，而不要一个否定另一个，一个直接控制另一个，这个社会只有法律肯定不行，只讲道德肯定也不行，不讲竞争肯定也不行，只讲竞争肯定也不行，那这个恰当的尺度谁能定？我要50%的竞争，50%的和谐，这怎么做呢？没法做的，对不对？但是我们每个人的体会，我对这个孩子，对这个学校，是不是没有重视到大家的和谐，只强调了硬指标，或者说我只重视让大家发挥主动性了，缺少一个必要的规章制度管理，这个就是要根据情况来考虑。所以我觉得老子道法自然、自然无为，没有否定很多具体的做法，或者至少我们拿到现代社会，如果我们讲老子，大家还是希望里面有一些对我们现代社会有用的东西，但是如果你说老子自然无为，否定法制，否定人权，否定民主，那我们就把它扔掉了，那我觉得不是，老子这个道法自然，自然无为，是可以跟法制、竞争、民主、人权共融的。比如说我们在这里一起读，要不要有一个秩序，原来的主办人规定了，一个人领读，下一个人再领读，一个人读完，大家一起读，然后讨论，然后主持人回答问题，那这就是一种秩序，有了这种秩序大家自愿遵守，这个秩序就比较和谐，大家是自己愿意来的，这也是比较自然的秩序，如果不得不来，不来扣奖金，这个就不太自然了，不来要受政治批判，那就更不自然了，可是如果是自然而然的，那有一个制度，这个制度比较自然而然地运作，效果就会比较好，所以我想这个"知其雄，守其雌"这一章，讲来讲去就是提出了一个跟世俗的价值观念不同的价值观念，由此带出了不同的社会管理的方法和原则，这是我读的一个体会。

关长龙： 刘老师，我这么解释从语言上通不通。"知其雄，守之以其雌"，守后面有一个省略，"守之以其雌"，我觉得从语言上讲得通的，那么守之，"之"是代雄的，就是我守雄以其雌，以我的雌来守我的雄，那么后面都是一样的，就是知其荣，我当然要知其荣，但是守荣用什么来守？用我的受辱来守。白是我的最高目标，但是我要守这个白，用什么来守？用黑来守。这是一种理解。

刘笑敢： 我觉得你这样讲大概问题不大，你把"知"和"守"对调，知其雄也就是守其雄，知其白就是要守其白。

关长龙： 但是方法就是用雌的办法来守其雄。

周三一： 但是我还有一个问题，老子的那个辩证法，我觉得他好像就是主静贵柔，他一直这样讲，上善若水，包括七十六章"人生之柔弱，其死坚强"全部是讲的柔。他为什么要说"坚强处下，柔弱处上"，好像整个都是以这个作为他的一个立足点或者注脚，我想是不是因为人法地，这个"地"就是"坤"，它代表的就是一种柔，一种宽容，是不是因为这样的原因，因为每一章讲的很多都是关于柔。

刘笑敢： 这个思想基本上是贯穿的，但是是不是要把"地"代表"坤"，代表"柔"，关键是人法地，这个"地"，你要不要理解为儒家的那个天尊地卑，乾为刚健，坤为柔顺，可是这是一个系列，"法地、法天、法道，法自然"，是这样一直法上去，而不是人只法地，不法天。

周三一： 为什么说"人生之柔弱，其死坚强"？

刘笑敢： 我觉得还是一个举例的说法，举例说明这个生者应该是有弹性的，死了以后身体变僵硬了。

张家成： 我的一个理解，老子的这个"知其雄，守其雌"，就是对老子守其雌肯定是毫无疑义的，大家都认同他的看法，但是知其雄，老子怎么样看知其白，知其荣？老子怎么样看待世俗的一些东西？这个可能还值得进一步地探讨，当然安乐哲讲的知行合一，我也不是完全同意，但是老子可能对世俗的雄的东西，我觉得他还是很重视的，我可以这样讲，就是"知其雄，守其雌"，是不是先要知其雄，然后才守其雌？这里面就涉及一个道家老子对知识或者世俗的一种看法，我们以前解读老子，好像蒙昧主义，绝学无忧，不要读书，但是我相信老子肯定是先读书，很精通这个书，然后了解里面一些不足，然后再这样做。所以这样一看，老子讲无为，你现在是有为，有时候可能一个人功成名就，到了很高的地位的话，反而越发能够知道老子思想里面的价值。

刘笑敢： 我接你后半句说，我举一个例子。曾国藩好像历史地位很高，蒋介石、毛泽东都很崇拜他，他现在也很红，唐浩明就讲曾国藩早期是儒，学的是儒学，然后从政以后学的是法家的一套，韩非子的一套，到了晚年接受了道家的东西，所以处理事情就不一样了。比如在他们湘军内部出现了抓白莲教的事，皇帝下命令要抓白莲教，说白莲教是反动社团，要清除，他们湘军内部有人跟白莲教有关系，这属于要清理清查的对象。曾国藩就给他弟弟写信，叫到密室里跟他谈谈，让他画清界线就算了，不要追究，这些人都有战功，不要搞得太紧张，太严厉。那这跟他中年的时候，按照韩非子的严刑峻法的管理方法不一样。唐浩明的一个评论就是说，如果这个曾国藩晚年没有接受道家思想这个阶段，他至多是一个酷吏，就是一个很凶的官吏而已，他接受了道家思想以后，他才成为一个大人物，在历史上才有这个地位。所以你最后那句话我是赞成的。

我不能说我讲的就是最好的解释，这个我不能讲，但是我是说，我们现在解释的时候，因为"知其雄，守其雌"这里面留下了很多空隙，我们可以加几个字，也可以减几个字做解释，比如我解释也加了一些东西，"知其雄"我觉得可能有两个解释，一个是知道他自己是雄性的，一个是知道雄性的优势或者好处，那这两个意思，我觉得都讲得通，都可以存在，一定要在两个意思里取一个，我觉得很困难，这个我没有想好，我觉得他知道雄性的好处，或者他知道自己具有雄性的优点，但是要守其雌。如果他自己不知道雄性的优点，或者自己没有雄性的优势，他守其雌没有什么意义。你刚开始讲的这个是，无为其实知道有为的好处来行无为，而我讲的就是说，他已经知道世俗的价值观念是什么样子，他也知道一般人的做法是什么样子，但是他感觉不够，所以他提出这样一种原则来纠正那种一味地主动、强制、控制，主导的这种治理天下的方法，或者一味地讲道德这种方法。他并没有全面地否定这种世俗的价值观念，而是说这种价值观念不如另外一种做法，或者需要另外一种来补充。所以他并没有否定"雄、白、荣"的价值，但是他强调你要注意这方面，你注意这方面，这方面才能保持住，你不注意这方面，那个方面你也保不住。

所以我讲你不能把一面的价值提得太突出，所有的价值要有一个配合。所以我也同意你们的说法，老子并不是全面否定这个世俗的价值，而是说只讲这个价值是不够的，要有相反的东西来补充，或者从相反的方面入手效果更好。比如小孩不听话，跟他说，你必须听话，不听话不给你饭吃，不听话怎么样怎么样，你与其这样还不如缓和下来，跟他聊聊天，让他忘记刚才为什么吵，然后再慢慢地引导他，这个效果可能好一点。那我想如果我们人类社会的每一个人都当做有一个自主性的主体，那无论是当家长，当老师还是当领袖，都要尊重每一个行为的个体，在这种情况下，你对他有足够的尊重，你才能领导他，你不尊重他们，他们也不愿意受你的领导。所以我想作为一个治理天下的人要尊重百姓，要"知其雄，守其雌"，作为圣人，这个我要提前讲到六十四章的一句话，"以辅万物之自然而不敢为"，这是讲圣人要"辅万物之自然而不敢为"，圣人怎么"不敢为"呢？圣人他应该有最高的地位，有最高的威望，有最高的智慧才能成为圣人，但是不敢为。那么这个帛书本和竹简本是"不能为"，六十四章的帛书本和竹简本，特别竹简本是"是以圣人能辅万物之自然，而不能为"，那这个我想强调，"能辅万物之自然"是一件事，"不能为"是另一件事，所以"辅万物之自然"和"不能为"是对应的两个方面，那"不能为"的"为"是一般的行为方式，"辅万物之自然"是老子所提倡的圣人的行为方式，那么这个"不能为"就不是说他没有智慧、没有权力、没有地位而"不能"，而是说他的价值原则决定圣人不能像一般人那样的为所欲为，而只能"辅万物之自然"，那我觉得这个是非常高明的，非常重要的，可以用到现代社会的智慧。领导人是有地位、有权力做很多别人不能做的事，但是在这种情况下，你不应该做这些事，你只要"辅万物之自然"就可以了。那作为一个总理，你让部长都各司其事，好好工作，那你不应该最忙，如果部长让所有的司局长都好好发挥作用，司局长都让处长好好发挥作用，你们不应该这么忙，所以我们现在就是地位越高越忙，我觉得不对，你地位越高，手下人越多，手下人都忙起来，用不着你这么忙了。我自己觉得，我做事的方式其实受道家的一点影响，那不是直接从老子庄子的套路来。我就有一个体会，我说这个人他故意对你不好，你能怎么样？你不能把他嘴缝上，你不能把他手捆上，你更不能打死他，他故意对你不好，你能怎么样？没办法，你骂他一顿解决问题吗？你骂他一顿，他就会改变吗？你打他一顿，他就会对你好吗？都不大会的，他故意对你不好，你拿他没有办法。他如果无意对你不好，那你何必计较呢？用这样的想法去对待此种问题，我自己这个做事的方式就形成了，你说我阿Q精神，我也无可奈何，但是我觉得真的是这样，他故意对你不好，你能把他怎么样？那你有一点点小小的职权，是领导人，让手下人高高兴兴做事，什么都有了，有些事他就替你担待了，有些事他就替你想到了。你一个人滴水不漏去做事，你哪有那么多脑子？哪有那么多眼睛盯着别人？还是要让大家愿意做事，高高兴兴地做事，我觉得这才是好领导。那这就是我上午讲的，你作为一个好领导，其实你不能处处抢先占便宜，升级我先升，涨工资我先涨，上报纸我先上，这样的话，下面的事情你自己都干得了。

张跃迅： 刘老师，我自己的感觉，老子是强者，要学习这些东西的，是不是应该是成功人士？因为每个人起初可能不一定是强者，总是有一个过程，积累到一定的程度才可以学老子的东西，放下姿态来接受一些东西。我看这一段是这样的感觉。我们就讲自然界的小爬虫，小爬虫很弱的时候，他知道颜色很艳的那种虫，人家觉得是有毒的，而它其实没毒的，但它化装成很艳的样子，自然界也体现这个道理。我感觉，可能要学老子的人，应该是成功人士，不是谁都可以学的。

刘笑敢： 你说的一多半我同意，就是强者、领导者应该学《老子》

的智慧，但是不要把《老子》当做阴谋。你把《老子》当做阴谋，我觉得这就糟了。

张　彦：　我想问一下，老子的这一套东西，是一种境界还是一种为人处事的手段？

刘笑敢：　我想每个人读原文可以有不同的感受，比如韩非子就已经把老子当做一种计谋、军事权谋，朱熹就骂老子心是冰冷的、什么事都不做。那我觉得这对老子完全误解了。你们读到八十一章以后，大家可以回过头来再讨论，到底怎么样来理解？我觉得老子有一句话"战胜以丧礼处之"，打了胜仗不要举行庆功会、表彰大会，要以丧礼处之，为什么？"杀人之众"，杀人太多，这个"杀人之众"是包括敌人了，不是我自己死人太多，打了胜仗要按丧礼这样来处理，为什么？因为死人太多了。那老子也不是说讲无为，敌人来了我就投降，这是无为而治的，不是。老子"战则以胜，守则以固"，真要打，我得打赢了，但是打赢了我不举行庆功会，按丧礼处之，守就要守住，打就要打赢，但是打赢了我有我的原则，这个境界其实比儒家、佛教还高一层，或者讲得更明白一些，所以"三宝"第一就是慈。我觉得三十六章"将欲取之，必固与之"就容易变成计谋，小孩不听话，给你一块糖吃，他就听话了，那你要这么用也可以。所以我就觉得把老子当做权谋来用的人很多很多，但是是不是老子的思想本意？是不是最好的理解？是不是应该这样用？那我觉得是见仁见智了，我只能讲我理解的老子。

刚才这位小姐讲，是不是强者应该学老子，弱者不能学老子？我觉得也不一定。我们每个人在某个方面都可能是强者，你跟你的弟弟妹妹比是强者，你在班里，可能跟经济条件差或者学习条件差的人比你是强者，慢慢长大了，早晚在某些方面上成为强者。你是一个部门的主管，你领导两三个人，或者你当了母亲父亲了，或者你在亲戚朋友里你学历最高，大家都尊重你，都会有这样的情况，我们每个人都不会永远处在一个最弱的地位，这是我的一个想法。一个要饭的好像是在社会最底层，他们自己也有自己的层级结构，他们也有自己的领导，而且丐帮的人熬时间长了也可以升为帮主的，所以我觉得老子这个智慧还是有普遍性。如果你说我不是强者，我就不需要学老子的智慧吗？我觉得这个是自然的原则，无为而治，无为而无不为，也还是有道理的。我的一个体会就是说道法自然，我把它简单化了，就是我要做这个事，我看它是不是自然？我回想我这一生犯的错误没那么多，没那么多的一个原因，不是说我不喜欢钱，不喜欢名，而是说我想得到它，是自然还是不自然，觉得不太自然时我就不去做。有一个名人在那儿，我马上跟他去握手照相，我觉得不太自然，不太自然就不去做了。如果这个屋子里，这个家庭里，这个公司里，这个课堂里的气氛比较自然，我想对大家都有好处，你强制大家遵守某种秩序，如果不得不如此的，极特殊的情况下，大概是必要的，比如来地震了，都得听我，马上走，这个没话说，在常规的情况下不能这样，还是大家都感到自然比较好，学生觉得比较舒服，愿意上课，学生愿意听，你愿意讲，学生不愿意听，你非逼他听，这个我觉得效果肯定是不好的。

章颖亮： 我觉得强者与弱者看了老子的话都会有收获，前面提到的强者，刘老师已经说过了。就是弱者的角度，比如这句"知其雄，守其雌"的话，弱者就可以学到，就是说要在强者面前不能逞强，但也不能太示弱。

赵瑞广： 刘老师，我问一个题外话，老子思想为什么后来发展到法家思想？

刘笑敢： 我觉得关键就是韩非子。韩非子是法家代表人物了，他"解老，喻老"，是从军事、政治、宫廷权谋的角度来运用和理解老子，这就把他引到了法家的路上来了。那到了汉代，比如说他们把张良的一些做法都归置于道家了，那这样的道家就变成权谋之术了。但是我们把《老子》八十一章全文读下来，这不是老子的思想，但是他要这样用，那我觉得没有办法。

赵瑞广： 那里面是不是也有那种因素？

刘笑敢： 如果把"将欲取之，必固与之"理解成我想当校长，那我先去巴结校长，巴结完校长，等我得势了，我就取而代之了，你把这个当做老子智慧，我真没有办法。

章颖亮： 有没有后人来总结他当这个校长原因的时候，认为这是一个策略？

刘笑敢： 那也有可能别人这样看，也许他是很正大光明地升上去的，但别人觉得他是实行了权谋，这种情况也是有的。我个人客观地研究老子，批判老子，慢慢觉得他有道理，有智慧，而我现在有点相信了，我相信他是一种智慧，而且我自己在生活中，也觉得有好处。有时候我就看我手下的那个秘书，怎么那么爱忘事，我真地想说他两句，后来一想，他又不是故意忘的，你说他，他更紧张，以后害怕了说不定还怎么样呢。那他自己也知道爱忘事不好，他也愿意克服，你要找一个记性又好，工作又主动，又细心，那样的人都上剑桥，上哈佛了，不到你这儿来当秘书了。我再举个最小的例子，我们家请保姆，请了三个保姆，每个都用了五六年，那别人说你怎么用的？其实很简单，你得宽容她，她干得跟你一样好，那她可以当教授了，她干嘛给你当保姆，她要干得跟你一样好，要跟你挣一样多的钱，你养活不起，你就得给她放手干的空间，那我们家的保姆基本上就是让她能当多少家当多少家，实在当不了没有办法，但是能让她当家就当家，那当我们家保姆她就觉得有一种自主感，她出去跟其他保姆说起来，她很自豪，她在我们家里可以当半个家，小孩有时候就交给她了。那你给你的下属一种自主感，对他尊重，我觉得这个是有好处的。你当主人你骂她，当然她得听你的，现在新加坡雇主欺负保姆的例子很多很多，在新加坡我们同一层楼的，有的给家里安摄像机监视保姆，面包都数片的，偷出一块面包都不行的，那真是很糟糕的。

周又红： 刘老师，你再给我们解释一下"是以大制无割"。

刘笑敢： "大制无割"我觉得也是讲这个最高的智慧或者"道"，或者那个"朴"，这个"朴、道"，还有前面讲的"静"，都有点像道的原始的混沌不分的状态，也可以是一种精神境界，是一种比较宁静的状态，也可以是一种比较全面的价值观念。这个我不想把它讲得很确切，很死板，我觉得第一，我们没有文字根据把它讲得很确切，很死板；第二，老子他没有讲得那么确切，那么死板，我觉得是有他的智慧。就是"道"是什么？他说我不知道，但是我觉得这个天地之间应该有这么一个东西，那我觉得这是一种智慧，而且"大道氾兮，其可左右"，所以这个老子的"道"它本身有模糊性，而这个模糊性代表了老子的一种智慧，就是人的认识能力是有限的，你不可能对这个世界做一个彻底透彻的认识。我们现在自然科学应该是最确切的，但现在自然科学解决不了的问题很多，最明显的就是地震，疾病比如说肺结核，雷米封一上，马上解决了，原来的不治之症现在解决了，但是时间长了，这个肺结核的菌变种很可怕，因为一旦有肺结核，它一定是肺结核的变种，就是雷米封也管不了它了，那这个现在还没有办法。

姚　烈： 有办法，现在三联用药，就是用三种药。

刘笑敢： 我想讲的就是结核的变种解决了，还会有新的病菌病毒的变种，比如最简单的最常见的感冒病毒，就很难办。因为这个世界本身它在变，它如果绝对静止的话，我穷极一生的力量，上百、上千、上万人来研究它，这个比较好解决。但这个世界是变动的，尤其是人类社会，是很多因素同时起作用的。我们都喜欢事后来总结，这个人得世界冠军了，我们看他小时候的家庭什么样，父母给他吃什么，带他上什么样的学校，老师怎么教他，这个其实我觉得意义不大了，因为想当冠军的有上万人，最后跑下来的有 100 人，100 人中有资格参加比赛的是 10 个人，10 个人中只有一个人得冠军，那当像他吃一样的东西，受更好的家庭教育，或者比他还勤奋的人不见得没有，只是我们不知道而已，所以我们只注意那个闪光灯底下最光荣的人了，就把他走过的道路，当作一个胜利的法宝，其实这个都是简单化了。那我觉得老子他讲这个道，我不知道是什么，这是他真正聪明的地方，他真正知道人的智慧的有限性，不知道人类智慧有限性的人其实是不够聪明的人。

徐萌娜： 刘老师，您解释一下"朴散为器，圣人用为官长"？

刘笑敢： 这个我不十分有把握，"朴散为器"的"朴"应该是代表一个道，代表一种智慧或者一种整全的状态，那么这个东西一旦散了以后就变成器物、器皿，变成了工具，那么圣人就让这些人去担当职责，作为各个行政主管。他们具有工具的作用，不能代表整全的智慧，不能体现道的完整性，所以大制无割，这个大制代表着最高的智慧，那是不能用分解的方法来描述或者来定义的，这是我的理解。

关长龙： 这个地方感觉好像还是应该用"圣人用朴为官长"。

刘笑敢： 圣人守的是朴的，不能大家都当圣人，圣人朴散则为器，圣人把散了朴的器当做官长。

张家成： 圣人用官长的器。

刘笑敢： 器是工具的作用。

关长龙： 我觉得这里的意思应该是朴可以散为器，然后圣人用朴来制器，来作为器的官长。

张家成： 我想是制度性的东西，老子讲的"失道而后德，失德而后仁，失仁而后义，失义而后礼"，就是大道废了之后的话，然后这个制度才出现，后面讲大制无割，这两个话是相应的。

关长龙： 他现在并没有讲制度，那么大制还是朴。

刘笑敢： "朴散为器，圣人用为官长"，是把朴当做官长，还是把器当做官长，就不清楚了，你看前面那个版本，就是帛书本是"圣人用则为官长"，王弼本是"圣人用之则为官长"，傅奕本和王弼本相同。

关长龙： 那么现在这个"之"就是从前面来讲，这个"之"既可以代前面的主语，也可以代前面的宾语。

刘笑敢： 那有一点问题，应该是指的"器"，应该是朴散则为器，而大制不割，大制是朴，是不割的。

关长龙： 大制是朴的，所以后面讲大制，我觉得前面还是强调朴，我觉得还是"圣人用朴为心之官长"。

张家成： 我觉得这个"朴散则为器"，这个"器"是制度，但是"器"是来自这个"道"的，所以"大器"就跟"道"相关了，所以这个"器"本身就是"制"，但是一般的"小制"就有问题了，他谈的是"大制"的问题，他强调"器"和"道"之间联系的方面。王弼对这句话也有一个解释，我们这个儒家制度的出现也不是没有理论的，它是来自道，是道的分化，但是这个"制"的话，如果狭义去理解，片面去理解的话，就会出问题，必须要回到一个"大制"。

刘笑敢： 关键是帛书本为"圣人用则为官长"，王弼本和傅奕本是

"圣人用之则为官长"。

李明友： 这个"用之"，我的理解就是"制器"，朴散为器，圣人要制器，"制器"那就要有人去辅之了，要官长。

周三一： 这个官长还是管理。

李明友： 因为"器"是具体的。

张家成： 我觉得一个是道器，还有一个是体用，我觉得"道"是"体"，然后圣人用的话，体现的话表现为一种制度。

金　敏： 或者就说"散了的朴"。

薛剑晖： 心之官长是在后来才出来的，是到了后来新学才出来的。

李明友： 要制具体的器那是需要官长，官长还是要去主宰这个器。

刘笑敢： 我想这个讨论挺好，我们也不能指望就一定得出一个共同的结论，或者大家都接受某一个共同的结论，大家继续思考。我想《老子》五千言，可以解读发挥的地方都很多，谁解读是比较可靠的？谁是自己的发挥？有时候也不太容易判断，我们还是慢慢地以后再继续读。

第二十九章

将欲取天下而为之，吾见其不得已。天下神器，不可为。为者败之，执者失之。夫物或行或随，或嘘或吹，或强或羸，或接或隳。是以圣人去甚，去奢，去泰。

刘笑敢： 这一章有一句"天下神器，不可为"，帛书本是"夫天下，神器也，非可为者也。"如果说"天下神器，不可为"，到底是讲天下不可为，还是天下的神器不可为？这个意思不清楚，当然帛书本"夫天下，神器也，非可为者也"意思比较清楚，那就是天下是神器，天下是不可为的。这个意思就比朱谦之的版本清楚一点。在帛书本中天下是神器，就是说不是一般的东西，不是一般人可以去夺取、获得、加工的东西。

周三一： 是王位吗？

刘笑敢： 神器是不是代表王位？我没有印象，但是神器有可能指政权、权力、地位，这个可能性是有的，但是我没有去查是不是指这个，但是一讲天下，就已经有王位的意思了，那么神器进一步强调天下的神圣，超越一般人的控制范围这个意思。

顾　征： 老子强调小国寡民，这里是不是讲统一是不可能了，统一不要去想了。

刘笑敢： 老子他没有直接讨论统一不统一的问题，但是他讨论到大国以下小国，那么小国就会归顺大国，你要从这个推论，他不反对这个国家在和平的状态下扩大或者合并，但是没有涉及统一天下的问题。我觉得老子时代这个问题也许还没有，或者对老子来说不是一个问题，那么到孟子那个时候，就希望统一天下了，在老子这个时代，大概对这个问题还不是太关心。

顾　征： "夫物或行或随，或嘘或吹"这里的"物"指的是什么？

刘笑敢： 这个"物"我想是泛指各种行为，不只是事物，包括人的行为在内，做的事情会有各种各样的状态，其实我觉得没有必要太扣这些字眼，关键就是最后一句"是以圣人去甚，去奢，去泰"。

徐萌娜： 老子是不是有一种安于现状的思想，第一句说的"将欲取天下而为之，吾见其不得已"，那就是说想要得天下，有所作为的话，那是不可行的。

刘笑敢： 这个老子对于取天下，没有完全否定，而这个取天下算不算统一天下，这个不知道，但是老子并没有说绝对不能取天下，"以无事取天下"，老子强调可以取天下，但是要"以无事取天下"，这个"以无事取天下"，那就是要没有兵火之争，天下归顺，就可以取天下。这个"取天下"在《老子》中出现三次，近现代的学者，比如说蒋锡昌、陈鼓应把都这个"取"字解释成治理的"治"，这样就变成"将欲治天下"了。把这个"取"解释成"治"有一个问题，我查了先秦汉代的文献，"取"字用做"治"，没有任何根据，唯一的根据，现在《辞海》的根据就是河上公注，河上公注把"取"解释成"治"，但是河上公对这三次的讲法也不一致，就是偶尔那么一讲，除了河上公以外，再没有人把这个"取"字当作"治"。蒋锡昌的解释就比较绕弯子了，这个"为"有"治"的意思，所以"取"相当于"为"，"为"又等于"治"，所以"取"就可以解释成"治"，这个解释我觉得绕得太远了，而且这个逻辑推理是不成立的。我查了一下这个"取"字应该怎么讲，"将欲取天下而为之"，这个"取"就是得到的意思，而不是治理，他明明有治天下的说法，明明有无为而治，为什么这里不说"治天下"，要说"取天下"呢，又把"取天下"当成"治"，没有这样的用法，没有这样的词语解释现象，所以"取天下"就是得到天下的意思，但是老子反对你轻易地夺取天下，"以无事取天下"，你以"无事"的方式得到天下，这个我们后面还会读到。

那么"以无事取天下"怎么可能呢？谁会把天下给你呢？那我替老子想，如果不是"以无事取天下"，你就不要取天下，"夫天下，神器也，非可为者也"，你不要去强为，如果自然地归顺于你，那就很好，如果不能"无事""自然"地得到，你不要去争。我发现《左传》中有三个例子，比如一个地方，就是一个邑，相当于现在一个有城堡的村落，或者一个小国，《左传》里就说"取之什么什么来归"，或者内部发生动乱，投过来了，叫"取之"。《左传》的注释说，没有用兵去打，这个归顺的叫"取之"，凡是发兵去打下来的叫"灭之"，这个用法不一样。所以在这个《左传》里面"取"

字是有很容易得到的意思，"取言其易也"，用这个"取"字有容易的意思，如果按照这个来解释"取天下"，就是容易得到的，那就可以接受。"将欲取天下而为之，吾见其不得已"，如果你还要"取天下"，还要"为之"，有意地去怎么样怎么样，这个我看是不行的，天下是神器，不可为的，但是你无事取天下，你没有去做什么事，天下归顺，这为什么不要呢？《左传》里有这样的例子，一个就是内部发生分裂了，归顺过来，还有一个就是说大兵一到，他已经就自动投降了，这个都是"取之"，就是没有通过战争冲突得到的。

李晓辉： 中国历史上任何王朝的建立都是靠打下来的。

刘笑敢：《左传》里的这几个例子是历史记载的，我想这是一种价值立场，就是说如果要牺牲几十万人、几百万人夺得天下政权，我要不要去做？这个不是一般的政治家、军事家或者一般的人都喜欢或者都可以用的一个术，这是一种价值选择。比如说我为了让我孩子上哈佛，我从 3 岁就给他设计功课，设计人生道路，我能成功吗？这没有把握的，也许能成功，但是失败的可能性很大，子女反叛的可能性很大，香港就是有小学生在十二三岁跑了，家里找不着急得要命，后来就是说学校压力太大，小孩自己拿着几百块钱跑深圳玩去了，香港找不到，就通知深圳，深圳帮着找到送回来了，而且小学生自杀的情况也开始出现了，所以我觉得就是说，有些事你觉得是好，你要去做，但是付出的代价值不值得。

顾　征： 中国的这个历史发展没有按照老子的这个方式展开，而是合久必分，分久必合，分分合合。

刘笑敢： 但是我觉得老子说"天下神器，不可为。为者败之，执者失之"，这个话还不错。我们就看到刘邦得天下了，可是跟着刘邦抢天下有多少人，都败了，跟着李世民抢天下多少人，都败了，而且打下天下，坐稳当的人也没有很多。封建社会历史上最长的汉代，将近四百年，唐代不到三百年，明代不到三百年，清代不到三百年，这个事情就看怎么说了，得两百年天下值了，死几百万人也值了，那你愿意干就干，但是你要知道，你不见得赢，想得天下的人不只你一个，那你冒着失败的危险，面临着身败名裂、全家当贼寇的危险，你愿意干那就是你的选择了。

李晓辉： 那现在市场竞争中做企业的道理是一样的，如果大家都不想干，没有竞争意识，那糟了。

刘笑敢： 我觉得读《老子》，道法自然是一个价值问题，就是你认为这个人类社会应该是什么样的？你想实现一个什么样的人类社会？你想为什么样的人类社会去努力？你刚才讲得对，市场竞争就是这样，成立公司不赚钱就垮了，没有办法养活员工，如果每年收支平衡这个也没有办法维持，很容易垮台，必须要不断地多赚，今年挣50%的利润，明年要60%，后年要70%，不然股票下跌了，都处在这样一种危机状态，就是你已经遥遥领先了，还怕别人超过，谁都不安宁。但是相反的情况已经出现了，在哈佛那边，美国有一些经济学家提出了蓝海战略。红海战略就是你争我夺厮杀，你卖电脑，我也要卖电脑，你卖丝织，我也卖丝织，咱们就拼，抢市场，抢顾客，那现在提出了所谓蓝海战略，你去开发还没有被人发现的竞争领域，或者新的产品，就没有人跟你竞争，那这是蓝海战略。我碰巧看到了有一些河北人，本来就是在北京收垃圾的，到垃坂处理厂捡垃圾，然后塑料瓶子分类，干得时间长了，手一摸就知道聚氯乙烯、聚苯乙烯是什么，他就分类，分类得越细，卖的价钱越高，化工厂收去做原料。后来有一个国外回来的学环境卫生的博士，就帮助他们把整理垃圾合法化，然后有河北人，还有北京郊区的人，你管城南，我管城北，分别整理垃圾，都发财了。他们没有跟任何人去厮杀，那他们就碰巧发现了一个新的生财之道，那这个就是所谓现代经济竞争领域所说的蓝海战略。

其实我们人类社会一直在一种两难或者是一种正反相生相转的这样一个境域中存在的，我们以为高唱凯歌，胜利向前，其实这个事情不存在的，过若干年你发现没有那么简单，相反的力量在集聚，在限制你的发展。比如我们现在竞争给社会发展带来很多好处，改革开放这么多年我们的物质生活，各方面都大幅度地改善，但是同时带来了一些新的问题，而这个新的问题并不容易克服，也并不能通过竞争，多挣钱，积累 GDP 就可以改善的，就可以解决的。我经常说我们现代社会越来越便利了，我们是不是比过去还忙了？如果年纪比较大的，你们想想 20 世纪 60 年代有那么忙吗？50 年代有那么忙吗？改革开放以前，经济没有那么发展，大家生活相对比较悠闲，有人就举例子，一个渔民在海边，有一个开发商就来跟他谈，你为什么不在这里建一个旅游别墅，然后在这里晒太阳？他说我现在就已经是这样了。其实我觉得最终涉及人类的最终追求，最高价值是什么？是人的整体生存状态还是物质享受水平？是不是房子越来越大就快乐？是不是每年休假越来越多，到外面旅游越来越多，身体就越健康？都不一定。其实我觉得老子讲的正反相生的很多例子，都说明我们人的活动总是受一种外在的力量或者内在力量的限制，而不可能单向直线走到底。

周又红： 这一段刘老师说得很好，我在想一个问题，好像大多数解释都偏好与人类社会、王权相联系，我觉得有没有可能解读为自然？因为天下也就是自然万物，然后天下为神器，就是指万物为神器，为者败之，执者失之。

刘笑敢： 你这样讲是可以。但是我是从原文讲，"将欲取天下而为之"，这个"取天下"，这个不是取天下万物了，这个天下在这里特指的是古人所说的天下，就是这个世界了，得到这个世界。

周又红： 个人也是一样的。

刘笑敢： 道理是一样的，比如没有钱的时候很痛苦，股票多了又怕股票跌下来，股票跌下来的时候，该卖不该卖？很痛苦，最后积累财富很多了，死后给谁，也还是发愁，很多人打你的主意，你钱越多，打你主意的人越多。

顾 征： 最后一句"是以圣人去甚，去奢，去泰"，这个"泰"是什么意思？

刘笑敢： "泰"通"太"，过分的意思。我们休息一会儿。

第三十章

以道作人主者，不以兵强天下，其事好还：师之所处，荆
棘生。故善者果而已，不以取强。果而勿骄，果而勿矜，果而
勿伐，果而不得以，是果而勿强。物牡则老，谓之非道，非道
早已。

刘笑敢： 这一章和我们前面讨论的问题是有联系的，大家有什么
看法？

刘洛福： 这个后面的"果"，"果，信也"，最终表达什么样的意
思？

刘笑敢： "果，信也"，《论语》讲"行必果"，这个"信"其实引
申一下，还是结果的意思。"善者果而已"，我的理解，就是达到效
果就停了，就可以了，"不以取强"，不要达到效果了，还不罢休，
所以就是说果而勿骄，果而勿矜，果而勿伐，都是说达到了一定效
果和结果，适可而止，不要猛追穷寇，不要打落水狗。

徐萌娜： 刘老师，这个"其事好还"怎么样来理解？

刘笑敢： "其事好还"这个很难解释，因为这句话的位置都有问题，你看帛书本，这个"其事好还"不在这个位置，所以比较麻烦，我就暂时不管它。帛书本是"以道作人主者，不以兵强天下，师之所处，荆棘生。故善者果而已"，就比较通顺，那竹简本"其事好还"在下面最后一句，有点接不上，很难理解，所以我就暂时不管它。我的态度就是说，尽可能深入地理解它，但是不能保证每个字、每句话都讲得很清楚，那这个我觉得也不奇怪，两千多年前的东西，语言跟我们现在不一样了，而且在流传过程中也会有很多错误。

顾　征： 这个"师之所处，荆棘生"跟上下文的联系是什么？

刘笑敢： 这个还是有联系的，朱谦之的本子是"以道作人主者，不以兵强天下"，其他的本子都是以道佐人主者，不要用兵来强取天下或者以兵力来强于天下，在天下逞强，跟"知其雄，守其雌"的意思是一样的，那么"师之所处，荆棘生"，这是战争引起了荆棘丛生，农田荒废，是这样的结果，所以"故善者果而已"，那你已经有天下了，达到这个结果就可以了，不要再进一步的发兵，扩大领域。

顾　征： 那么战争作为人类冲突的一种最激烈的表现形式，是不是应该也是自然的一部分？就像地震，也是地壳裂变的结果，也是一种自然力对抗到一定程度，然后才有结果出来，社会力对抗到一定程度，也产生一种结果出来，能不能也把它看成自然的一部分？

刘笑敢： 一个是物理世界的自然，自然世界的自然，另一个是你说的人类社会常见的现象或者必然的现象，这也看作自然。

顾　征： 以往就是通过这种方式，通过自然瘟疫这种方式来保持人口，一直稳定在一定的数量，现在人口膨胀了，就是因为战争少了，瘟疫少了。

刘笑敢： 你讲的自然，就是说自然界那是有自然的变化，自然界弱肉强食是自然，那人类社会的战争，你把它看作一种自然，这个自然其实是把常见的社会现象或者难以克服的现象看作自然，那这个跟老子所讲的自然不大一样，老子讲的道法自然不包括战争这样的冲突，人法地，地法天，天法道，这个自然是一种"百姓皆谓我自然"，肯定是不包括战争状态的，"希言自然"，肯定是不包括战争冲突的，"辅万物之自然而不敢为"，肯定是不包括战争冲突的。现代人把凡是必然发生的事，都看成是自然，你欺负他，他当然生气了，这就是自然，很自然他会生气，所以这个自然不是老子所说的。

顾　征： 我觉得老子所强调的这种自然实际上带有"克制"这样的一些意思，并不是完全的顺其自然。

刘笑敢： 你说顺其自然，每个人心中想的自然这两个字都不一样，有的想顺其自然就是自然而然，不勉强，或者让大自然自己去演化，解释都不太一样。

周又红： 那个自然，本身应该是通过天地万物体现出来的，也就是说如果战争的爆发，究其根源，也是人法地的一种表现形式，那么倒回来说，人法地，地法天，天法道，道法自然，应该是一种被动的意思，是一种制约的意思，那么现在一般的书上都解释为一种主动的，效法的意思，这显然是不符合老子的任其自然的思想。

刘笑敢： 老子没有讲过"任其自然"这四个字。

周又红： 假定说有这种思想的话，那个"法"是主动还是被动？通过他的整体的文字解读，好像应该是被动的，也就是说他为什么把人放在前面，因为人是非常渺小的，所以人法地，人完全受制于大地，所谓的地制约万物，制约着人类的自身的发展，地制约人、约束人，而不是人去效法人对地的利用、开采、种植等。

关长龙： 你的意思就是人被地制裁，那个"法"解释成制裁的意思？

周又红： 不是制裁，是制约，是地制约人，地约束人，比如土地、石油资源很有限，那么因此为了争夺石油资源，就开始打仗，这是必然的。

关长龙： 好像顺应、顺从的意思。

刘洛福： 这一段所讲的，是不是某种程度上跟儒家强调的中庸的"过犹不及"有一些关系？

经典会读 老子

刘笑敢： 我觉得是相通的。

刘洛福： 道里面的含义，这是我们人类应该效法的，应该感悟的，我的理解主要在这个层面，当然很容易跟相关具体的事例结合起来，但是结合的时候，要注意具体事例自身的一些不同，整体的意思不是从具体事例的逻辑当中推出来的。

刘笑敢： 这一段，跟儒家的中庸之道也有相通之处，我觉得这一章主要一个就是反对战争，再一个就是反对逞强，就是适可而止，反对"骄、矜、伐"。

刘洛福： 是不是在知识论、认识论方面也有一点启示？特别是后来的现代性问题，比如强调理性，是不是现在越来越侧重于理性这个方面？理性判断的合理不合理，以现代性作为一个唯一的标杆进行衡量。

刘笑敢： 自从启蒙运动以后，基本是理性的天下，那么理性好像是社会发展的动力，都强调理性的作用，但是在西方也开始反思这个问题，其实也强调激情在后面起作用，表面上是理性，其实后面是激情，历史发展的关键时刻，如法国大革命，喊的口号是理性的，其实背后是激情。

刘洛福： 我们中国文化中模糊的、感悟的、直觉的地方比较多，那么对应现代化的时候觉得很不适应。反过来说，我们碰到一些问题的时候，吸取老子的这种大智慧，比如现在的生态环境问题，可能我们也可以用老子这种大智慧，不单单从环保这个角度反思，就是从绿色运动这样的层次来反思。

刘笑敢： 我想这个联想是有道理的。其实按照我们中国的现实，大概我们对理性主义提倡得仍然不够，但是同时已经有过分之处了，就像我们中国人科技水平还是不够，但是已经有科学主义的倾向，什么都要科学，道德也要科学，宗教也要科学，这个怎么科学呢？这个是没有办法科学的。但是我们一方面有科学主义的倾向，就是过分迷信科学，但是另外一个方面，很缺乏科学精神。现代社会出现的很多现象都是因为缺少科学精神，所以一方面是科学崇拜，另外一方面是科学精神不够，都是存在的。或这个问题相当复杂，不是用简单的我们应该反对理性主义，或应该提倡理性主义来解决的。其实我觉得很多东西变成一种时髦的口号以后都无效，反而有害，比如说我们科学精神不够，但是又讲科学主义，迷信科学，这两个是相反相成，对我们社会其实是很有害的。这一段竹简本除了最后一句，前面意思比其他的版本都简单，意思也很清楚，"以道佐人主者，不欲以兵强于天下"，这个意思很清楚，以道佐人的，他不应该提倡用兵来强取天下，不要用兵来逞强于天下，所以还是"以无事取天下"的意思。他并没有反对取天下，但是他反对以兵强于天下。下面"善者果而已"，那你打了胜仗，你不要庆功会，不要再激起仇恨，然后"不以取强，果而弗伐，果而弗骄，果而弗矜，是谓果而不强"，有了效果，达到了目的，就是说不要再逞强了，下面"其事好还"这一句话，我觉得没有办法解释，没有着落。

第三十一章

　　夫佳兵者，不祥之器，物或恶之，故有道不处。君子居则
贵左，用兵则贵右。兵者不祥之器，非君子之器，不得已而用
之，恬惔为上，故不美，若美之，是乐煞人。夫乐煞者，不可
得意于天下。故吉事尚左，凶事尚右。是以偏将军居左，上将
军居右。煞人众多，以悲哀泣之；战胜，以哀礼处之。

李晓辉：　这里的"左、右"是什么意思？

刘笑敢：　古代吉事尚左，就是一般的情况下以左为上，比如说我
尊敬你，我就让你坐我左边，我坐你右边，可是打起仗来，就是反
过来了，"偏将军居左，上将军居右"，就是凶事和吉事的礼是相反
的，这个用来说明战争是凶事，跟平常的事不一样。

关长龙：　传统的拱手礼，一般来说左手在前，但是如果服丧期间，
右手在前，吉事尚左，凶事尚右。

李晓辉：　那和现在说的宁左勿右有什么联系？

刘笑敢： 相反。

张家成： 现在是要中间偏左。

周又红： 这个左右和八卦有没有关系？

关长龙： 也可能有关系，按照传统一般的方位来讲，都是面向南，左边是东边，东生西死。

张家成： 那你这个观点是后来形成的，早期在那个时候有没有这种观点。

顾　征： 这个"故不美，若美之，是乐杀人"。

刘笑敢： "乐杀人"就是以杀人为乐，这个"美"就是以之为美，以之为好，还是跟前面一样，反对用战争来处理这个问题。

张家成： 好像佛教刚传到中国来的时候，当时有和尚该不该袒右肩的争论，当时中国人就用老子的"吉事尚左，凶事尚右"，反对穿衣服袒右肩，那印度的和尚这样反驳，说右顺，就是右臂袒开的话，做事很顺利，所以后来我们中国的和尚是不袒右肩的。

关长龙： 按照《仪礼》里面的服饰来讲，好像不是这个解释。《仪礼》中解释穿衣为什么往右边，因为右边代表死，虽然和印度的方向是一致的，至少衣服的缠绕方向是一致的。

张家成： 但是整个右手是袒露在外面的。

关长龙： 但是早期我们是不露的，僧衣的穿法的确是从左往右穿的。

张家成： 这个习俗的来源很有意思。

刘笑敢： 我想强调一下这一段，杀人众多，以悲哀泣之，这个是"夫乐煞者，不可得意于天下"，我刚才讲过了，战争杀很多人，包括敌方的人，这个是超越敌我的一种人道主义，不是在分清敌我以后，对内部的人道主义，那这个我觉得是很值得我们思考的。我们是否应该接受这样的一种观念——这是不是敌我不分？是不是是非不分？那我觉得在政治上和在民族之间没有永久的敌人，也没有永久的朋友。人类社会如果按照适者生存的话，那残疾人不应该生存，生下来不健康的婴儿不应该千方百计地抢救，先天基因不足，先天营养不足，抢救过来可能也是弱智儿或者残疾人，但是我们从人道主义出发必须抢救，所以这个就不能完全按照自然界的规律来理解人类社会，或者安排人类社会的政策原则，所以这是一个矛盾。我们一方面承认生物进化的规律，适者生存，自然淘汰，但是我们人的行为不能完全按照那个去做，完全按照那个去做就没有人类社会了，那就把人类社会变成动物社会了，那显然是我们不能接受的。但是在这两者之间会有冲突，而且冲突最后怎么解决？这就很难讲。有的科学家预言，五十年以后人类不敢吃肉了，为什么？科学家发现动物是有情感的，那动物有情感，我们去吃它，这个好像就有点残忍了，这样以后可能愿意吃动物的人就越来越少。新加坡的一个学生看了美国的一个小猪的电影，觉得很可爱，看完电影以后说不想再吃肉了。我女儿去泰国参观机械化养鸡场，一只鸡在一个小笼子里，站起来都没有地方站，下了蛋自动就滚下来，然后传送带自动走，前面一个小孔喝水、吃食，加食也是自动的，水也是自动的，就那么一点地方，我女儿一看，以后都不想吃鸡和鸡蛋了。人类这种感情是可贵的，是高贵的，但是这种感情发展下去，现在就保护动物，保护动物发展下去会怎么样？我们不穿动物的皮，这个是可以做到的，那不吃动物的肉也不是绝对做不到，但是会不会朝这个方向发展？其实人类是在这种两难的过程中发展的，只是我们意识不到，我们觉得人类会越来越美好，其实人类社会也不一定这样发展的，是在一种两难的境地中发展的。

第三十二章

　　道常无名。朴虽小，天下不敢臣。王侯若能守，万物将自宾。天地相合，以降甘露，人莫之令而自均。始制有名。名亦既有，天将知止。知止不殆。譬道在天下，犹川谷与江海。

徐萌娜：　"朴虽小"这个"朴"是不是"道"的意思？

刘笑敢：　一般都是这样理解。

徐萌娜：　那为什么"虽小"呢？前面不是有"吾不知其名，字之曰道，吾强为之名曰大"吗？

刘笑敢：　你这个问题也很好。这个"道"呢，它"强为之名曰大"，但是因为它无名，所以反过来也可以说"小"，这个"朴"没有任何宝贵的、高贵的特点，所以也可以说它"小"。老子也说他自己讲的"道"，也是很宝贵的，但是很多人不理解，他的"道"又很容易懂，但是要实行也很难，所以这是两个方面，说小说大各有侧重。这里我想讲的是"侯王若能守之"，这里的侯王跟圣人不一样，朱谦之的本子是王侯，其实没有什么区别了。我想强调的是老子讲的圣人不等于侯王或者王侯，侯王或者王侯是现实的统治者，而圣人是理想的天下治理者，它代表一种理想的治理的方式，是道在人间的一个体现者，跟侯王完全不同。一般人就把圣人理解为统治者，就说老子讲的是君人南面之术，司马迁和班固所讲的道家其实是汉代的黄老之学，不是老子和庄子，所以把老子和庄子哲学简单地等同于君人南面之术，我认为是不准确的，是没有文献依据的。老子讲的圣人是理想的社会或者天下的治理者，而不是社会中现实的统治者，社会中现实的统治者是侯王，所以"侯王若能守之"就是守这个"道"，守这个"朴"，这是假设的，如果他这样做会怎么样，而圣人不需要假设，圣人必然如此，这是一个不同。

关长龙： 这个"始制有名"您能不能解释一下？

刘笑敢： "始制有名"我也讲得不太好。这个"始制有名"已经是人类社会的作为了，创造这个明令制度，那有了以后，就应该适可而止，那如果"知止"还能够没有危险的话，那就是相当于"道"了，那么"道"就像谷与江海，流到江海之中，那这个"道"还要柔弱处下，那么万江大河才会归之，这是我的一个理解。

关长龙： 您觉得这个"始"和"无名天地之始"的"始"没有关系？

刘笑敢： 没有关系，是"制"了，这个"制"已经到了现实的世界了。这里其实我觉得比较重要的还是讲的"道"和"无名"，这个"无名"一方面是说没有名称，再一个就是说其实它不仅是无名了，就是它没有一个具体的特点，而且是我们人不能实实在在把握的，第一章说"无名天地之始，有名万物之母"，那个"有名，无名"我觉得主要是一个认识论的概念，就是没有办法定义它，没有办法认识它，把握它。

关长龙： 这个"始"是"无名天地之始"的"始"，然后那个"有"是"有名万物之母"的"有"。这个"始"是由天地之始或者"无"来创制"有"这个名字，或者由无生有，大致意思就是无生有，然后有了万物才能命名，然后才进一步到天地，是一个层次。

刘笑敢： 我的理解跟你不大一样的原因，就是对"道"和"无名"体会不同。这个"道"可能是永恒的"道"，根本的"道"，"朴虽小，天下不敢臣，侯王若能守之，万物将自宾"，这就转到人类社会了，然后"天地相合，以降甘露，人莫之令而自均"，然后"始制有名"，所以都已经回到了这个人类社会的问题，所以这个"始制有名"不是在讲"道"本身，而是在讲人类社会"制名"的问题。

第三十二章

第三十三章

　　知人者智，自知者明。胜人有力，自胜者强。知足者富，强行有志。不失其所者久，死而不亡者寿。

刘洛福：　"强行有志"的"志"怎么解释？

刘笑敢：　强行者是有志气的，这个"强"是自胜者强的那个"强"，那这个强行者就是那个自胜者。

章颖亮：　后面"不失其所者久，死而不亡者寿"是什么意思？

刘笑敢：　这个"死而不亡者寿"比较难以解释，这个"亡"可以说消失，另一个解释，"死而不亡"是说他虽然死了，但是还活在别人的心里，这是一个通俗的讲法。那帛书本"死而不忘者，寿也"，就是不被人遗忘，意思差不多。

薛剑晖：　那个"知足者富，强行有志"，这个"强行有志"是一个客观的陈述，还是说他认同这么一种东西？

刘笑敢： 我觉得他是一种描述，前面讲"胜人有力，自胜者强"，这是一个赞成的，然后描述"知足者富，强行有志"，这个你说他是赞扬也可以，是描述也可以，区别不是那么明显，但是他是强调自胜。

薛剑晖： 那我想到一个问题，老子强调的到底是顺其自然还是任其自然？

刘笑敢： 老子里面没有讲"任其自然"或"顺其自然"这样的话，老子一共讲五次自然，一个是"道法自然"，一个是"百姓皆谓我自然"，一个是"希言自然"，一个是"辅万物之自然而不敢为"，一个是"夫莫之命而常自然"。老子讲"辅万物之自然而不敢为"，这是"辅"万物之自然，不是"顺"，那庄子讲"因万物之自然"，"辅"和"因"是不一样的。

关长龙： 这个"辅"是帮助的意思。

薛剑晖： 那么辅万物之自然跟强行可不可以兼容呢？

刘笑敢： 这里是讲自胜的问题，而不是在讲强迫万物按照他的意志行事，没有这个意思。这个其实读起来很容易，做起来不容易，要求别人强很容易，要求自己强不容易。失败了怨别人不给条件，这很容易，怨自己努力不够或者怎么样就不容易了。

顾　征： 最容易让人产生偏差的理解就是把老子的思想理解成顺

其自然，任其自然。

刘笑敢： 那再把自然理解成自然界那就什么都不干了，等于自然界自己变化了。

薛剑晖： 就是说我们在这个其中，一方面跟自然要相配合，但同时自己也要有所作为，只不过这种作为就是以不为而为。

刘笑敢： 我的讲法就是"不为之为"，这个"不为之为"，就是以和世俗的常规的行为方式、价值观念所不同的方式去做事。

薛剑晖： 那不为还是在为了。

刘笑敢： 这个"为"又不一样，不是一般人所说的"为"，比如说我不给孩子很大的压力，那孩子高高兴兴地成长，那这个高高兴兴地成长是我"为"的结果，而不一定是考上哈佛。

薛剑晖： 一定要有一个目标。

刘笑敢： 它是一个整体，价值体系和方法是相互配合的，你单独抽出来就可能变成阴谋诡计，可能变成不负责任，变成不辨是非，你把它看作一个整体，它自然有它的道理。

徐萌娜： "强行有志"有没有可能是一种价值判断？叙述这样一个事实：强者是有志的。

刘笑敢： 强行者，有志也，我觉得你这样说没有问题，它是一个叙述，能够自强，能够努力的人是有志向的人，但是这个叙述是不是一点肯定的意思都没有，这个也很难讲。

章颖亮： "胜人有力"这个"力"是什么？

刘笑敢： 力量。

张家成： 你战胜别人的力量还是你自胜者更强一点，可能还是有一个比较的意思。

刘笑敢： 战胜人靠的是力量，但是你要战胜自己，那是要强者，力量是一种外在的，强者是一种内在的，那"强"高于"力"，就像"明"高于"智"一样，"知人者智，自知者明"。这个"强"不单单是一种力量，可能包括意志，自信。也有人说最大的敌人是我自己，就是我要战胜自己，战胜自己的欲望，战胜自己的软弱，这是不容易的。

第三十四章

大道氾，其可左右。万物恃之以生而不辞，成功不名有。爱养万物不为主，可名于大。是以圣人终不为大，故能成其大。

刘笑敢： 最后一句"是以圣人终不为大，故能成其大"跟前面好多章的意思差不多。

张家成： 前面讲到"道"很小，这里"道"又很大。这个"大"是从它的功用来讲，前面"小"的话，是从无名来讲，很难去把握这个层面。

周三一： 生活中小的事情都体现道。

张家成： 有时候正是因为无名，所以最大，或者说最大的东西，说不清楚的，反而没有内容，两者是统一的，关系是比较微妙的。

周三一： 那大道像泛滥的河水一样，为什么其可左右呢？

刘笑敢： 我觉得讲"道"的特点，有一种解释道是无所不在的，我的解释是道本身是一个比较模糊的，而不是一个十分明确的内在的定理和定义。"大道氾，其可左右"，你可以把它解释成无所不在，但是它其实可左右，那就说明它不是一个死板的规则，但是"成功遂事而弗名有也"，这是它的一个特点，道是可以成功遂事的。道常无名，也有说道是无为，但是它可以成功遂事，我现在念的是帛书本，"道，泛泛兮其可左右也。成功遂事而弗名有也。万物归焉而弗为主。则恒无欲也，可名于小。万物归焉而弗为主，可名于大。是以圣人之能成大也，以其不为大也，故能成大"。所以无为而无不为，绝对不是不做事，绝对不是不想做成事，而是成功遂事。不为大，是为了成其大，表面上不发号施令，不操纵部下，其实让部下发挥更大的作用。

那我想举一个例子，凤凰卫视的刘长乐就用了一帮年轻人。你看那个台的栏目都是年轻人的语言，年轻人的风格，他反正让手下人去发挥，然后自己的特色、个性都出来了。如果靠一个台长千方百计设计精细的节目，给每个人都安排角色，那这个凤凰卫视不会这么活跃，现在凤凰卫视每个人都有自己的风格，你看了肯定不是那个中央电视台的做法，年轻人比较随意，好玩的路子出来了。刘长乐挺风光的，到处去开会、出席，下面有人替他干活了。我很赞赏这种说法，你表面上不是在做大事，实际上你能成就大事，表面上什么事都管得很精细的话，那别人就不好发挥了，而你自己又不可能没有漏洞，所以最重要是让下面人一起做事，而你自己少做事，你自己做得少点，下面才能多做事。现在教育部管得那么多，现在大学校长就不好当了，如果大学校长管得那么多，那么这个系主任就不好当了，系主任管得多，教授就不好干了，那最后都由你来干，我照你说的干，学生教不好跟我没有关系，我照章办事了，就会出

第三十四章

219

现这种结果。就是说不能不管，但是最重要的是给下面创造条件让他们好好干，这就是"辅万物之自然"。我觉得给万物创造一个更好的生存环境，用马斯洛的理论就是说，有机物有自发地向着健康繁荣的方向成长的特性。那这个一讲，生物我们都明白，一棵小树苗，它自然的朝着有阳光的方向长，小孩渴了就想喝水，饿了就要吃，这是本能嘛，你给他提供这个条件，他就可以健康成长。我就很欣赏这个话，包括"成功遂事而弗名有也。万物归焉而弗为主"，这是一种很高的境界，那真的我做成好事，我不期待大家歌颂。十七章的"百姓皆谓我自然"，我想你们读的时候，可能很多人觉得百姓自己如此了，这样解释也可以，还有一种解释方法，"百姓皆谓我自然"，老百姓说圣人是体现了自然的原则，可以这样解释。不需要"太上，下知有之；其次，亲之豫之"，那是儒家的圣人和传统的圣人需要百姓歌颂他，感谢他，但是道家的圣人不需要，这是第二种，最高的圣人是百姓根本不知道我做什么事，但是百姓生活很好，就可以了。我觉得是很高的境界，你可以说是一种道德境界，但是又不纯粹是一种道德境界，它是一种很高明的智慧。这个名誉到了手里又能怎么样，能维持多久？歌颂你那么多，有多少是真心的？有保持多久？这都有点虚。其实有时候我在学术界走来走去，发现有的学者就说你们为什么不邀请我开会？为什么不给我什么么什么名誉？为什么不给我什么什么待遇？我觉得很可怜，你要人家尊敬你，你得到的是尊敬吗？其实我觉得世界上有两样东西是不能要的，是要不来的，一个是爱，一个是尊敬，电视里经常说你为什么不爱我？这个都是最傻的话，爱是能要的吗？尊敬也是一样，人家自发地尊敬你那是尊敬。如果说你必须尊敬我，你见面必须要鞠躬，那要来的绝对不是真的尊敬。所以我觉得老子"成功遂事而弗名有也。万物归焉而弗为主"，不仅仅是一种道德境界，更是一种睿智。

李晓辉： 自古以来，无论是皇帝还是管理者，都要人为地设计各种仪式让你尊敬他，往往事与愿违。

刘笑敢： 是这样。《老子》历来不是社会主流的文献，在朝就是儒家，下野了才变成道家了，这是一种普遍的现象。但是我现在想，这里面有在朝的人应该学的智慧，而不应该是落魄了才去学陶渊明"悠然见南山"的避世态度，应该是在朝的人，掌权的人，学老子的智慧，那这个天下会治理得更好。

关长龙： 您认为"成其大"和"无不为"可不可以算作老子的目的？《老子》这部书的思想是不是要追求"成其大"和"无不为"？

刘笑敢： 这个只能在有限的范围内可以这样讲，你很难讲他的根本目的。目的论这个说法，看在什么程度上讲，因为一般讲目的论是整个世界的发展是有一个目的，是讲宇宙世界，不是讲个人行为，如我的目的要吃饱饭。

关长龙： 那比如说儒家的目的要成圣人，道教的目的要成神仙，佛教的目的要成佛，那老子的目的是什么？

刘笑敢： 自然是他的一种价值，但是他的目的并不是自然而已。

关长龙： 那么他的目的是不是"成其大"和"无不为"呢？

刘笑敢： 我想这个还不足以概括，我觉得他最主要是"百姓皆谓我自然"、"辅万物之自然"，这是他想达到的最高的社会理想境界。五千字怎么概括，哪个看作核心，哪个更重要，没有一个最后的标准，比如我讲老子，我觉得道很重要，但是道法自然就把自然推到更具体的一个价值了。

关长龙： 无为的目的是为了无不为。

刘笑敢： 无不为是他的目的，但是无不为的实现还是天下百姓的生存，辅万物之自然。

关长龙： 目的里面总有一些具体的展现。

刘笑敢： 那目的论三个字我觉得不好用，那你说人的行为有目的就叫目的论，那这不必讲了，人的行为都有目的，目的论一般是讲整个哲学宇宙论方面的、本体论层面上讲的目的。

关长龙： 我就想他有没有本体论的目的。

刘笑敢： 我觉得他更多是在讲现实当中的东西，道本身是没有目的的，"大道氾，其可左右"。

关长龙： 您认为，"道"可不可以作为他的目的？

刘笑敢： 我觉得"道"不是他的目的。道最简单是两层，一层是他对宇宙起源的一种猜测，一种推测，还有一层是对人类社会、宇宙、大自然最高存在的规律和方式的一种概括，这两个是合为一体的。那这个"道"指导人生，特别是圣人应该怎么做，应该有什么样的价值观念，是这样一个关系，所以我很犹豫"道"是不是老子的目的，实现"道"是老子的目的吗？这么讲我觉得不能算错，但是好像不是十分地恰当。

张家成： 我还是同意关老师的看法，前面讲"故善者果而已"，就是在老子的思想里面，他对效果和结果相对是比较重视的，"果而勿骄，果而勿矜，果而勿伐，果而不得以，是果而勿强"，那是不是告诉我们怎样把成功的果实完整地、长久地保持下去？

刘笑敢： 我想老子没有这样一种保持某一种具体成果的思想。

关长龙： 那么前面这句话"死而不亡者寿"何意？

刘笑敢： 这是一个好的效果，一个好的结果，但是这个不是他的整个思想体系的最终目的，整个思想不是追求"死而不亡者寿"。

张家成： 我的意思就是说道家思想里或者老子里面有一些这种因素。

刘笑敢： 老子哲学并不是什么都不要，不是什么都不做，对人类社会不负责任，这个不对的，所以你说，他关心人类社会，对人类社会有一种承担，都是对的，但是你说他的目的怎么形容概括，这个我没有想好，老子哲学的最终目的是什么，这个我没有想过。

张家成： 我觉得老子哲学里面可能否定的因素比较重要，如批判的精神，就像庄子很典型，"无以人灭天"，现在很多这种制度也好，军事也好，都是人为地去破坏它，对当时文化和制度的一种批判，这个批判是一种否定的价值，那么正面怎么讲？各种各样的说法都有。

刘笑敢： 所以我想传统上对老子的理解，他对人类文明批判这部分讲得比较多，自然也是消极的，自然无为看得很消极，是取消人的社会行为，看成是一种很消极的理论，可是我们现在看"不为大"是"成其大"，他还要"成功遂事"，打仗还要打赢，他有正面积极的东西。

关长龙： 目的还是要成其大。

章颖亮： 限定了一个范围，就是在不损害这个道的情况下做事情，就是说要保护这个道，具体在道的范围怎么做，他可能没有时间再说了。

张家成： 我觉得很多都是在警告当权者，"天之道，损有余而补不足"。

第三十五章

　　执大象，天下往。往而不害，安平太。乐与饵，过客止。道出言，淡无味，视不足见，听不足闻，用不可既。

李明友： 关老师提的问题，现在找到答案了，老子的目的是"安平太"。

关长龙： 这个"乐与饵，过客止"感觉还是有点权谋、权术的味道。

刘笑敢： 但是下面有一个"道出言，淡无味"。

关长龙： 那您是否觉得"乐与饵，过客止"有点融不进去？

刘笑敢： 我觉得跟他要说的意思是相反的，"乐与饵，过客止"，但是"道出言，淡无味"，达不到吸引一般人的这个效果。视不足见，听不足闻，用不可既，这个道跟世俗的价值观念、做事的方法都是不同的。

关长龙： 那么就有点像起兴的手法。

顾　征： "天下往"是什么意思？

刘笑敢： 还是顺着大道的方向。

顾　征： 谁执大象？

刘笑敢： 我想应该是圣人，这是一个比喻了，这个大象其实是无形的。老子讲吾言甚易知，甚易行，但是很少有人照着做。

第三十六章

　　将欲翕之，必故张之；将欲弱之，必故强之；将欲废之，必固兴之；将欲夺之，必固与之。是谓微明。柔胜刚，弱胜强。鱼不可脱于渊，国有利器，不可示人。

李晓辉： 这就是权谋。

刘笑敢： 这一章最像阴谋诡计，要说老子里有阴谋诡计，就是这一章像。

陈世干： 我不是这样理解，我感觉也是自然规律，自然的现象。

刘笑敢： 其实从自然现象来说是这样，人类社会规律也是一种现象，你把它看作是一种描述社会现象也对，你把它看成做事应该注意的方法原则也对，你说自然现象也对的。

李晓辉： 那最后一句"鱼不可脱于渊，国有利器，不可示人"是何意？

刘笑敢： 这两句比较费解。"鱼"比喻成什么？"渊"比喻成什么？这个比较费解，我建议暂时不花时间，有人专门讨论这个问题，我的书里也讨论过，我觉得第一，有些争议意思不是太清楚，第二，争论清楚了，意思也不是太大，暂时先不管。要有兴趣就看我那个书或者专门的文章。关键还是"将欲翕之，必故张之；将欲弱之，必故强之；将欲废之，必固兴之；将欲夺之，必固与之"这几句话。

周三一： 但是前面说的这些，我觉得还是跟"柔弱胜刚强"是一致的。

刘笑敢： 朱熹就批评老子，他这个就是后发制人，人家暴跳如雷，他好像没事，最后再把人家收拾了，朱熹是这样批评老子的，但是陈荣杰是研究朱熹的专家，他就指出朱熹对老子的理解错了，他说老子有生生不息的思想，其实老子里没有，他说老子讲的都是阴谋诡计，也讲得不对，这个不是老子的意思，老子的心是冰冷的，那"战胜以丧礼处之"，心怎么会是冰冷的？朱熹对老子的理解是有偏见的，但是这几段话的确很容易被当作阴谋诡计，但这里面涉及的不是一个表面现象，还有一个动机的问题。有一个大家容易理解的例子，比如我太太骗小孩说你不吃菜，肚子里要长虫子，所以她从小就爱吃青菜，长大跟她说，她自己也笑了，你说骗她对不对？实际上对她有好处。人类社会现象非常复杂，很难简单地判断一个人的动机和效果。

顾 征： 老子无非就是要揭示这么一个道，但是怎么用是另外一个东西。

刘笑敢： 所以我的想法就是说，你把它当作阴谋诡计，这没有办法，刀可以切菜，可以当手术刀，但是也可以行凶，不是刀本身的过错。

顾　征： 前面这几句话其实都是一个意思，都是柔弱胜刚强。

刘笑敢： 他也是从世俗价值的反面入手，争取达到更好的效果。

关长龙： 这一段话里面有柔弱胜刚强的意思吗？我觉得这里面都是使动用法，我要使他弱，我一定要先使他强。

顾　征： 我让你强，我柔弱，但是我最后胜你。

张家成： 这里"是谓微明"，然后二十七章"是以圣人常善救人，故无弃人；常善救物，故无弃物。是谓袭明"，这可能就是"微明"和"袭明"的差别，可能在这个意义上讲的"将欲弱之，必故强之"，还不是一个终极的东西。

关长龙： 微明，我觉得是一种内在的智慧，他说"知人者智，自知者明"，这个"明"在这里实际上就是内在智慧，"微"是内在的，微妙的。

张家成： "袭明"就是突然明白一个道理，我说这个叫顿悟，然后"微明"是渐修，我觉得可以用"渐"和"顿"解释微明和袭明。

顾　征：　利器是一个具体的东西还是指道？

刘笑敢：　不一定是道，可能是治国之方或者政权、权力。

张家成：　"微"可以做形容词也可以做动词。

关长龙：　防微杜渐那个"微"是一个名词了。

刘笑敢：　这里面我想讲一讲，"将欲翕之，必故张之；将欲弱之，必故强之；将欲废之，必固兴之；将欲夺之，必固与之"。这几句容易当作阴谋诡计，我觉得的确可以把它用成阴谋诡计，但是在《老子》原文中是不是阴谋诡计？我们应该有一些判断的标准，那你要看它是一个临时为了达到某种具体目的而使的手段，还是它背后有一整套哲学体系。那老子这个是跟他整个哲学体系融在一起的，而不是临时为了达到一个目的而用的临时的手段，这个是不一样的。另外最高的目的是什么，最高的目的是满足自己一时的欲望，还是有一种更高的对社会，对人类的一种关切？这个显然老子是有的，所以我们要全面地看。我个人认为不应该当作阴谋诡计，但是有人把它用作阴谋诡计，这是无可奈何的事情。

李明友：　老子这个思想，我觉得这一章里面，实际上他还是根据"反者，道之动"讲的，老子这里讲的不是阴谋诡计，他讲的符合"反者，道之动"的道理。

第三十七章

　　道常无为而无不为。侯王若能守，万物将自化。化而欲作，吾将镇之以无名之朴。无名之朴，亦将不欲。不欲以静，天下将自正。

薛剑晖： 这个"无名之朴"是指什么？

刘笑敢： "无名之朴"可以简单地理解成"道"。万物"自化、自宾、自均、自定、自正"一系列这个，自化是好的，但是"化而欲作"，那有造作的意思，就是超出了"辅万物之自然"这个原则所能允许的部分。所以"镇之以无名之朴"，"无名之朴，亦将不欲。不欲以静，天下将自正"，所以说的是自正，实际上无名之朴不是真的一种镇压手段，所以是无欲的，因为是无欲，所以可以达到天下安静，可以得到天下自正。

徐萌娜： "道常无为而无不为"是不是有点跟西方"看不见的手"有点类似？

刘笑敢： 据说亚当斯·密的这个"看不见的手"的理论受了奎奈的影响，而奎奈是受了法国传教士的影响，那么法国传教士就把中国政府的治理手段看作是无为而治的一个典型，并把无为而治归结为儒家，那就是皇帝很少管事。古代的时候，这个县官就带两三个人，没有一个很大的县政府，而且县官不大管乡镇，乡镇都是家族和士绅自己治理，没有乡政府这一级，县官也没有那么多人员，所以这个的确有点像无为而治。奎奈受了法国传教士的影响，就发展出这么一套理论，他就说国王应该不做事，那谁来管这个天下呢？那有法律，你要靠枪的话就不对了，不能靠枪来治理天下。奎奈影响了亚当·斯密，那亚当·斯密这个《国富论》写完了以后，是准备献给奎奈的，但是奎奈死了，所以就没有献给奎奈，所以说亚当·斯密的理论可能是受中国道家的影响。有的人讲得很确实，那我就追查这个确实的证据，但是没有追查出来，所以我现在不大讲，我只讲有人这样说，但是从逻辑上推理，法国传教士回去说中国这个无为而治很好，政府管得很少，这个也是对的，但是他们对这个有点理想化，伏尔泰、奎奈、莱布尼茨这些人有把中国社会理想化的成分，但是也不是无中生有，或者是毫无道理的。古代的皇帝他有管得很多的地方，比如生杀大权都在他手里，但是他其实管得没有那么远。

李晓辉： 那是不是可以说老子的思想和市场经济结合根本不行，老子思想一直是边缘的？

刘笑敢： 主流是儒家的意识形态，但是实际上又不真地是按照儒家的那个理论来做的，儒家有时候就是一个口号，一个旗帜，是为了他的政权的合法性或者惩罚的一种合法性的借口。你说老子有利于市场经济，有利于自由竞争也可以，说不利于自由竞争也可以。你说有利于自由竞争，如"辅万物之自然"，万物在不破坏自然和谐的情况下，可以百花齐放，自由发展，有利于个体的发展或者个体的竞争，但是竞争到一定程度，破坏了社会的和谐秩序的时候，那就"化而欲作，吾将镇之以无名之朴"。他要"自化、自宾、自均、自定、自正"，而不能让一部分人先富起来压制其他人，这是老子所反对的。我们推测起来是这样，老子没有讲得那么具体。我理解老子总体来说，是希望一种万物自定，天地自正，追求这样一种秩序，如果要讲一定有一个目的的话，我觉得这是他的最高目的，那么这个目的实现，他觉得不能靠常规的管制、压制、统治这些手段，而应该"辅万物之自然"，让百姓能够有自然发展的过程和空间。到现在我们把道经读完了，下面就是德经。

德经

第三十八章

上德不德，是以有德。下德不失德，是以无德。上德无为而无以为，下德□而有以为。上仁为之而无以为，上义为之而有以为。上礼为之而莫之应，则攘臂而仍之。故失道而后德，失德而后仁，失仁而后义，失义而后礼。夫礼者，忠信之薄，而乱之首。前识者，道之华，而愚之始。是以大丈夫处其厚不处其薄，居其实不居其华。故去彼取此。

刘笑敢：　从第三十八章开开始就是德经部分了。我的看法是，道经和德经的区别并不是那么重要，但是有的人就说道经在前就是重视形而上学，德经在前就是重视社会实践，我觉得不存在这个问题。对八十一章的排列次序，有人喜欢讲起承转合，这个接那个，那个接那个，我觉得这些讲法都有点过分。你看帛书本的排列和今本排列有几章不一样，比如说按逻辑讲，四十章和四十二章应该排在一起，一个讲"天下万物生于有，有生于无"，一个讲"道生一，一生二，二生三，三生万物"，这个讲得最接近，但是没有排在一起。帛书本有时候把四十二章和四十三章的位置挪了，那竹简本的位置就更不一样。所以我们现在不敢肯定八十一章本是在谁手里完成的。那么我们可以考察，帛书本是有的地方有分章的符号，有的地方没有分章的符号，有的地方分章符号跟现在的八十一章分法一样，有的地方又不一样，有的地方就根本没分。帛书本是汉代初年流行的本子，可能还有其他的本子，就是没有很明确的现在我们所看到的八十一章这样的分法。我所看到的分章的过程，就是说从河上公那儿开始的趋势就是名义上分传，然后一章、二章、三章排章，后来就用第一句话作为章名，再到后来河上公本才出现了两个字的标题，八十一章全都是两个字的标题，这是河上公本的演变。王弼本始终没有采取这种标题，但是八十一章就跟河上公本一致起来了，这个到底谁受谁的影响？在谁的手里完成的？这个我们都不知道，但是从宋代开始看到很多版本，有六十四章的，有七十二章的，有七十三章的，各种版本都存在，但是最后流行下来的就是八十一章本。所以八十一章的前后顺序我觉得没有太重要的意义，我看王弼的《老子注》的时候，我就有一个怀疑的地方，就是三十八章注得特别详细，按道理如果第一章注得非常详细的话，这就比较好理解，而为什么三十八章的注那么详细，有没有可能就是按照帛书本，是德经在前，道经在后？那有的人说这就证明老子最早的版本是德经在前，道经在后。德经、道经的分法帛书本是有了，分得很明确，但是八十一章是什么时候完成的？这就不太清楚了，所以我个人的看法，这个排列次序没有那么重要。同样《论语》的前后顺序也没有那么重要，《孟子》也是，有些段落之间联系很密切，但是有些段落看不出来逻辑联系，《庄子》也是。中文系的朋友喜欢讲起承转合，先讲什么，后讲什么，为什么这样讲，讲得头头是道，我就觉得可能没有必要，而且也不一定可靠。

那么三十八章我觉得有一点可以注意的，没有出现自然两个字，但是实际上提倡的是一种自然而然的道德现象，"上德不德，是以有德。下德不失德，是以无德"。古书的版本演变是挺有意思的，就是在版本的演变过程中，后来的人总是根据自己的逻辑理解来改古本，所以现在搞校勘的人，习惯根据自己的理解，自己的逻辑推理来修改古本往往会改错了。《老子》这句通行本是"上德无为而无以为，下德为之而有以为"，那帛书本就没有，直接就是"上德无为而无以为也；上仁为之而无以为也；上义为之而有以为也；上礼为之而莫之应也，则攘臂而乃之"，前面两句"上德不德，是以有德；下德不失德，是以无德"是一组，下面四句是一组。后来通行本如王弼本就是在"上德无为而无以为"后面补了一句"下德为之而有以为"，这么一补这个秩序就乱了，好像前面讲"上德、下德"，下面再讲一个"上德、下德"，那后面的"上仁、上义、上礼"就没有着落了，你看帛书本没有那一句话，就是"上德无为而无以为也；上仁为之而无以为也；上义为之而有以为也；上礼为之而莫之应也"四句是很整齐的。类似这样的情况在二十三章也非常明显，二十三章的帛书本很清楚，很好懂，可是二十三章本来讲的是得失问题，那后人把它解释成道德的"德"的问题，那完全就读不通了，所以出现了问题。后人校改过的版本往往是按照自己的逻辑和理解来校改，而校改的结果其实违背了原文很好懂的意思，二十三章最明显。我是觉得德经后面讲的的确有更多的社会治理方面的智慧和原则，但是可不可以说德经讲的社会问题，实践问题，道经讲的是形而上的问题？那又有困难，比如"天下万物生于有，有生于无"，还有"道生一，一生二，二生三，三生万物"都是在德经，所以道经、德经的分篇没有很重要的意义，这是我的一个看法。

章颖亮： 前面您讲过"知其白，守其黑"的问题，然后联系到贪官、清官，那反过来的话，按照这样的推理，"知其白，守其黑"，就是清官知其清廉，但是守其贪。

刘笑敢： 我当时讲海瑞，也不是紧扣"知其雄，守其雌"来讲的，讲的是一个道家的基本态度，"信者吾信之，不信者吾亦信之，善者吾善之，不善者吾亦善之，是以圣人常善救人，故无弃人；常善救物，故无弃物"，是从这个角度来讲的。就是说不能把真实生活中的道德正确与否划得那么清楚，一旦划得那么清楚，就会在人群之间制造分裂。中国历史上发生过这种现象，西方也发生过抓巫婆的现象，在波士顿附近，越抓越多，越抓越像。我讲过宋代的朱熹这些人自命为君子，那就是说别人是小人，这就造成了内部的矛盾。我不是讲海瑞清官不好，我是讲这个绝对的道德判断会带来社会的分化和动荡，那么要不要道德？当然要道德，但是要什么样的道德？道德应该怎么样发挥作用？我觉得这是一个要讨论的问题，一个社会不能没有道德，但是道德如何发挥作用？我觉得关键要在于个人内在自发地实践道德原则。我害怕老师整我，所以我尊敬老师，这个不叫道德，我觉得我应该尊敬老师，我觉得我应该尊敬父母，我就理所当然地尊敬，这就是有道德。我害怕校长骂我，怕校长处分我，所以我要尊敬校长，这就不是道德了。所以我觉得两难，一方面我们社会需要道德，缺乏道德，另外往往又强调道德的强制化，那就变成法律。有人就说用法律取代道德，因为道德是软的，可以不遵守，所以必须化成法律。比如要不要抚养父母，所以就立法。新加坡就讨论这个问题，中国香港也讨论这个问题，如果不抚养父母要不要受到法律制裁？中国香港有一个年轻人去英国留学，他父亲给了他 80 万，留学三年回来工作，他父亲又给他买房子，他应该每月还父亲一部分钱，让父亲正常生活，后来他要减少给他父亲的钱，他父亲不答应，最后闹上法庭，法庭判这个孩子把全部钱退给他父亲。这里面一到靠法律的力量来做的时候，道德已经无效了，这就不是孝的观念了。所以我觉得读《老子》《庄子》很久以后，就觉得人类社会充满了两难，一方面我们需要道德，需要道德的社会舆论不能一点也没有，道德对人一点约束力都没有，那不行，可是社会舆论太强，就出现伪君子。我们知道戴震批判宋明理学是"以礼杀人"，正是如此，有个人因为被人强暴了，自杀了，或者砍自己的胳膊表示怎么样，那皇帝表扬她，给她立牌坊，戴震说这样是"以礼杀人"了。那很多女孩子自己不想死或者不想自残，父母为了光门耀祖，就让女孩自残，暗示着孩子自杀，这就很残忍了。所以这个道德就不是起应该有的自发的调节人际关系的作用，变成了一种强制力。

如果看不到这种复杂性，这样立法就一定好吗？其实很复杂。比如最低工资法，最低工资法美国是有的，看来是保护劳工的，但是我付不起你最低工资，我就破产了，那么我破产了，你就失业了，所以这个是不是对低等劳工一定好呢？就有疑问了。比如在新加坡很多人家里都会请保姆，那是因为对保姆的工资规定得比较低，所以一般人都会请，出租司机都请得起的。那像我在新加坡就享受了一个大好处，就是家务由保姆做了，那这是在国内的教授没有的，这比涨几千块工资都有用。因为保姆是外国人，所以政府没有给他们一个很高的工资限额，所以一般人都雇得起，那现在要不要定最低工资？香港特区政府就开始讨论这个问题，有些人为了表现自己正确，就积极推广最低工资，很多经济学家说，最低工资效果不一定好，很多人没有文化，只能挣比较低的工资，你一定要拿最低工资以后，可能她就得失业了，而且资本家有各种办法规避风险，你定最低工资，我不想给你最低工资，那我告诉你，你们自己成立一个公司，跟我签合约，你们自愿拿低工资，是你们公司拿的，不是我给你的个人的工资，所以他有各种办法逃避最低工资的限制。而且最低工资出来以后，很多人有可能就没有工作，当然也看最低工资定的底线。那么最低工资方面，美国的法律就很严格，但是逃税偷税的现象非常严重，严重到我们无法想象。克林顿当总统以后，任命司法部长或者最高检察官，查出一个任命的官员偷税，就是偷保姆税。雇保姆，要上交雇工税，那这个税很重，所以就讲好了，多给你一点工资，你就不要说，这样就逃避雇工税了。那些大律师，能当最高检察官都是很有钱，很有地位的，他们尚且要偷税，就是因为一般人承受不起以最低工资在家里雇用保姆，但是富人还是有的，家里雇三五个人有的是，各种现象都有。所以这个事情没有那么简单。而且现代社会，我觉得是越来越复杂，比如中国和各个国家的关系越来越复杂，复杂到你中有我，我中有你。美元升值好还是贬值好？这个其实对中国已经两难了。美元升值对中国不利，美元贬值对中国也不利，因为美元贬值，中国的外汇储备就贬值了，但是有些政治家或者头脑简单，或者为了表现自己政治正确，就往往喜欢用一些简单的条文来推行，而实际效果却并不好。读《老子》《庄子》，会让你在看到社会常规的发展方向、价值、观念和方法的同时，要看到另一面。如果这样，那有时候就觉得不好做事了，这个不好做事比你盲目地勇敢做事，至少引起的伤害小一点。

顾　征：　我觉得老子非常有批判精神，我觉得他所处的那个时代，一定有很多很多的问题，然后他讲这个做得不对，那个也做得不对，但是具体该怎么做，我也不知道。我觉得他是批判主义者。

刘笑敢：　过去我也是这样看的，那仔细读，"辅万物之自然"，"道法自然"，"百姓皆谓我自然"，"无为而无不为"，"不为大，故能成其大"，这些还是有正面的建设意义。

顾　征： 但是至于具体怎么做，比如共产主义社会，这个事很好，但是至于怎么个好法，怎么个到达到法，反正你们自己去思索。

刘洛福： 老子不是政治家，他是哲学家。

章颖亮： 所以我觉得老子是一个很高明的老师，只是给你一个思想方法，但是具体不说，然后让你们自己去做。

刘笑敢： 真要有蓝图的话，我觉得反而问题更大，或者没人理他，或者大家照着做，做出一场灾难。我觉得社会，每一个人都有一个自然发展的空间，在这种状态下的和谐发展是比较好的，按照某一个蓝图发展，有可能在某个时期达到某一个非常好的效果。但是从长远看，任何人都不是上帝，如果真有上帝的话，这个上帝也不可能知道一切，比如我养一只猫，我就是这只猫的上帝，我给它吃什么，它就吃什么，我要打它，它也没有办法，我要扔它，它也没有办法，但是我根本不知道它在想什么，没有办法。

顾　征： 自在自为的社会实际上也是靠建设出来的，比如我们讲的建设社会主义市场经济，社会主义市场经济本身强调自在自为，但是我们要建设，这个又有蓝图在里面了。

刘笑敢： 主要不是蓝图，主要是放开，放开以后逐渐制订政策，来规划。你有了股票，然后初步制订管理股票市场的方案，不是先设计一套股票管理方案，然后才有股票市场。

张跃迅： 这次新劳动法出台，国家是好意，结果很多企业倒闭了，这个其实有时候也是适得其反的，目前政府也在考虑一些细则出来。

周生春： 刘教授讲得非常精彩，也非常辛苦，下面我们用热烈的掌声感谢刘教授，今天就到此为止。

第三十九章

昔之得一者：天得一以清，地得一以宁，神得一以灵，谷得一以盈，万物得一以生，侯王得一以为天下正。天无以清，将恐裂；地无以宁，将恐发；神无以灵，将恐歇；谷无以盈，将恐竭；万物无以生，将恐灭；侯王无以贵高，将恐蹶。故贵以贱为本，高以下为基。是以侯王自谓孤、寡、不穀，此其以贱为本耶非？故致数车无车。不欲琭琭如玉，落落如石。

周生春： 那么今天的会读由孔令宏教授主持，我们上次读到《老子》的第三十八章，今天我们就从第三十九章开始，下面我们欢迎孔教授。

孔令宏： 今天我们从三十九章开始，那么在开始之前，我找到了一个从台湾过来的有关《道德经》的片子，我们先看一下，我想这可以加深我们的认识，然后在这个基础上我们再来会读，这样我想把形象生动的东西跟文字结合起来，效果会更好一点。现在我们先看老子《道德经》的短片。这一章"得一"的"一"怎么理解，这恐怕是关键问题。大家看看，这个历史的注解当中关于"一"也有不同的看法，但是一般把它理解为"道"，因为"道"是独一无二的，所以这个"一"大概也包含了这个意思，但是有不同的看法，大家有没有新的想法？

范　烨：　孔老师，这里如果把"一"解释为"道"的话，那么后面讲"道生一，一生二"，显然"道"和"一"的概念是有区别的，所以这里如果把"一"直接解释成"道"的话，那么后面两个之间的关系怎么解释呢？

孔令宏：　是有这个问题，后面是从宇宙发生论的角度来考虑的，但是那个"一"是混沌，没有展开之前的一种状态，其实在某种意义上来说，这两个应该是两个不同层次，但是有联系。当然你提这个问题，我们看看能不能找一个更加统一的看法，这里的"得一"的"一"跟"道生一"的"一"能不能统一起来？我们可以讨论一下，历史上确实对这个问题是有争论的。

姜金栋：　"道"是"本"的话，"一"是"用"，就是不同的人都在用道的表现形式，侯王就是治理国家的道的表现形式，然后不同的人都在用。

孔令宏：　这是一种观点，另外后面四十二章"道生一"的"生"，有人把"生"理解为"性"，"道生一"就是"道性一"，就是道的本体性质。

关长龙：　这个解释我觉得还不错，觉得很受启发，至少我的感觉里面，"道生一，一生二，二生三"，实际上"一、二、三"全都是道的一种状态，也就是道是一个含阴阳的"一"，从整体状态来讲，我们可以说道是无形的，但是我们仔细观察，发现道还是"一"的形态。如果用起来的话，有"一"的形态，但是"一"形态里面还有阴阳，这个阴阳是"二"，道里面的"二"，但是阴阳和道合起来变成"三"，实际上"一、二、三"都是指道的一个性质，"一、二、三"并没有离开道，这个时候没有生万物，三才能生万物，就是道里面的阴阳动起来了，和这个"一"一起去生万物，实际上所谓三生万物是道的一个性质动起来以后才能生万物。

孔令宏： 就是把"生"理解为"性"，这个从文字上的通假上能说得通的。

潘立勇： "道性一"可以说得通的，但是"三性万物"那就不行了。

周生春： "三"是什么？

关长龙： 阴阳加太极，阴阳是"二"，太极是"一"。

周生春： 按照你的理解，"三"就是多余的，不需要的。

关长龙： 不是多余的，它是一个观察角度。

孔令宏： 在道教里面，"二"和"三"的问题是很重要的，从《道德经》产生开始一直争论到唐代，"道"是一分为二还是一分为三？这个问题很重要。

关长龙： 也难说一分为三，如果一分为三就有点问题了。《庄子》里面记载"鸡三足"，他说鸡三只脚就是神，那个神是太极，实际上太极里面有阴阳，阴阳一动起来就是形而下的，太极本身含阴阳，阴阳离不开太极，太极也离不开阴阳，所以讲阴阳的时候，阴阳自然带太极那就是"三"。

姜金栋： 太极应该是"一"。

关长龙： 不能分开的，所以说它只能说它是"三"，它又不是一分成三，它就是"三"。

姜金栋： 你不能从数理的角度去理解，如果从数理的角度理解肯定是截然不同的。

关长龙： 那个太极要整体的时候就是神了，那就像细胞分裂一样，一个细胞分成两，但是这两个细胞和原细胞就是"三"。

周生春： 我提个建议，是不是可以理解为静和动，"三"就是动态，动态产生万物。

关长龙： 这个"动"也可以理解为"生"，要么那个"生"理解为"性"可能还是有点不好讲，三生万物的时候，那个"生"不一致了。

顾　征： 这个"一"在这里到底有没有实际的意思？从上下文的

逻辑关系来讲，我感觉"天得一以清"，就是应把"一"理解为本质。天的本质是清，地的本质是宁，神的本质是灵，后面在论述"天无以清，将恐裂；地无以宁，将恐发"，好像是在讲一个本质的属性，如果没有这个本质的属性将会怎样怎样。

关长龙： 后面其实隐含了那个"一"，"天无以清，将恐裂"，那其实就是隐含了。

周生春： 这个联系是对的，我讲一下我的看法，这个三十八章和三十九章应该连在一起看，两章是一起的，"昔之得一者"，就是前面讲的"上德不德，是以有德"，这个"得"和那个"德"是一样的，你看十四章，帛书本有一个很好的解释，"视之不见，名曰夷；听之不闻，名曰希；抟之不得，名曰微。此三者不可致诘，故混而为一"。我的理解，这里的"一"实际上和"有"是"道"的两种不同的表现形态，"一"是道的"无"的状态，"二"是"有"的状态，那么"有之以为利，无之以为用"，是两种表现形态，一种是有，一种是无，"三"是动的一种表现形态，前面是静态的一种，这个是参照第十四章和第三十八章得出的这样一个看法。因为"一"的解释有很多，有很多种不同的解释，那么最好的解释就是根据他的文本，主要是第十四章。

潘立勇： 这个"混而为一"的"一"跟这里的"一"还是一个意思吗？这里的"得"是一个名词，混而为一，这个是不是一个确切的"一"？这两个"一"有没有区别？"昔之得一者"这个"一"代指道，但是"混而为一"的"一"指的是道吗？

周生春： 下面还有两个字，这个本子没有，帛书本是有的，"故混而为一。一者，其上不曒，在下不昧。绳绳不可名，复归于无物"。"一"是什么，"一"就是"其上不曒，在下不昧，绳绳不可名，复归于无物"。所以根据这句话得出一个结论，"一"就是"无"，这个是根据帛书本的。

周又红： 我有一个疑问，这样说的话，后面很难读懂了。后面都是"无"，"天无以清，地无以宁，神无以灵"，听你这样讲以后我有一个理解，"一"的时候应该就是"有"，无就是有，有就是无，阴阳两极，它是物的性质。我以为那个"一"是"气"，混沌之气，但是我们去认知的时候，总有一个载体，那个载体就是气，清气上升为天，浊气下沉为地，这样侯王得一以为天下正，后面都是根据清浊阴阳这样分，"一"是一个整体，"一"就是我们认识的气，就是一个浑然合成的宇宙，认知总要有一个表达，它就是"一"，不然老说"无"的话，无就是虚无了，当人类认知的时候，就是"有"。

周生春： 因为这个"一"是没法说的，所以它就叫做无名。

周又红： 无名本身"无"就是"一"，就是我们认知的东西。

周生春： 混沌没分的时候叫做"一"。

周又红： 那么分了以后，天地之合也是"一"。

周生春： 天地相合就变成"三"了，产生万物。

周又红： 但是此时全部都是"一"。

姜金栋： 改成"侯王得无以为天下正"，行不行？

周生春： 应该还是"一"。

关长龙： 我觉得其实是可以改成"无"的，但是因为"无"是太极的一种完全隐没不动的状态，你必须表现一种动的状态，动的状态就是"一"以后才能动，动才能对你有用。

潘立勇： "一"是"无"，二三开始才有，"无"本来是无形无状，"一"也是一个数字。

关长龙： 也可以说"一"是一个整体的状态。

周生春： 整体的状态，没法言说的状态。

关长龙： 或者一个根源。

顾　征： 后面这句话"故贵以贱为本，高以下为基"。这个"故"，从这个逻辑上怎么推出来的？前面都讲"一"，这个是不是和"一"应该联系起来理解？

潘立勇： "故"是所以、因此的意思。

顾　征： 那么应该是前面的逻辑推下去的，我看好像前面的逻辑推不下去。

周生春： 从前面一句话"侯王无以贵高，将恐蹶"这句话推出来的。

周又红： 我觉得"一"肯定是有形，因为刚才说的宇宙是大一，还有具像的一，谷得一以盈，万物得一以生，"一"肯定是从具体一直到抽象，我的理解，一就是认知的结果，不认知都是"无"，认知以后就开始有"一"了，无论大和小都可以叫"一"了，一个人也是"一"。

周生春： 这个"一"是无法认知的。

周又红： 但是认知阴阳，有一个动态的转换过程，你无法认知，其实是说的它的背景，不可能认知到淋漓尽致，但是你始终要认知，通过阴阳来认知它。事物的转化，生命的周期，时间、空间，你肯定要去认，就是认的时候，我们给它命名。

姜金栋： 认的话就是"有得"了，就是匹配了。

周又红： 你认的时候，你就是在命名了，命名就可以叫做"一"了。无名的时候是无，一命名，就相当于从0和1发展到现在计算机认知结构的0和1，就是一个认知框架，否则始终无的话，永远没有认知的结果。

潘立勇： "无"后面应该隐含着一个"一"。

孔令宏： 关于这个"一"，我再提出一种解释。这个"一"应该可以解释成元气，为什么能够这样解释呢？你看四十二章"道生一，一生二，二生三，三生万物。万物负阴而抱阳，冲气以为和"，那么这里如果把"一"理解成元气，那么"三"就是一个综合之气再加阴阳，而且在历史上，包括道家和道教也把这个"道"理解为元气。

潘立勇： 物质又是一个很具体的存在了，元气是多重物质的一个元素。

孔令宏： 而且历史上唐代的道教哲学里面，有"道生气"这个概念，后来朱熹把这个境界引申为气功，所以从这个意义上来说理解为元气大概也是通的。

周又红： 元气之"元"其实就是开始了，"始于"就是"一"了。

姜金栋： 你把"元气"放进去，如果意思都能正确，那就是元气，"昔之得元气者：天得元气以清，地得元气以宁"，看看能不能通？

顾 征： "道"放进去可以。

周又红： "得"就是结果。

潘立勇： "一"跟"道"是同体的，但是用"一"这个字跟用"道"有什么区别？道就存在一个本体，"一"也是一个本体，如果道要化生万物的话。

周生春： 这里为什么要解释成这个"无"？前面讲的"上德无为而无以为"，他强调的就是"无"，那么按照我的解释，"一"就是"无"，就是无名的状态，第十四章也讲"一"就是"无"，那么也就是无为，无为无以为，这里用"一"的话就是强调"无"。

姜金栋： "道"是一个本体，但是假如我们用现代物理概念理解的话，比如这个金，制造成金项链的时候就是金项链，制造成金元宝就是金元宝，如果本体的东西放在侯王那里，这个"一"表现的是另外一个形式，但是这个"无"放在其他地方，就是相当于，一个"本"，一个"用"，相当于"用"的表现形式。

孔令宏： 另外"得一"，还可以解释成"虚"，因为道本身就有无和虚的这个性质。

周又红： 如果"一"就是虚的话，那么0是什么意思。

潘立勇： 虚也不是0，0是没有的。

周生春： 这里的虚就是无名。

潘立勇： 但是0和无又不一样。

周生春： 这个"一"就有点像这个0，第一章讲"无名，天地之始"，这里讲道生一，"一"也是天地之始，一生二，二生三，"一"就是"始"，"一"就是"开始"，还没有分阴阳。

顾　征： 前面这两句对仗，"天得一以清，地得一以宁"，但是这里"侯王得一以为天下正"，"侯王无以贵高"，按理说应该也是'侯王无以天下正，将恐蹶"。

周生春： 要无以贵高，要无为，要无以为，都是讲这个无。

姜金栋： 不以贵为高，以虚为高，以卑下为高。

顾　征： 前面应该是对仗，应该是天下正。

周生春： 就是无以贵高，都是强调"无"，"一"就是"无，无名"。

第四十章

反者道之动，弱者道之用。天下万物生于有，有生于无。

孔令宏： 我们看看第四十章第怎么来理解，首先就围绕"反"这个概念怎么理解，为什么说反者道之动？

潘立勇： 我觉得第一句"反者道之动"，描述道的是一种规律或者一种状态。下面一句"弱者道之用"，这句陈鼓应的译本是"道的作用是柔弱的"，我觉得不是很确切。"弱者道之用"，这是描述道的一种效果，这里弱者道之用并不是说道的作用是柔弱的，反过来讲呈现柔弱是道的一种表现形式，比如说上善若水也好，道要发挥作用或者人在世界上发挥作用，他要通过柔弱的一种形式，柔顺的一种形式，道的作用其实非常强大，而不是柔弱的。

徐　佳： 这个"用"是运用。

姜金栋： 就是表现形式，表现的一种状态。

潘立勇： 本来"用"和"体"是相对的，"体"是本体，呈现出来就是"用"了，但是这里用到人世间的话，可以是一种功用、效果，可以朝这方面引申，后面一句跟第一章差不多。

徐　佳： "反者道之动"怎么理解？

潘立勇： "动"就是运作，"反"是返回，道的运作是返回的。

孔令宏： 前面有一章讲到"大曰逝，逝曰远，远曰反"。否定之否定，螺旋式上升，新生事物螺旋式上升这个规律。

潘立勇： 一般常规解释，第一个就是对立面，第二个就是返回。

徐　佳： 什么叫返回？

孔令宏： 就是在更高程度上的回归。

徐　佳： 作用与反作用。

关长龙： 那样理解就变成诡辩狡辩了，我的理解就是有点像有神论的理解，比如今天的我和一百五十亿年前的宇宙本体状态的时候，没爆炸之前状态的时候怎么联系，虽然我今天是一个肉体形式的存在，但是从我的本体来讲，我和一百五十亿年前的本体之间是不断地在反复沟通的，可以随时反复，只不过我没有意识到，如果我意识到了，我就得道了，就是所谓宗教的修道的意思。我是这样理解的，就像手机信号一样，你这个手机信号随时和发射台不断地

"流通"，这样你的手机才有用。每一个生命，如果不能和道的本体不断地交流，那么你这个生命等于说就是一具行尸走肉，没有什么用。我们今天为什么要学道，我觉得学道的真正目的就是我们如何去和道体做交流，不断地"反"。

潘立勇： 西方一些学者关于现代哲学的阐释，有一个本然的概念，还有一个应然的概念，本然就是未萌发的一个预设的逻辑状态，应然就是应该成就的一个理想状态。

关长龙： 真正的应然就是真的然。

潘立勇： 我们人的最高境界就是本然，所以要"反"，不断地"反"，但是实然，仍然是一个最基础的状态。我们人存在实然状态，但是回归到本然状态是理想的。所以本然是本体，应然是境界，本体和境界是相通的，本然就是应然，本然就是原来什么都没有的，但是又回归到应然状态。

关长龙： 但是一般人做不到。

潘立勇： 最好回到本然状态，应然是我们根据本然设想出的。最理想化的就是本然状态。

周生春： 在老子看来，本然就是应然。

周又红： 我觉得写作手法上可能有不同，理解是一样的，但是前一句"反者道之动"，就是属于事物的性质，就是阴阳两极，从这个角度理解，后者"弱者道之用"，我觉得是一个过程，前者如果循环往复指纵向的话，后者就是横向地加以区分。

姜金栋： 如果从《易经》的角度来讲是连在一起的，就是"动卦"和"用"，"乾卦"变成"空卦"以后，有一个全部变了以后，实际上这个里面就是说弱者是道之表现形式，是全部变成所有的"空卦"，"六"要全动的话，就变成"乾卦"，这里有一个"用六"，实际上就是说"弱者道之用"，也是变化的道理，"反者道之动"，"反"就变成"复卦"，由于"动"以后，实际上两句话如果用《易经》的角度讲，意思是一样的。

周又红： 太极图本身就是一个动态的，然后也是量变到质变，不管怎么循环往复，还是有过程，有强弱，意思都一样，就是一个思辨哲学。

周生春： 这里强调的是"反"和"弱"。

周又红： 乾和坤，阴和阳，都是一样的。

姜金栋： 这个"有"，从一般世俗角度的理解，比如男女没有结婚，或者在一起没有发生作用的话，这都是无。受精卵受了精，有了这就是有了，所以"有"实际上是一个整个事物发展到最原始状态的这么一个状态，有了就生了，但是无生有是怎么生？两个人还没有结合，那就是无，无生了有，有万物才发展起来，从这个角度理解，就非常容易理解通了。

第四十章

259

孔令宏： 因为是从本体论的角度来说的，所以"有"不可能生"有"，只能是跟它不一样的东西，我们经验当中所看到的一切存在都是"有"，当然存在从哪儿来，从"无"当中来，就是从抽象概括的角度来说的。

周又红： 但是有生无，其实有了以后，你有认知，认知过程本身也是不可认知的，认知过程中你觉得认知自我，其实还是一个无法认知的过程，认知过程本身无法认知，你怎么认知？

周生春： 所以必须要有一个无法认知的东西，因为人总想解释一切。

姜金栋： 刚才我和孔老师说的，人刚开始就是搞不清楚。释迦牟尼也搞不清楚世界是从哪儿来的，最后把自己所有的知识放下了，所有的执着放下了，所有的妄想放下了，最后12年辛辛苦苦地求教，什么也没有求到，最后什么都不求了，坐在树下，什么也不吃，什么也不喝，什么也不想，忽然有一天就悟到，这个世界是怎么回事。我看这个道也是跟老子一样，最后是什么东西？到底是怎么来的？这个"道"是什么东西？既不是物质的，也不是精神的，搞不清楚什么东西，说它物质也不对，说它精神也不对，就像释迦牟尼那个佛也一样，就是这么一回事情。

徐　佳： 是因为知了，但是从形式上表现的是不知。

姜金栋： 道可道，非常道，你道不了的东西，你知了就是你没知，就像我现在说了，实际上我不知道，就是这么一回事。

第四十一章

上士闻道，勤而行之；中士闻道，若存若亡；下士闻道，大笑之。不笑不足以为道。故建言有之：明道若昧，进道若退，夷道若类，上德若谷，大白若辱，广德若不足，建德若偷，质真若渝，大方无隅，大器晚成，大音希声，大象无形。道隐无名。夫唯道，善贷且善。

孔令宏： 这里首先是"上士、中士、下士"的区分，三种人听了"道"以后有不同的反应，上士闻道，勤而行之，一般意义上就是按照道去做事，就是努力把道付诸实际，为什么下士闻道会笑，不笑不足以为道，大家可以讨论一下。

周又红： 这个"笑"是什么意思？

孔令宏： 讥笑。

姜金栋： 这个"士"是什么？

关长龙： 一般的读书人。

潘立勇： 这里是不是下士反而最聪明，这里不笑不足以为道。

徐　佳： 这个笑是不是嘲笑的意思。

顾　征： 就是因为下士听了以后会大笑。

徐　佳： 是不以为然的。

潘立勇： 你们这帮人，博导、教授什么的，我农民一个，你们谈了半天还不如我，什么道都不谈，上士闻道，勤而行之；中士闻道，若存若亡，下士他反而得道了。

周生春： 两种解释，不过潘老师的解释好像是比较新的解释，就是下士是真正了解道的。

潘立勇： 他是不懂道，但是其实他真正在用道。

关长龙： 可能他在用，但实际上他不懂。

潘立勇： 不懂的人才是真正跟道合为一体的，懂了以后反而离开道了。

周生春： 这是新的解释。

潘立勇： 知识分子谈道的时候都离开道了，把道作为一个研究对象了。上中下还是有等级概念的，后面"大"是至高无上的概念，"大"跟"小"也不一样，大器晚成，大音希声等，这是一个接近于道的概念，因为这里面，一个是说社会伦理道德层面，另外一个层面就是思辨的层面，有限和无限。我们在美学上经常研讨"大音希声"这句话，经常问学生大音希声是什么意思，学生如果没有看过《老子》，一般回答不上来，其实最美妙的声音是没有声音。这里两个意思，第一，就是说任何有形的形式都是有局限的，比如贝多芬也好，肖邦也好，你只能说他们的作品是最美妙的音乐之一，你说它是最美妙的，就把其他的局限了。第二，按照道家思想，最自然的声音是天籁，没有加任何技巧的，像此时无声胜有声，无声的时候是最美妙的，那么大象无形，任何具体有局限的东西都不是大，泰山也不是大，其他都可以类推。

周又红： 在我们经济学上，比如我们开研讨会，论温州经济发展模式状况，我觉得是很小的，温州经济我们应该研究怎么样非模式化发展。人也是这样，照抄照搬人家，举个例子，你儿子弹钢琴成才了，我女儿是不是一定要学弹钢琴，这个就未必了。按道，我们应该是任其自然发展，非模型化，不一定非得在网球场上由网球教练指导他成才，自己成才也可以，这个事情应该是非模式化更加符合"道"。

潘立勇： 本来就是道可道，非常道。

周又红： 你要是照抄照搬人家的模式那不对了。

第四十一章

孔令宏： 一切都自然。

潘立勇： 所以现在世界五百强企业里面，搞管理学的没几个人，因为最高的管理之道不是搞管理的，一旦有管理之道的时候就不是管理的道了。

周又红： 对，我就是举个例子，比如很多企业都是自己没有模型发展壮大的，如果你真的吸取了六西格玛的话，现在人家自己都用不下去了，后来也抛弃了，所以你要按照人家的模型发展自己的企业，不知道会做成怎么样。

潘立勇： 回到老子的话，是没法总结的，一旦总结出来就有局限，"道可道，非常道"，但是我们非得总结不可，这就是悖论，我们人文的学科都面临这个悖论。

周又红： 但是这个悖论就是我们谋生的需要。

潘立勇： 不光是谋生的需要。

周生春： 这也是了解更上一层境界的需要。

潘立勇： 黑格尔讲理性和知性，他不否认知性的作用，我们必须要有这个东西，知识才能建立起来，但是如果认知性就是绝对的真理，那肯定错了。

周生春： "有"就会把握"无"了，如果没有这个"有"，你不可能把握这个"无"的。

潘立勇：　我们练书法，我们肯定要从规则练，这是知其有，但是王羲之写《兰亭序》的时候，如果按照规则去写肯定不是最好的。

关长龙：　相辅相成。

孔令宏：　那么这一章实际上可以分为三个部分，就是"上士闻道，勤而行之；中士闻道，若存若亡；下士闻道，大笑之。不笑不足以为道"，这是总的。然后第二部分，"故建言有之：明道若昧，进道若退，夷道若类，上德若谷，大白若辱，广德若不足，建德若偷，质真若渝，大方无隅，大器晚成，大音希声，大象无形。道隐无名"。然后第三部分是总结的，"夫唯道，善贷且善"。这个应该是构成了一个论证，前面是提出他的观点，接着是建言，都是引用了别人的话来论证自己的观点，然后第三部分得出一个结论："夫唯道，善贷且善。"最后这个结论性的这句话看看怎么理解？

周又红：　孔老师，"建德若偷"的"偷"何意？

孔令宏：　"偷"在古代有一种理解就是"移"，就是迁移的意思。

潘立勇：　"偷"就是懈怠的意思。

关长龙：　"建"是通强健的"健"，强健、坚强的这种品德就像懈怠一样，通假通那个"惰"。

孔令宏： "建德若偷"的"若偷"就是苟且偷生的意思，就是真正有高贵品质的人，看起来很像苟且偷生的样子。

周又红： 是讲时间概念还是仅仅是举例？

孔令宏： 不是时间概念。

潘立勇： 没有特别刻意地去追求什么道德，说话也是很随意，其实他有很强大的道德力量。

孔令宏： 所以这里面是一种正反结合，表面上是什么，实际上又是另外一回事。就是德行修养真正比较高的人，他不是刻意地去做那个事，反而跟一般苟且偷生的这种人似乎没有什么区别，他不刻意地去做，至少不去作秀。

于秀梅： 我们是否这样来理解，我在这个岗位，我负责这个岗位，我现在就是属于这种苟且偷生。

孔令宏： 但是他做得很好，兢兢业业。

关长龙： 表面上看是苟且偷生，实际上不是，实际上你是有德者。

于秀梅： 就是我们自己认为我们内心有一种强大的道德力量。

潘立勇： 就是你自己以为有强大的道德力量，实际上不是很高的道德力量，然后你刻意地装出有强大的道德力量，那更低。

周生春： 这些其实都是解释的前面两句话，"反者道之动，弱者道之用"。

周又红： "道"和"德"是什么意思？

姜金栋： "道"是最高的，"德"是次之的。

潘立勇： 道是本体，成为你的品质就是"德"。

周又红： 你们搞哲学的，觉得你们始终带有价值判断，"德"就是有价值判断的，"道"是没有的。

姜金栋： "道"是本性，"德"是用。

潘立勇： "德"简单的讲，就是得到的"得"。

周又红： 得到东西的过程中肯定就开始有价值取向了。

孔令宏： "德"就是一种价值观，根据"道"而来的一种价值观。

周又红： 那么相当于"道"是自然宇宙，"德"就是人文社会。

孔令宏： 也不能这么说。

潘立勇： "德"也有自然。

孔令宏： 关键要从最后一句话"夫唯道，善贷且善"。这个"贷"就是往外放出东西，发挥它的功能，容易促成所有的事情能够成功，实际上就是无为而无所不为的意思，就是表面上跟日常经验是相反的，但是实际上又不等同于日常经验。

第四十二章

道生一,一生二,二生三,三生万物。万物负阴而抱阳,冲气以为和。

孔令宏: 这一章"道生一,一生二,二生三,三生万物。万物负阴而抱阳,冲气以为和"应该是关键的第一部分,我们看看怎么理解?首先,"道、一、二、三"这几个概念怎么理解?这个历史上就有不同的看法,包括"一",我们前面三十九章的时候就讨论过"一"怎么理解,也谈论过这个问题。

潘立勇: 我觉得"万物负阴而抱阳,冲气以为和",这段话讲的就是交媾过程。世界就是交媾产生的,包括男女之间的交媾,包括天地万物的阴阳的交媾。因为男女是最直观的,然后再延伸到万物,这里引出生命的起源和整个过程,这个用词都很明显,"万物负阴而抱阳,冲气以为和",如果撇开这种因素去分析,可能这句话就不容易理解了。

周生春: 《易》在先,《老子》在后。

关长龙： 这个"冲气"是不是可以理解为"虚"？

孔令宏： "冲"就是阴气和阳气交叉之后的和。

潘立勇： 一种认为是冲击、冲荡，还有一种认为冲气就是阳气。

周生春： 所以刚才我说"三"是动态的。

关长龙： 你认为冲气就是"三"？

周生春： "三"是动态的，一分为二,二是互动的，互动的就是"三"。

孔令宏： 互动的，把阴和阳连接成一个整体，所以把它看成一种太极，也可以这样理解。

周生春： 如果你不懂《周易》的话，可能就读不懂《老子》，所以我们下一次准备要读《周易》了，要请大师来，比如说刘大钧、余敦康。

周又红： 我自己理解，负阴而抱阳都是动态循环，按太极图，到交媾的时候，我解释为静态，因为三生万物，就是静态形成，相当于结构、比例、和合。他讲的和谐，不是均衡，讲的是比例关系、结构关系，所以三生万物，万物本身按照我们后来的唯物主义认知，是一个静态，而这个静态，比如我们的人体组织、植物、动物，都有一个比例关系，形成了肉眼所见的，而物体内部内涵着的，它是静态，也就是精子卵子合成了以后又是一个人了。

姜金栋： 那就是"三"，男人女人就是"二"，阴阳。

周又红： 负阴而抱阳的过程都是动态的，流转的，而且性质上有差异性，隐含在物体之内的那就是结构比例关系。

姜金栋： "一"就是没有阴阳之分的。

周又红： 那个"合"也分为三个层面，三生万物，非常难以用语言表达清楚，"三"讲的就是比例关系，就是结构，就是静态，"二"是阴阳两极。

　　人之所恶，唯孤、寡、不穀，而王公以为称。故物或损之而益，或益之而损。人之所教，我亦教之：强梁者不得其死，吾将以为教父。

孔令宏： 这个实际上还是秉承前面说的有无相生、正反对比的概念。

姜金栋： "强梁者不得其死"是什么意思？

周生春： 不得好死。

孔令宏： 强梁者就是走极端的。

关长龙： 强梁就是倔犟的，强横的。

潘立勇： 强梁的人不得好死，我却要把他当做老师，因为从他那里可以吸取教训，获取智慧。

孔令宏： 就是以别人的教训作为自己的一个好的思想启蒙，教父就是师父，就是我向他学习的意思。

周又红： "人之所教，我亦教之"是指谁？是针对帝王还是指老百姓？

孔令宏： 就是自己跟别人。

关长龙： 前车之覆。

潘立勇： 正面教东西，我也教他，但是有些东西我要从反面教。

孔令宏： 别人能教我的，我也用他教你，前面所说的"故物或损之而益，或益之而损"。

潘立勇： 前面这句话"人之所教，我亦教之"，前人失败的东西，也可以成为我的教训。

周生春： 不善择者人制之。

于秀梅： 后面这句话也不理解，"强梁者不得其死"，那就带有很强的感情色彩，带有一种仇视的感觉。

潘立勇： 就是描述一种状态，就是过于刚强的，下场不一定如此，结果往往是不好，但是往往从结果里面得到教训。

第四十二章

第四十三章

天下之至柔，驰骋天下之至坚。无有入于无闲。是以知无为有益。不言之教，无为之益，天下希及之。

孔令宏： 这一章还是围绕着"无为"、"无"的应用展开的，秉承上一章，应该说意思是比较连贯的。

潘立勇： 因为强调"无为"，这章里面他把"无为"具体落实到"不言之教"，"不言之教"其实是非常重要的。我们观天地万物之生机，悟出人生道理是不言之教，落实到人世间，我们叫做榜样的力量是无穷的。但是一旦成为榜样以后，可能就没有力量了，因为一旦被人标榜为榜样，就违背了原来的本然状态。本然的不加夸饰的才是美的，天下皆知美之为美，就不美了，自然呈现的那个东西是不言的，那个时候最有感动的力量。所以我们应该好好地学老子，尊重自然本性，人的尊严最大。比如一个小孩子在废墟里面抓着笔，这个镜头虽然什么话都没说，但是非常震撼人的，比做多少次演讲都有力量，你看到生命的脆弱，然后一支笔抓着，表达他求学的欲望，你情不自禁想资助他。

姜金栋： 那另外一个问题，这个"至柔"和"至坚"，是不是理解为另外一个意思，"柔"只是"用"，只是一个工具，想法是想"坚"，所以这个时候用"柔"的方式来表达，最后达到"坚"的目的，如果坚强的意识都没有，没有坚强的想法的话，那么最后"柔"是被消灭的，而不是最后成为至坚。

潘立勇： 柔指水，水是以柔克刚，水是不达目的不罢休，我看起来很柔，但是我可以迂回曲折。比如企业，你一定要采取大张旗鼓的，咄咄逼人的一种扩张速度，而我采取悄然无声的，非常平和的，未必你能赢。

姜金栋： 还是作为"用"，作为工具，"柔"作为工具。

孔令宏： "柔"本身是一个过程。

潘立勇： 所谓"柔"就是不要刻意地逞强，不要刻意地逞能。

第四十三章

第四十四章

名与身熟亲？身与货熟多？得与亡熟病？是故甚爱必大费，多藏必厚亡。故知足不辱，知止不殆，可以长久。

孔令宏： 这一段相对来说比较简单，就是要对身外的名和利看淡一点，把自己的生命看得重一点，能够控制住欲望，那当然能够长久，所谓长久不只是寿命的长久，在其他事情上应该也是一样的。不论对什么事，要看得淡一点，看得轻一点，能够成功，如果看得太重了，反而做不成事情。

第四十五章

大成若缺，其用不弊。大盈若冲，其用不穷。大直若屈，大巧若拙，大辩若讷。躁胜塞，静胜热，清静以为天下正。

孔令宏： 这个还是有无相生，正反相互补充，相互作用，表面上是一样，但是背后又不一样，好像也没有什么结论。

潘立勇： 这里"若"字，"大成"不是真的缺，真的缺不会其用不穷，"大巧"不是真的拙，"大巧"看起来像拙一样，其实是"巧"。我印象最深的就是李叔同在法雨寺的书法，那几个字写得像小孩一样的，很稚嫩的，是脱掉了任何匠气和俗气以后达到的，那个就是"拙"，所以老子用词，"大直若屈，大巧若拙"，用"若"字，我觉得很值得我们回味。

孔令宏： 对，是很有内涵的。

潘立勇： "躁胜塞，静胜热"，陈鼓应版本改成"静胜躁，寒胜热"。

周生春： "躁胜寒，静胜热。"

关长龙： 这个"寒"和"躁"好像不是同一个层面的东西。

孔令宏： "静"和"热"好像也没有什么关系。

潘立勇： 他就改成"静胜躁，寒胜热"，是对应的概念。这里"大直若屈"都是形容人格方面的。

顾　征： 就是以柔克刚的意思。

周又红： 那就是兼容。

潘立勇： 陈鼓应的翻译，正直的东西好像弯曲一样。

周又红： 不过我觉得做人也可以理解的，你就是坚持自己的做人原则、价值取向，相当于你不苟同人家，可是也屈就人家。

潘立勇： 我举个例子，在政界里面有些人道貌岸然，好像一丝不苟的，其实说到底还是为了满足在位的需要，但是有些官员看起来比较随和，处事就比较人性化，这样其实是一种大智，他好像并不顾及自己形象，并不是那么"正"了，但是他其实是真正的"正"的，这几句话都是形容人格的，不是形容自然界的。

孔令宏： 像这整一章是讲具有最完善的人格的人，实际上看起来不是那么非常的完美，总是有缺陷的，正因为这样，他才能到比较高的境界。一个优点很多的人，总是很谦虚，这样才能够不断地发挥出他的榜样的作用，秉性最刚直的人，带有温柔，最灵巧的人又从来不逞强，因为他谦虚好问，总是给人一种笨拙的感觉。比如孔子每事问，到了太庙什么都问，另外最善于说话的人，他的辩才往往用在最有价值的地方，而不是逞口舌之巧，所以给人感觉好像不善言辞，所以高尚的人格修养要懂得辩证法，要善于从反面去看问题，这样才能够不断地改正充实自己。那么后面几句的意思是说，天气寒冷，那么身体多活动，就能够战胜寒冷；夏天很炎热，但是如果你心静下来以后就能够战胜炎热，所以一切事情都是相反相成的。在天下万事万物的运动变化当中，清静是它的一个主导的方向，那么把握了清静无为，使得社会走向有秩序，这就是这一章的大意。

潘立勇： 前面"大音希声，大象无形"，用"无"这个字，"大"是至高无上，没法用有形的东西来表现的，"大直"也好，"大巧"也好，然后用一个"若"，也即用一个反面的东西来比照，一方面当然是用辩证的方法，另外一个方面，"巧"也好，"直"也好，"成"也好，"盈"也好，你不把它当做"巧"，不把它当做"成"，不把它当做"直"，这个时候用"若"字，用其他的对应面的东西消减一下，我觉得它要超越"大"，要超越"巧"。本来"直"的，为什么"屈"呢？我想跟前面"大音希声，大象无形"那个句式有点不一样，那个讲的是至高的东西是无法来形容的，而这里讲的不要以至高的东西为至高，不能为了巧而巧，所以巴金说过一句话，最高的技巧是无技巧，最高的境界是无境界，你一定以最高的境界为境界的时候，那个境界就可能不是最高的境界，所以这两种句式都可以比照的。那里用"无"，这里用"若"，"无"是一个中性词来形容它，大象无形，"形"是中性词，但是这里用"若"的话，是用一个反义词来形容它。

孔令宏： 就是肯定跟否定的直接的结合，非常巧妙的结合。

顾 征： 前面讲这么多，大直若屈，大巧若拙，大辩若讷，最后一句话清静以为天下正，按理说应该是总结。

孔令宏： 这里不是总结，应该是并排的。

第四十六章

天下有道，却走马以粪；天下无道，戎马生于郊。罪莫大于可欲，祸莫大于不知足，咎莫大于欲得。故知足之足，常足。

孔令宏： 这一章核心要点就是"知足常足"这四个字，前面都是讲战争，然后从这个里面引申出不控制欲望和不知足，就必然会带来灾祸。这一章相对来说意思比较简单，那么稍微有点难的就是"走马以粪"怎么理解。按我的理解，天下有道的时候，马是用来运送肥料到田里种田的，在无道的时候，马是作为战争的工具来进行使用的。

潘立勇： 前面几句是讲国家的，国家采取无为而治，强调休养生息，后面一句是讲个人的，侧重于个人层面的，欲望会带来祸害的，所以个人要知足，国家要休养生息才行，我觉得角度不一样。"天下有道"就是所有警察都去当农民，当平民，一个真正民主化的社会是律师比较多，警察比较少，天下无道的时候，警察特别多，不让老百姓休养生息。

第四十七章

不出户，知天下；不窥牖，见天道。其出弥远，其知弥近。
是以圣人不行而知，不见而名，不为而成。

孔令宏： 这一章可能理解起来要稍微难一点。这个"不出户，知
天下；不窥牖，见天道"，历来是被马克思主义所批判的，说是主
观唯心主义之类，具体应该怎么正确的理解？是不是真的所谓的蒙
昧主义，不可知论？好像这个有争议，看看大家是怎么理解？

潘立勇： 这个"知"，可以分为"见闻知之"和"德性所知"，在
老子看来的话，外面所见所闻反而会误导的，当然前面"不出户，
知天下"我们现在就能做到，我们现在有互联网，互联网又带来另
外一种污染，老子对认知的方法采取的是减法，不是加法，就是越
减，越回到自己本然的状态，越回到本然的状态越真实。

顾　征： 康德把知识分为经验和先验两种，有些是经验，而有些
东西靠纯粹理性去思考，是纯粹逻辑性的东西，那就是先验的东
西。这里所讲的"道"实际上某种意义上来讲是先验。

潘立勇： 康德那个物质其实是不可知的，只能通过信仰来理解，而老子这里其实没有物质。中国哲学里面，天和人是相通的，通过自己的体悟，是能够认识天道的。康德认为不可知就是不可知，只能通过上帝的信仰。往往认知论受到认知主体结构的局限，永远不可认知，而我们可以通过那种去掉自己的认知结构的缺陷，跟道合为一个系统，有这样一种思路。

周生春： 文本上来讲很好理解，从四十章到四十七章，全部都是讲的认知的东西，反者道之动，弱者道之用，只要懂得这个了，还需要出户吗？还需要窥牖吗？所以可以不行而知，不见而名，不为而成。

周又红： 我在想这个话是不是褒义？都是讲自身的修炼、修行，只要修炼，就能达到"不出户，知天下"。

孔令宏： 这个怎么理解，我们还可以从史料当中找到。《韩非子》书里面有相应的记载，另外我看到的还有一个记载，就是在《说苑·政理篇》里有记载：卫灵公谓孔子曰："有语寡人：'为国家者，谨之于庙堂让，而国家治矣。'其可乎？"孔子曰："可……所谓不出于环堵之室而知天下者，知反之己者也。"那么"反之己者也"实际上就是对为什么能够"不出于环堵之室而知天下者"的一种解释，就是他能够反推自己。为什么"不出户，知天下"，因为他在户里面知道了"道"，懂得了"道"，把握了"道"，根据"道"这个最高的规律，当然天下的东西，他也就可以推演出来，就能够知道。大家还有没有其他解释？

周又红： 孔老师，你用了推演两个字，这个内涵是什么？你说推演基本相当于论理思维。

孔令宏： 对，认知型的思维，你那个是先验型的，所以我说一种是宗教或者方术，一种是儒家的解释。

关长龙： 如果每天都忙于不断地追求外在的东西，你的灵感就越来越被压抑。

孔令宏： 所以孟子才会说："万物皆备于我矣。反身而诚，乐莫大焉。"

关长龙： 就是庄子里的"心斋坐忘"。

孔令宏： 第三种解释就是因为我已经把握了"道"，得到了"道"，所以我不出户就能够知天下。

关长龙： 圣人如何做到"不行而知，不见而名，不为而成"？还是要知"道"，知"道"才能做到。

孔令宏： 要懂得"道"，而且根据"道"去运作。

周又红： 但是周老师反复强调一个观点，"道"是不可知的。

关长龙： 道可以感悟。

孔令宏： 不可以认知，但是可以感知。

周又红： "道"能不能推演？

孔令宏： 它是一种体验。

周生春： 既可言又不可言。

周又红： 言了就片面了，就局限了。

关长龙： 道，不可名。

第四十八章

为学日益，为道日损，损之又损之，以至于无为。无为无不为。取天下常以无事，及其有事，不足以取天下。

孔令宏： 这个还是对无为的一个更具体的阐发，而且明确提出了无为而无不为的观点，尤其比较重要的就是"为学日益，为道日损"，这个应该说是比较尖锐的对比，通过这个方式来看，我们怎么来认识"道"？认知和认识"道"，这两者有什么差别？这两者在老子看来是相反的，"道"是一天天损下去，而学是一天天积攒增多，所以知识增多不见得是好事，所以我们告诉学生的学习方法，是要能够把一本书从厚读到很薄，又反过来，从薄的那点东西引申出很厚的一本书来，能做到的那就是大学问家，就是真正学到手了，所以这个实际上也是一种学习的辩证法。当然后面又引申到政治当中，"取天下常以无事，及其有事，不足以取天下"，那么核心就是"无为无不为"，前后都是用事例来进行论证，那么"无为无不为"是核心要点。

关长龙： 我觉得老子的真正面目露出来了，实际上要"无为而治天下"。

周生春： 这是一种解释。

关长龙： 这种取天下是用"无为"的方式来取，而不是"有为"的方式去取，也就是告诉你，跟我学了，什么都能做，你也可以取天下。

孔令宏： 所以朱熹就评价他自私自利，想搞阴谋诡计。

顾　征： 实际上老子和孔子诉求是差不多的，修齐治平。

关长龙： 路径上差不多的。

顾　征：《老子》这本书在当年，就是写给那些贵族看的，一般的老百姓，你跟他们讲这个东西，他们也接受不了，这是给统治阶层看的东西。

孔令宏： 在某种意义上，老子本身也是官僚这个层次。

顾　征： 他要说服别人，你想不想要天下？想要天下按照我告诉你的方法来。

周又红： 告诉你其实"无为"已经很"有为"了，因为历史发展不是少数人说了算，总是大多数人行为选择的结果，因此老子的思想是整体主义、方法论最好的体现了，他永远是站在宏观的、整体的、包容的角度去看。

顾　征：　历史规律到底能不能够认识？我们能不能够把握历史规律？老子说不行，这是"无为"。

周又红：　尤其是道德判断、价值取向随时随地都在变的，比方说现在开车的人，你以为他是实现了生活的现代化，交通运输的现代化，那不开车的人认为他们是反道德的，是非道德的，因为破坏了我们的生态环境，占据了我们的生存空间，每个人取向不一样。

孔令宏：　大家理解一个背景，在他那个时代之前是禅让作为主要的权利接续方式，而他那个时代，暴力成了夺取天下的主要手段。他处在两个大的阶段转化的过程当中，老子当然还是欣赏禅让制这一套东西，所以我们要把时代背景把握清楚。

第四十九章

圣人无心，以百姓心为心。善者吾善之，不善者吾亦善之，得善。信者吾信之，不信者吾亦信之，得信。圣人在天下，怵怵；为天下，浑其心。百姓皆注其耳目，圣人皆孩之。

孔令宏：这一章谈"无为而治"，怎么样去"无为"？这里面可能有一个难点，就是"圣人在天下，怵怵；为天下，浑其心"，这个要有一个正确的理解。那么这个"怵怵"就是担忧，实际上是戒骄戒躁，那么"为天下，浑其心"，应该是集中天下老百姓的意见、愿望，然后统一起来，归纳起来，然后把这个当做自己的愿望去做事，这个就是我的理解，大家有什么新的意见？

关长龙：如果把这个"心"理解为意见还是有点麻烦。

孔令宏：心思。

关长龙：心思是可以，如果意见还是统一不起来。

潘立勇：　圣人无心，不一定有私心，不但没有私心，也没有刻意的要有人心，就是顺其自然。

关长龙：　顺从天。

潘立勇：　圣人不仁，以百姓为刍狗，并没有刻意的人心，也没有私心，没有心，就是最有心。圣人无善无恶，无善无恶是最高的，至善就是无善无恶，以天下为心，以老百姓为心，以自然为心。陈鼓应解释为圣人没有私心，这个解释已经不是圣人的本意了。

关长龙：　公心就是道心。

周生春：　根本就没有心。

孔令宏：　应该当无心来理解。

关长龙：　公心、道心也是一个角度。

潘立勇：　前面不是讲"圣人不仁，以百姓为刍狗"，也不是刻意的仁慈之心，无心是有心的最高状态，那就是没心。

孔令宏：　所以后来庄子直接就谈无心。

关长龙：　任何一个心和老百姓的心都不可能一样。

孔令宏：　百姓就是天下所有的人。

关长龙： 所有的人各有各的想法，各有各的心。这个"不善者吾亦善之"何意？

孔令宏： 就是好的我听，不好的我也听。

周生春： 没有善恶之分。

孔令宏： 善待他。

顾　征： 就是你不好，我要对你好，你好，我也要对你好。

潘立勇： 好的，我是从善，不好的，我也要善待你。

关长龙："善之"是意动用法，好的我把他看作好，不好的，我也要把他看作好，我想这是意动用法。

周生春："善人者不善人之师，不善人者善人之资"，所以都要善。

周生春： 从管理角度上是这样，你把他当做什么人，用什么制度去管理，他就变成什么样的人。

潘立勇： 就是自己有自我意向，你对他有社会标定。

周生春： 是有主观的因素在这里。

周又红： 善于选择者，当然我也善于跟他交往，善者吾善之，不善者吾亦善之。

周生春： 一个是善待，一个认为是善。

潘立勇： 标定为善。

孔令宏： 我理解这里是说，一个当官的怎么处理老百姓的意见？就是说对于老百姓的意见，好的要听，不好的也听，只有这样，老百姓才能够建言献策，当官的才能够获得有价值的建议，然后老百姓往往也有自己的局限性，所以对可信的要听，不可信的也要听，这样才能够得到老百姓的信任，也才能够听到老百姓的真心话，才能够把事情的真相搞得比较清楚，才能够让天下的老百姓都真正地像小孩一样对待他，"圣人皆孩之"，这样才能够达到"无为而治"的效果。

关长龙： 我觉得有一点费解，我知道可信的我要信他，但是我知道他不可信的我还要信他？

顾　征： 装出来信。

潘立勇： 那就不是老子了。举个例子，比如他很讲信用的，我信任他，你很不讲信用的，我也要信任你，这是傻子哲学，我就是信你，你说出来我就信，信得你都不好意思了，我就采取最傻的，最笨的方法，我就信你，真的会不忍欺的，一般做不到。你不信我，我也不信你，然后勾心斗角来了。他就不用技巧，再有技巧的人，也不忍心对他。

孔令宏： 诸葛亮七擒孟获的事。

周生春： 相信别人才会有信用，不相信别人，永远不会有信用。

潘立勇：《老子》里面，最简单、最笨的方法其实最有力量。

周生春： 可能有一个认识的问题，这个话是对谁讲的？这个不是对一般人讲的，是对侯王讲的。孔子讲"民无信不立"，"信"是第一重要，对于统治者来讲，和一般老百姓的关系不是平等的关系，我相信老百姓，才会有信任，我要是不相信，还会有信任吗？这个位置不一样，这个是对侯王、圣人说的，不是对一般的人。

潘立勇： 这句话我有切身体会，包括处理夫妻关系，她说真话你相信她，她不说真话你也要相信她，这个才是信任，这个家庭才能稳定。你如果用逻辑分析的方式，越弄越复杂。

顾　征： 环境必须稳定，比如说七擒孟获，如果擒了三次，诸葛亮死了，这样历史就改变了。

周生春： 这个要有主导者，优势的主导者，他是属于主导者，他才能够做到，如果反过来诸葛亮擒不到孟获呢？这里讲的侯王和老百姓也是如此，因为两者的位置不一样。

潘立勇： 我们理解老子的话，一个角度是政治层面的，就是权术

第四十九章

层面的，还有一种是道德伦理层面的。

周生春： 那是对侯王讲的，侯王应该这样，"信者吾信之，不信者吾亦信之"，这样才能得到信。

吴永明： 我认为这里所说的"善者吾善之，不善者吾亦善之"，善也好，信也好，并不是针对日常生活当中的事情，就像周老师说的，这些话是说给侯王听的，他是讲治国平天下的事情。从我的体会来讲，一个企业，一个单位，一个新的领导上任的时候，这句话对他是非常有价值，因为一开始，大多数的人对你持观望的态度，这个时候如果能够做到"善者吾善之，不善者吾亦善之"，就能建立一种信任关系。作为统治者也好，领导者也好，必须一开始要有这样一种信心，同时在他所处的地位上面，也具备足够的实力。如果你真是一个坏人，我最后照样可以打倒你，最后他是有这样的力量。那么在这种前提之下，在这样的地位之下，因为他们两个地位并不对等，一个是居于上位，一个居于下位，那么居于上位的人，我可以作出这样的姿态，那么最后作为一般老百姓也是从善如流的，如果当政者有这样的姿态在这里，那么到后来，事情慢慢是会往好的方向发展的。它讲的不是如夫妻之间等等非常琐碎的事情，他讲的是治理的关系。

顾　征： 这个东西讲到底还是写给统治者的建议书。

第五十章

出生入死。生之徒十有三，死之徒十有三，人之生，动之死地，十有三。夫何故？以其生生之厚。

孔令宏："生之徒十有三，死之徒十有三，人之生，动之死地，十有三"这个怎么理解？两千多年来，大致已经形成了三种解释。第一种解释是韩非子提出来的，他说四肢与九窍加起来总共是十三，所以是"十有三"，那么后来的河上公、陈景元、叶梦得这些人都赞成这种观点，但是反对的人也不少，朱谦之就批评这是牵强附会，这是第一种解释；第二种解释，是从人的一百年作为完满的寿命来进行解释，就是说前三十年，努力地去生长，所以生之徒十有三，后面的三十年，从高峰往低处衰弱，是死之徒十有三也。然后其中四十年，既不长也不消，是不生不死之徒十有四，然后不生不死之徒亦变为死之徒，这个就一个人的生命过程来进行探讨；第三种解释把所有人分为三种，一类是生之徒，一类是死之徒，笫三类是动之死地，那么所谓生之徒谓得天独厚者，可以久生，死之徒谓得天薄者，中途而殃，动之死地者，谓得天本厚，可以长生，而不自保持，自蹈死地，盖天地之大，人物之蕃，生死纷纭，总不出此三者。苏联汉学家也是这样理解，就是说人类社会有三分之一的人是走向生的自然繁荣，有三分之一的人走向自然的死亡，还有三分之一的人是违背了自然，违背了道的法则，所以过早地死亡了，那么相对来说，可能赞成第三种解释的人多一些，我们注解上好像也是赞成第三种解释。我们能不能评论一下，这三种解释哪一种更有合理性？或者我们能不能提出第四种、第五种解释。

关长龙：　这个生之徒十有三，十有三实际上是十分之三，不是三分之一，所以前面讲的三个十分之三的话，还有一个十分之一，那十分之一是谁呢？就是"盖闻善摄生者"，这个善摄生者，可以入于不死之地，前面十分之三活得挺好，十分之三准备在那儿死，还有十分之三所谓正在走向死亡之地，正在由生到死的过程，在半路上，我觉得盖闻善摄生者是十分之一。

周生春：　动之死地是正在发展吗？

关长龙：　一批是肯定活得很好的，会自然死亡的，生之徒，一批正在经受痛苦要死掉的，还有一批像中年人一样，反正是由生到死，反正是要死的，可生可死，中间状态的，最后还有十分之一是修道者，他们可以不死。

孔令宏：　这个大概算是第四种解释，还有没有别的解释？

关长龙：　这个善摄生者，有点像庄子讲的"真人行世，入火不热，沉水不溺"，有点像那个状态，已经达到很高境界了。

徐　佳：　君子不立于危墙之下，有这样的意思，他就不在这个环境当中。

关长龙：　他要远离这个危险。

周生春：　十分之一是善摄生者，那么"生之徒十有三"和"善摄生者"有什么区别？

关长龙：　生之徒，比如说是二十岁以前的或者十岁以前的，那么死之徒就是六十岁以后的，那么中间这批是生之于死地的，正在准备走向衰亡。

周生春：　第一种和第二种很相近了，按照岁数来说，第二种就是按照岁数来说，就是寿命。

关长龙：　但是忽略了十分之一，善摄生者。

周生春：　这个善摄生者十分之一是增加出来的。

关长龙：　但是按照前面十分之三，应该有一个十分之一。

孔令宏：　这种解释好像不大说得过去，因为这样的话就是十有四了。

关长龙：　十有四，我是觉得不太同意的。

周生春： 我赞成善摄生者十分之一，但是也要跟前面协调起来，要解释生之徒十有三。

孔令宏： 注解上也批评这种见解，但是没有说出他的见解应该是什么，所以看来这三种解释都不太让人满意。

周生春： 这一段话很难解释。

　　盖闻善摄生者，陆行不遇兕虎，入军不被甲兵。兕无所投其角，虎无所措其爪，兵无所容其刃。夫何故？以其无死地。

孔令宏： 我们再看这段话。一种解释就是不以生为生的人，不会遇到危害生命的灾祸，相反以生为生的人，为了追求丰厚的生活，往往会置自己于死地，那么这个是把它看成是一种比喻；还有一种解释是用所谓的宗教方术来理解，所谓的刀枪不入，这个我们撇开，不在这里讨论；那么第三种解释，也就是后面第七十三章讲到的勇于不敢则活，"不敢"就是不与人斗，所以说"入军不被甲兵"，"兵无所容其刃"，不被兵器所伤，不跟你们斗，那么再锋利的兵器也杀不了他，如果按照这个来理解，那么"兕无所投其角"、"虎无所措其爪"就可以比较容易理解清楚，说来说去就是避之，实际上不只陆行、入军是这样，那么做人处事也都是这样，也就是说你没有害人之心，就不会有人来害你，那么没有人害你，你当然能够达到完满长寿。这个意思强调的就是要做到三个方面的和谐，一个就是人跟自然的和谐，还有一个就是人跟人的和谐，还有一个就是人自身的身和心的和谐，那么有了这三个和谐，你就有了最佳的生存环境，那么有了这样最佳的生存环境，那当然人也就能够长寿，也就能够生生不息。总之就是要注重和谐，反对争斗。这样理解是不是恰当或者还有没有不同的看法？

周又红： 为什么天地间这个比例是三？十分之三是苟且偷生的，还有十分之三不适于掌握生命的节奏的，就是提前死掉的，还有十分之三就是超人。我在想为什么十有三？怎么来的？后来有没有人做统计学的论证？

周生春： 出生以后就面临着死的问题，生了就有死了。

孔令宏： 当然反过来说，当你走向死亡的时候，对你的重生又离得越来越近。

关长龙： 道教后来的修炼讲"顺则死，逆则生"。

周生春： 为什么有 10% 留下来？

潘立勇： 也不能说 10% 留下来，十有三这个数字就是虚的，你不能讲十有四，也不能讲十有三点三，"三"是一个概数，其实所有的基本的状态已经包括了，不能讲十分之一留下来。

周生春： 如果这样的话，善摄生者不一定就是 10%。

潘立勇： 总共这三类人，第一类属于自然幸运的，第二类人属于命运不幸的，第三类本来是可以幸运的，后来走向不幸了。

第五十章

299

周生春： 所以我的看法就是分三类，没有10%。

关长龙： 我觉得还有一个解释，就是道教对长生修道有另外一个解释。你出生就一定会有死，这是一类人，你可以自然地走完你的一生，从出生到最后自然死亡，这叫"生"。那么还有一类，你生下来以后早死，还有一类是生下来不知道可能遇到什么灾祸之类，也是死掉，自己懵懵懂懂，明知那儿有危险，你也去，死掉了。那么真正的善摄生者，你必须得修道炼丹，讲的"逆修"，所谓的"炼精化气，炼气化神，炼神还虚"，要有一个"逆修"，这才是善摄生者，

周生春： 要留有余地。

关长龙： 那个是善摄生者，我觉得十分之几是一个实数。

周生春： 两种理解，一种是实数，一种是虚数。

孔令宏： 大致的一个比例。

潘立勇： 陈鼓应的本子上，"夫何故？以其生生之厚"这句放在下一句，其实这一句应该放在上面一句，"出生入死"是一个开宗明义的话，下面讲了三种情况，为什么不能"全生"？为什么不全部走向理想的状况呢？原因是求生的希望太切，然后第二个就是谈善摄生者，你如果一定要强调比例的话，我觉得很难讲。

孔令宏： 你要照顾两个方面，第一是比例上正好要说得过去，正

好完整，第二，语义上要能够连贯，能够说得通。

潘立勇： 生之徒是比较幸运的，有些人自然地得到长命，还不能算是善摄生者。

关长龙： 就是活到180岁也得死亡，按照道教讲，我修仙就可以不死亡，善摄生者就可以不死亡。

潘立勇： 没有说他不死，以其无死地，并不是以其无死，不进入这种或者违背道的规律，老子其实没有讲过不死。

姚　烈： 得道成仙，长生不老。

周生春： 我是把"善摄生者"放在"生之徒"。

潘立勇： 我本来也是这样想的，但是比如说有些人，他们天生幸运，不能讲他们是善摄生者，但是他们是生之徒，有些人天生不幸的，死掉了，有些人本来命可以很好的，但是自己操作不当死掉了，这些人都不能成为善摄生者，因为他没有主观地去掌握"道"，所以"生之徒"是天生幸运的一种生的人，并不是善摄生者，"摄"字仔细体会的话，属于主动地驾驭生命，有这样的意味在，我的理解，他不是一个幸运地生的人。

周生春： 现在要解决的就是"生之徒"和"善摄生者"的关系。

孔令宏： "生之徒"就是天赋或者遗传上基因比较好的，本来就能够长寿的，身体本来很好的这种。

周生春： "生之徒"是否包括"善摄生者"？

潘立勇： "善摄生者"有没有可能从"死之徒"转化为"生之徒"？尽管开始命不好的，但是通过善摄生，有可能。尽管有前面三种情况，如果"善摄生"，可能由"死之徒"变为"生之徒"，"善摄"是带有主观的。

徐　佳： 如果你遵循这样的方法的话，你有可能进行这种转变。

关长龙： 因为"夫何故？以其生生之厚"已经把前面的三类总结掉了，之外我再谈论"善摄生者"的问题。

周生春： 这个可能是超越这三类人的，不是陈述，这是超越的。"善摄生者"可以是前面的三类人，包括"动之死地"的那些人，只要"善摄生"，都可以转变。

关长龙： 所有人都可能变为"善摄生"。

徐　佳： 这种方法可以遵循，但是结果能不能成为十分之三的"生之徒"，那又是另外一回事情了。他只是提供一个方法，就是说对于你的个人，可能天资不好，但告诉你还是有一个变更的办法，但是至于最终你能不能够入围这个十分之三，不一定。

周又红： 前两类大家都没有分歧，就是第三类，第三类到底是主观能够修行成的？还是命定的？我个人偏好命定的。

孔令宏：　"生之徒"是命定的，"死之徒"也是命定的。

周又红：　第三种还是命定的，比如劫后余生，大难不死，依然还
是命定的，绝对不是取决于主观修行的。

关长龙：　死的人就是死之徒，活的就是生之徒，但是如果你知道
这个大楼就要倒了，我还跑过去，那你就是自己找死，动之死地。

周又红：　也就是说生死之间的转换还是命定的。

徐　佳：　尽可能地知道危险不要去，要主动地做一些规避。

关长龙：　明哲保身。

周生春：　不要生生。

徐　佳：　后一段是为了解释"不要生生"的意思。老子的意思就
是少点折腾，无为。

周又红：　就是叫"乾道变化，各正性命"，《易经》上所说的，就
是要顺应自己的命运本身的路去发展，强扭的瓜不甜。

关长龙：　老子的思想前后来讲，还是有修道的意思在里面，不光
是追求一般的自然人生。

第五十一章

道生之，德畜之，物形之，势成之。是以万物莫不尊道而贵德。道之尊，德之贵，夫莫之命而常自然。故道生之，德畜之，长之育之，成之熟之，养之覆之。生而不有，为而不恃，长而不宰，是谓玄德。

孔令宏： 这一章相对来说比前面一章容易多了。这里提到"道"跟"德"的关系问题，因为《道德经》，前面是道经，后半部分从三十九章开始是德经，那么"道"和"德"的关系怎么样，从这一章里面可以看出来。我们看看怎么理解这一章。

潘立勇： "道之尊，德之贵"，"道"和"德"还是有区别的，"道"是自然规律这样的东西，"德"可能是把自然规律更多地应用到生存界，因为这里一个用"尊"字，一个用"贵"字。

孔令宏： 他们的差别还是可以从前面"道生之，德畜之"来看，一个是"生"，一个是"畜"，大概一个可以看作是体，一个可以看作是用，或者用现在的术语来看，一个是结构，一个是功能。

关长龙： 我觉得"道"是一个本体，"德"是一个认知模型，是一个认知方法，即如何认知自我内在的本来拥有的这种认知能力。

潘立勇： 不光是认知，"道"是本体没有错，"德"是一种本体进入一个现实的生存世界，现实的道德世界，或者现实的生活世界的"道"的呈现，而不是一种认知，认知还是一种方法。

关长龙： 一种理性的认知模型。

周生春： 还是用他自己的话讲最好，"畜、长、育、成、熟、养、覆、形、成"，用他原来的字很容易理解什么是"德"。

关长龙： "德"就是培植、抚养、呵护。

周生春： "成之熟之，养之覆之"，包括"物形之，势成之"。

关长龙： "物形之，势成之"的"物"和"势"与"德"之间的关系是什么？它与"道"之间有关系是没有问题的，但是和"德"之间是不是也是同一个层面的东西？

周生春： 你要看"形"和"成"和下面"长、育、成、熟、养、覆"之间的关系。

关长龙： "德者，得也"，得内外之道也，得内外之道，实际上就是一个总体，如何去得内外之道？为什么说它是一个认知的模型？

从这个角度讲，"道"本身是一个本体，是一个实在，但是"德"是一个认知上的架构，一个模型。

潘立勇： 认知和实践的。

关长龙： 也可以讲实践的，但是也包括体悟。

潘立勇： 不光是认知的，包括"养之覆之"。

关长龙： 主体如何得道的一系列的方法和经验。

潘立勇： "道"是本体，"德"还是功能层面的，认知也好，实践也好，还是功能层面的。

关长龙： "物"和"道"是同一个层面，是实在，而这个"势"又是一个东西，而"势"又不是实体的存在，是各方面势力的较量，道生万物，从生成论的角度来讲，那个是相同的。

孔令宏： 还有一个要注意的就是"道之尊，德之贵，夫莫之命而常自然"，这个应该说也是一个要注意把握的要点，无论是"道"还是"德"，它们都是"莫之命而常自然"，自然而然的。我们往往现实当中对"道"的理解是自然的，但是"德"本质上也应该是自然的。儒家的道德观跟道家的有很大的不同，道家的道德观就强调"莫之命而常自然"，它是一种自然伦理学，而不是那种人为性的伦理学。

孔令宏： 儒家的伦理观是由圣人制订的，本身是人为性的东西，道家是天成的，自然天成的。

关长龙： 这个好像也不必强调它的区别，因为儒家的圣人，按朱熹的解释，什么是圣人？圣人就是有躯壳的神，神就是无躯壳的圣人。"德"从哪儿来？从天道来。

孔令宏： 朱熹也很不一样，他是受道的影响很深的。

关长龙： 也是从"道"来，孔子的《论语》这边也是从"道"来，你不能把孔子的核心思想解释为仁义礼智，孔子的核心思想就是"道"，先秦谁不明道？哪一家都不是以"道"为核心，为诉求？只不过就是途径不一样，就是殊途同归。

孔令宏： 都谈"道"，但是"道"这个范畴在各家的解说里面，力度是不一样的，只有道家是比较集中地以"道"为核心的。

潘立勇： 偏重也不一样。儒家也是以天道为高的，但是非常关注人道，而人道里面关注人为的东西，但是这个人为也并不是说要违背天道的，儒家从来没有谈过违背天道。就是说人道和天道之间，同样是道，没有错，道家可能关注"道"的自然境界更高一点。儒家强调有为，道家强调无为，儒家的无为是要从心所欲不逾矩，这个"矩"还是一个"道"，但是道家是要得心应手的，像庖丁解牛一样的，其实是不逾矩的，但是他意识不到自己不逾矩，就是跟道为同体的，是这样一种方式，是更加自然的一种方式，所以一个无为，一个有为，其实并不对立。有为也是建立在不逾矩的基础上，只有不逾矩了才能有为，而道家也强调不要刻意地去找那个东西，不刻意，就自然而然无为了，到后来就自然而然地呈现了。其实包括儒家、道家，包括基督教，包括佛教，那种追求的境界，真的是相通的，最深层的结构是相通的，或者表现各有其形式和角度，或者形成各种各样的语言，其实精神内核也有相似之处，从深层延续上我们可以获得这样的启示。

关长龙： 你说庖丁解牛，解牛是最后达到那个最高境界，自然境界，实际上他也要顺着牛的那个各部位的缝隙来走，那个缝隙就是儒家所说的不逾矩。实际上"道"好像说是自然，实际上这个自然还是一种自然之规则，或者自然之矩，不是完全没有"矩"的。

潘立勇： 儒家把这个"道"是化为"仁、礼"这一套东西。

孔令宏： 道家是哲学，儒家是伦理哲学或者社会哲学。

顾　征： "德畜之"的"畜之"是什么意思？

孔令宏： 养育的意思。

周又红： 儒家非常深入地传承了老子的思想，然后后面越来越细化了，指点人们怎么去修行。因为老子的道德本身没有具体地指明，他是先提出了思辨方法，然后到儒家说得很具体了，而且讲各种故事，指点迷津，本源应该说是一样，那么发展到现在还是一样，也就是从不同的角度，然后从不同的层面，针对不同的人，讲怎么修养，我觉得儒家讲得很细，到了孟子更细了。

第五十二章

天下有始，以为天下母。既知其母，又知其子。既知□子，复守其母。没身不殆。塞其兑，闭其门。终身不勤。开其兑，济其事，终身不救。见小曰明，守柔曰强。用其光，复归其明，无遗身殃，是谓习常。

孔令宏： 这一章有一个难点，就是"塞其兑，闭其门。终身不勤"怎么理解？这一句恰好和"开其兑，济其事，终身不救"一正一反，看看这个怎么理解？关键就是这个"兑"怎么理解？这个"兑"历史上有三种解释，一种就是俞樾所说的"兑"理解为空穴来风的"穴"，这是第一种解释，第二种就是孙诒让把"兑"理解为隧道的"隧"，就是理解为道路，路径，还有第三种是奚侗的解释法，把"兑"引申出"口"，就是嘴巴，那么"塞其兑"的"兑"在这里就是所谓的精神之门，那么就是说"塞兑闭门"，那么使老百姓无知无欲，这样统治者就能够比较安稳。这三种解释中相对来说奚侗的解释相对来说好一点，但是联系"塞其兑，闭其门"和前面所讲的"既知□子，复守其母"，怎么来理解？那么就是说"塞其兑，闭其门"，"兑"就是感觉的通道，是欲望发泄的出口，那么"不闭"就会使人失道或者违背道，那么"塞其兑，闭其门"的前提是"既知□子"，"既知其母，又知其子。既知□子，复守其母"就构成了一个认识的不断往前推进的一个过程，最终能够向最前面的认识的真理不断地靠近。那么除了这个解释，大家还有没有不同的解释？

关长龙： "既知其母，又知其子"那个"其"是代表谁？

孔令宏： 应该是万物。

关长龙： 我觉得这个"其"能不能指我？如果要是和我没有关系的话，那你谈什么东西呢？

孔令宏： 他说"天下有始，以为天下母"，那普天之下就是宇宙，那就是万物。

关长龙： 那我也是万物之一，我知道那个母是谁。

周生春： "其"是天下。

潘立勇： 天下有始，以为天下母。既知其母，既知天下母，又知天下子，子就是万物。

关长龙： 那么后面"既知□子，复守其母"，谁来守呢？我守吗？

孔令宏： 你自己守。

关长龙：　我来守万物之母。

周又红：　"闭其门"后面为什么句号，而"济其事"后面是逗号，这个有什么区别？

孔令宏：　这个是标点的问题，标点是后人加的，这个应该是错的，应该是逗号。

周又红：　那么在过去他们解释"终身不勤"和"终身不救"是什么意思？

关长龙：　"勤"就是辛苦，就是你很劳累，"终身不救"就是你累得够呛最后还是挽救不了。

孔令宏：　"开其兑，济其事，终身不救。"

关长龙：　你想济其事，累得够呛还是没有济事。

孔令宏：　所以正确的做法应该是"塞其兑，闭其门，终身不勤"，你就回归到本然，返归自己。

周又红：　这里能根据八卦来解释吗？

孔令宏：　八卦的兑卦，本来"兑"的本意就是"口"。

关长龙：　这里单独拿出来好像不能用八卦来解释。

周又红："勤"只有一个解法吗？老子对《周易》的把握应该说非常的通透，因为很多术语、概念是传承过来的，不是他生造的。

孔令宏： 对，一个文化体系。这一章说白了还是围绕"守强、守常、守母"来展开的。

第五十三章

使我介然有知，行于大道，唯施是畏。大道甚夷，而人好径。朝甚除，田甚芜，仓甚虚，服文彩，带利剑，厌饮食，财货有余，是谓盗夸。非道也哉！

孔令宏： 这一章有几个字词可能先要解释一下，首先是"介然"怎么理解？有三种解释，第一是把介然理解为"微小"，第二种就是把"介然"理解为"坚固"，第三种就是把"介然"理解为"大"，"介"就是"大"。那么这三种理解，可能是第一和第三正好相反，一般来说理解为微小比较好一点，"介然有知"就是稍微知道一点，稍微知道一点就按照这个"道"去非常谨慎地执行，这样文义上以及意思上跟上下文比较能够串通起来。"大道甚夷，而人好径"，道本来很平坦，但是偏偏要把它搞得很复杂，弯弯曲曲，反而不好，这是一点。还有就是"是谓盗夸"，《韩非子·解老篇》作"盗竽"，其繲曰："竽也者，五声之长者也。故竽先则钟瑟皆随，竽唱则诸乐皆和。今大奸作则俗之民唱，俗之民唱则小盗必和。故服文采，带利剑，厌饮食，而资货有余者，是之谓盗竽矣。"所以"盗竽"实际上就是强盗头子的意思。应该说把这几个字词搞清楚，这一章的意思应该还是比较容易理解的。我们看看还有什么不同的理解？这一章围绕着对"道"怎么理解，怎么实施的主题展开。那么对"道"的认识主要在于实际的遵守和应用，而不见得是要苦苦地去追求、追索，因为大道本来是很平直简易的东西，而人们往往喜欢把它搞得非常复杂、神秘莫测，这样反而不好，你只要懂得一点，就按照这个去做就行了。他专门批驳了一批人，所谓的大盗头子，把田地弄得很荒芜，仓库很空虚，然后他们偏偏衣服穿得很华丽，然后还带着利剑，吃饱穿足了，很多财货是用不完的，那么这些人是社会上层的统治者，这些人才是真正的大盗头子，这个正好是天下无道的一个表现。

周又红："大道甚夷，而人好径"，这个"人"解释里面说"民"，"人"和"民"解释有一点差异，"人"指什么？"民"指什么？

潘立勇："民"一般指老百姓，"人"是指人主。

孔令宏："人"指个人，"民"就是一个群体。

潘立勇："人"是指统治者，是人主。

林家骊："民"和"人"先前是通用的，到了唐代以后，有时避李世民的讳，"民"改"人"，"人"改"民"，改来改去。

关长龙：照本义来讲，"民"和"人"是有区别的，"人"是有自主精神的，能够自我觉悟的人，而"民"是特别强调糊里糊涂的意思，"民"有糊涂的意识，糊里糊涂的人称为"民"，但是一般来说是通用的。

潘立勇： 《论语》里面"民可使由之，不可使知之"用的是"民"，"人"的话还是有点身份的，如王者或者士人那个阶层。

孔令宏： "人"应该是个体。

周生春： 强调个体。

关长龙： 在这里的"民"可能还是避讳，本来应该作"人"。

林家骊： 像屈原《楚辞》里面"哀民生之多艰"，实际上现在理解统统错误，实际上是"哀人生之多艰"。

关长龙： 实际上说自己。

林家骊： 唐朝的时候，"民"字都改成"人"，到宋代的时候再改回来，所以现在都搞不清楚了。

潘立勇： 整个这句话是指天下无道的情形，陈鼓应的本子也解释"人"是人主，因为整个这一段讲天下无道的情况。

林家骊： 那么河上公本和王弼本都作"人"。

潘立勇： 这个"人"是指统治者。

孔令宏： 因为后面讲的"朝甚除，田甚芜，仓甚虚，服文彩，带利剑，厌饮食，财货有馀"，都是针对统治者来说的。

潘立勇："使我"，"我"也是指统治者。"大道甚夷，而人好径"，"径"是小路，本来大道很平坦的，但你偏偏要弄得很复杂，偏偏要走小路。

关长龙：想要走近道，结果反倒是找不到目标了。

潘立勇："道"和"径"不一样的，"道"是很平坦的，"道"本来很简单，很简单才是"道"，径的话，斜辟蹊径，不是正道。

关长龙：把"朝甚除"的"除"一定要解释成"污"，好像还是不好，朝廷治理得很好，或者朝廷装饰得很好，也可通的。本来就是强调朝野的问题，统治者上面弄得很好，老百姓饿死了，然后你们服文彩，吃饱喝足了，你这就是大道，这个不合道，缺乏一种对比性。

孔令宏：历史上王弼把"除"理解为"洁好也"。

关长龙："除"有治理的意思，治理的结果就是干净整洁，朝廷装饰很奢华，我觉得那个解释好，还是两种解释都可以有？

潘立勇："朝甚除，田甚芜"这是反照的。

关长龙："除"是整齐、治理。这种情况下对统治者而言，你们就是强盗。盗夸就是向强盗夸耀我很有钱，但是前后文似乎还是说你们就是强盗好。

孔令宏： 盗夸这个意思不好。

关长龙： 如果是盗竽，你们就是强盗。

孔令宏： 强盗头子，大盗头子。

潘立勇： 这个"夸"并不是夸奖、夸耀的意思，解释为"大"，解释为"奢侈"。

孔令宏：《广雅·释诂》的"夸"是"大"的意思。

林家骊： 于省吾讲"盗"应读作"诞"，实际上就是乱讲的意思，"诞夸"。

孔令宏： "夸"也理解为"虚"，所以"盗夸"就理解为"诞虚"。

关长龙： "盗"理解为"诞"，这个好像走得远了一点。

林家骊： 就是说上面所讲的东西是乱讲的，就是荒诞的一种说法。

孔令宏： 我觉得韩非子这个解释比较可靠的，因为时代比较早，而且盗竽也说得很简单的，"竽"就是长者，"盗竽"就是大盗头子。

周生春： "盗竽"就是"盗首"。

第五十四章

善建者不拔，善抱者不脱，子孙祭祀不辍。修之身，其乃德真；修之家，其德有余；修之乡，其德乃长；修之于国，其德乃丰；修之于天下，其德乃普。故以身观身，以家观家，以乡观乡，以国观国，以天下观天下。吾何以知天下之然？以此。

孔令宏： 这一章稍微有点难理解的就是第一句话，"善建者不拔，善抱者不脱，子孙祭祀不辍"。这个可能比较通俗的理解就是，你种一棵树在地上，那么会有人把它拔掉，你把一个物体放在两手之间抱着，总会有一个时候会放下，所以善建者是以不建为建，则永不拔，那么善抱者以不抱为抱，那么这样永不脱落。善于保住国家也是一样的，无心于留下天命而天命自留，所以子子孙孙、世世代代祭祀不会停止，那么这样就像善建、善抱者一样，这是吴澄的解释。那么后面两段相对来说比较容易解释，那就是刻意地去做，有意地去做，这个东西总有一天会灰飞烟灭的，不刻意地去做，反而能够长久。不为自己的一己之私利去做，能够做得永久，如果出于一己的私利刻意去做，反而是短命的。

潘立勇： 有儒家的思想。

关长龙： 修身齐家治国平天下。

孔令宏： 有一个说法，就是类似《中庸》里面的"修齐治平"就是从这儿引申出来的。

潘立勇： 儒家里面没有这个"乡"。

关长龙： "乡"就是村长。

顾　征： 儒家讲统一，道家讲小国寡民。

潘立勇： 道家是不是更注重"乡"？

孔令宏： 有点更注重乡村自治。

关长龙： 但是《论语》里面有乡党。

顾　征： 乡党是基于血缘的关系，具有天然性。

潘立勇： 儒家也祭祀的，这一段我觉得跟儒家非常相同。

周生春： 他们的基础是一样的。

孔令宏： 郭店楚简的三种版本出来，很多学者提出一个观点，就是儒跟道的对立关系，不像后人理解的那么尖锐。

周生春： 因为他们有共同的社会基础，这个基础就是宗法社会。

第五十五章

含德之厚，比于赤子。毒虫不螫，猛兽不据，攫鸟不搏。骨弱筋柔而握固。未知牝牡之合而□作，精之至。终日号而不嗄，和之至。知和曰常，知常曰明，益生曰祥，心使气曰强。物壮则老，谓之不道，不道早已。

孔令宏： 这一章有两个关键点，一个就是"含德之厚，比于赤子"，就是以赤子来比喻这个人含德之厚，由此得出结论"知和曰常，知常曰明"，然后就是"物壮则老，谓之不道，不道早已"。应该说关键性的就是这么几句话，那么这里面可能稍微有点难理解的就是"未知牝牡之合而□作，精之至"，那么这里"□作"一般认为是"朘作"，"朘作"怎么理解？传统的理解，"朘"是把它理解为"赤子之阴"，实际上就是不知道男女之间的交媾，他的元精不会被泄露，所以他的生命力是最为旺盛的，这是中国古代比较普遍的观念，认为性交活动会使人的生命力、元气损伤，我想把这一点弄清楚。应该说整章的意思还是相对来说比较容易理解的。

徐　佳： 为什么"物壮则老，谓之不道"？

关长龙： 前面讲的善摄生者，他就不会老，壮了也不会老。

孔令宏："老"就是已经走向糊涂了，不符合生命力永生长生的原则，就是不符合道，如符合道的话，壮是壮的，不会老的。

周生春："壮"就是强大，不是柔弱，弱者道之用，他不是弱。

周又红："终日号而不嘎，和之至"呢？

孔令宏： 小孩子刚刚生下来，天天在哭，但是声音一点都不会嘶哑，和谐到了极点。

潘立勇： 其实是以婴孩的状态来比喻人的最高的境界，最高的境界就是婴儿的境界，回归到婴儿的境界，赤子的境界。

周生春： 他不会声嘶力竭地去哭，他是一种自然的本然，自然的就是和谐，自然的能够持久。

关长龙： 还有一个不明白的是"心使气曰强"，到底他是赞成的还是不赞成？

周生春： 不赞成的。

关长龙： 那么前面的"知和曰常"和"知常曰明"赞成不赞成？

周生春： 赞成。

关长龙： 那么"益生曰祥，心使气曰强"也不赞成吗？

孔令宏： 意思就是太过头了，心使气太过分了，很快就转向了衰老，因为这样违背了自然的规律。

周生春： 前面两句是赞成的，后面两句是反对的，益生就不赞成了，益生就是生生，生生之厚。

孔令宏： 那么益生从物质方面来说是生生之厚，"厚"就是声色这些东西会让他生病，那么"心使气曰强"，就是劳心费神，心力过度，那么就损伤精气，破坏阴阳，这样筋骨就会变得僵硬，所以才得出"物壮则老，谓之不道，不道早已"。

周又红： 益生曰祥呢？现在不是强调一个词叫做祥和？

周生春： 这里的"祥"是灾难。

关长龙： "祥"本来是两种意思，既可以指吉气，也可以指凶气。

周生春： 所以要吉祥。

孔令宏： "祥"就是一种征兆。

潘立勇： 道家讲养身术、童子功。

孔令宏： 到了壮年肯定要结婚，结婚要生孩子。

潘立勇： 这样的话，是不是要守精？他说不道早已，这样生命就很快了，其实他是从养生的角度来谈做人的道理。

关长龙： 他是不是连着前面说？"益生曰祥，心使气曰强"，就是"益生"、"使气"就会"壮"，如果"壮"了，必然就会有衰老。"益生"就是养生之道太多了。

周生春： 修道不是还有单修、双修吗？

孔令宏： 双修里面也有很多种方法，最高级的双修，男不更衣，女不解带，双方没有肉体的关系。

关长龙： 张紫阳《悟真篇》说的"休妻漫遣阴阳隔，绝粒徒教肠胃空"，阴阳本来应该是协和的，现在不结婚，阴阳失调了。

孔令宏： 那么就是对阴阳怎么理解，一种认为阴阳本身就是一个人，比如男同志，身上既有阴，又有阳；另外一种理解就是说把男的理解为阴，而女的才是阳，所以要采阴补阳。

关长龙： 这是两种说法。

第五十六章

知者不言，言者不知。塞其兑，闭其门，挫其锐，解其忿，和其光，同其尘，是谓玄同。故不可得而亲，不可得而疏；不可得而利，亦不可得而害；不可得而贵，亦不可得而贱。故为天下贵。

孔令宏： 这一章"知者不言，言者不知"是一段话，后面是另外一段话。那么这里面历史上有争论，就是"塞其兑，闭其门，挫其锐，解其忿，和其光，同其尘"，在前面的章节中出现过，有的认为是文本上重复出现的，应该删掉，另外一种认为从文义上说，跟本章的上下文是连贯在一起的，所以不应该删。前面是"知"和"言"的关系问题，下面部分就是强调玄同，因为做到了玄同，才能够天下贵，那么玄同的思想也是老子比较重要的思想。"知者不言，言者不知"，整天在夸夸其谈的人，实际上不知道什么东西，没有什么内涵。

关长龙： 这里的"知"还是解释为"智"，大多数人解释为"智"，就是"智者不言，言者不智"，聪明的人不说，说的人不聪明。

孔令宏： 后世道教理解为"真人不露相，露相不真人"。

关长龙： 不是一般意义上的那个知道了我不说，说的人不知道。

周又红： 这个跟前面的思想是一脉传承，因为你一说出来，就局限了。

孔令宏： 你说了就定了，把别的可能性就封闭了。

周又红： 因为说不清。

孔令宏： 你不说，还有无限种可能性等待你去探索。

周又红： 一说就局限了。

关长龙： 还有你一说就与众不同了，你不说才能和光同尘。

孔令宏： 所以后面才讲"亲、疏、利、害、贵、贱"统统取消掉，这样反而能够天下的稳定和谐。

徐　佳： 这个和光同尘是指要去改变他们，比如给他们一种规范，还是一种顺应的意思？

关长龙： 顺应。

孔令宏： 让他按照他的本性去，不要试图去改变他。

徐　佳： 但是如果这样的话，和前面的"挫其锐，解其忿"就不一样了。

潘立勇： 也一样的，"和其光"是你不要锋芒毕露。

关长龙： "锐"相当于脱颖而出，你不要出，你要出来我给你磨掉，"忿"是杂乱，也可以理解为疙瘩，绳子上本来是光滑的，你突然出现了疙瘩。

周生春： "和其光，同其尘"的"其"和"挫其锐，解其忿"的"其"可能是不一样的。

关长龙： 因为"挫其锐"肯定是指一些锥子之类，后面"和其光"肯定是指百姓，一般是指人。和光同尘，意味着进猪群里面就得打滚，和猪一样脏，这是"同其尘"，那么"和其光"，你到上流社会，你也穿绫罗绸缎，也跟着他们穿。

潘立勇： 把锐角要挫掉，然后光芒收敛。

顾　征： 不是收敛光芒。

徐　佳： 那"解其忿"也不对了，既然后面是和光同尘的话，为什么是"解其忿"呢，你就应该不是"解"的问题，"解"其实就是一种改变了。

关长龙："解"就是你有了，我要改变。

徐　佳："挫其锐，解其忿"是对自己说的，"和其光，同其尘"是对别人说的，但是我觉得还是两面的，如果一面的话，这个"解其忿"，那么还要"和其光，同其尘"，你原本躲在那儿挺好的，没人注意你，你还要跳出来去"解其忿"。

孔令宏："挫其锐，解其忿"是自己的，"和其光，同其尘"是跟环境的关系。

周又红：那么玄同还有什么解释？

孔令宏：玄同就是最高意义上的，根本意义上的，这个"同"不是儒家讲的"君子和而不同，小人同而不和"的"同"。

周又红：我们校歌里是"来同"，为什么要"来同"。

孔令宏：那是小人的同，不是君子的同，君子的"同"是"和而不同"，玄同是多样性的存在。

潘立勇："玄同"和"来同"不一样，"玄同"是形容词，形容他到了境界，"来同"是动词，不一样。

关长龙："来同"实际上是天下对你的一个认同。

潘立勇： "来"是一个动词，那个"玄"是形容词。

关长龙： "玄"是至高无上的，"玄同"也可以理解为"大同、不同"。

吴永明： 但是《论语》里面是"君子和而不同，小人同而不和"。

孔令宏： 这个玄同是以道作为背景的，道只有一个，所以他强调玄同，实际上就是天下以道为根本。

第五十七章

以正治国，以奇用兵，以无事取天下。吾何以知其然哉？以此。天下多忌讳，而民弥贫；人多利器，国家滋昏；人多伎巧，奇物滋起；法令滋彰，盗贼多有。故圣人云："我无为，人自化；我好静，人自正；我无事，人自富；我无欲，人自朴。"

周生春： 第五十七至八十一章将由李明友老师主持。

李明友： 本章讲到治国，老子认为治国和用兵恰好是正奇相对的，一个是"正"，一个是"奇"。"以无事取天下"下面做了具体的阐释，"我无为，人自化；我好静，人自正；我无事，人自富；我无欲，人自朴"，可见老子心目中的圣人和儒家讲的圣人的标准是不一样的。

关长龙： 我先提一个问题，"以正治国，以奇用兵"，然后下一章提到"正可以划为奇"，似乎正奇相对，然后就存在一个问题，比如说我要治国的话我有自己的私心，我为我这个小集团谋利益，这个就是不正，如果不正是不是就是奇呢？好像不正不是奇。老子这里面强调"以正治国",但是如果说不正他怎么看？好像他没有深入处理这个问题。就说专制这个问题，为什么就是解决不了专制这个问题？因为他有小集团利益，有个人的竞争利益，我要求解除这个状况，他在位者肯定不肯，所以"以正治国"如何能做到？

廖平原： 我的感觉就是这样，这里面和《孙子兵法》讲的"以正和，以奇胜"的意思应该是一致的，所以"以正和"的意思就是说正表明正道，以正道来治国，我想这里跟老子的讲法可以通起来，"正"是指正道，"奇"是以一种奇特的方式来获得对外征伐的胜利，可能是一个对外，一个对内的意思。这个不是说"正"就是对内，"奇"也是对内，所以它一个是对外，一个是对内，也就是说我们在企业管理里面一个是对内的企业管理是以正来取胜，对外就是以奇来取胜。

周又红： 我的想法和他的有一点不同，这个"正"应该就是宏观上的战略，也就是前面你说的"道"要符合"德"，是道路的问题，然后"奇"是战术，这是微观的，也就是说"善"的意思，善用各种方法手段，从而达到"正"的目的。而这个"正"其实中医上讲了就是开合机制。

李明友： 这里其中有一个严可均的注解，译注者译"政"就是"政治"的"政"，"行政"的"政"。但是前后文字讲的显然是和"奇"相对的，也就是说治国还是得以正道，正常的原则，用兵就可以用你意想不到的非正常的一种手段，一种方法。如果你解释成内外，好像"正"是治内，"奇"是治外，我觉得"以正"治理人民内部矛盾，"以奇"治理的是敌我矛盾。

徐　佳： 那这个"以正治国"是不是就等于"以无事取天下"？

吴永明： 我是这样理解的，首先来讲"以正治国"不管是治国也好，经商也好，用现在通俗的话说你要有远大的理想，远大的目标，要有一种正义的价值追求，但是在实现这个目标的过程当中，在一些具体的事情处理上面必须是"以奇用兵"。"以无事取天下"我觉得这是对君王来讲的，它有一个前提就是要以君易臣，就是他作为一种"无事"，这种"无事"并不是说一点事情也没有，是他没有事情，但下面是有事情的，下面是在拼命围绕他在做的，这样他整个运行是比较顺畅的，我是这么理解的。

李明友： 你这个理解作为发挥是可以的，但是老子讲的"正"就是后面讲的，就是"无为"、"好静"、"无事、无欲"，他认为治理国家"无为、无事"，"我无为，人自化；我好静，人自正；我无事，人自富；我无欲，人自朴"，他说这样的话治国的效果是最好的。我认为他所谓的"正道"就是"无为之道"，当然"无为之道"、"无事之道"不是什么事都不做，这个"无事、无为"就是顺其自然。老子的"无事"和"无为"不是消极的什么都不做。

廖平原： 我们称为"无为而无不为"。

李明友： 他还是要顺其自然，这个就叫做"无为"，就叫做"无事"。

廖平原： 在诸子百家时代所谓的儒家、道家、兵家、法家、阴阳家等等所有的这些学派最终的一个目的就是求道，所以无论在哪个学派里面最后都以"道"来作为他们学说的最终目标，但是每个学派求道的方式不一样，寻道的方式也不一样。老子讲的求道应该说"无为"的，他通过遵循自然的法则，就像我们现在所说的政府管理里面的小政府，小政府就有一个"无为"的意思在里面，所以在他们那个时候我想老子这个意思也很明显，就是在政府管理方面要以"无为"的方式管理民众。

关长龙： 我想说的是这个"道"在哪？到底什么是"道"，我们如何去把握"道"？

周生春： 我讲两句，我觉得刚才一下子大家对"正奇对立"框定了，好像只从"正"这个角度去考虑，那么跳出这个思路，就是"正"和"奇"实际上都是一个铺垫，一种形象，"正"是什么？是政令的"正"。我们理解它一定要把上下文结合在一起，所谓的"正"就是通过各种各样的法令去治理国家，然后你去说"天下多忌讳，而民弥贫"这是"正"。第二是"奇"，比如说"人多伎巧，奇物滋起"这是"奇"，所以他对"正"和"奇"都不是肯定的。"以无事取天下"这是"道"，前面这两个都不是值得肯定的东西，所以这可能是另外的东西。既然"正"和"奇"都不怎么样，那么应该怎么样？"以无事取天下"，通过"无为"来治理天下和国家，不要靠那么多所谓的忌讳，那么多的法令，也不要靠技巧，不要靠这些东西，要靠正道。这是一个理解，跳出这个思维。

李明友： 你讲的这个"正"就是法令、政治的"正"，实际上也是老子要否认的。

周生春： 所以他后面否认了，"天下多忌讳，而民弥贫；法令滋彰，盗贼多有"，他否定了，所以结合这个情况我们才能更深入地了解前面三句话的意思，否则单独的解释是片面的。

朱淼华： 你看这么多的排比还有意思的。"我无为、我好静、我无事、我无欲"偏偏在中间插一句"我好静"，他没有用无，偏偏用这个。我们历史上总是把老子看作"无为无不为"，无为叫多了，就变成老子是无为，其实"无为而为"重心是在"为"上。老子偏偏不说我无动，偏偏就说"我好静"，所以我个人的理解就是"动"而"好静"，"动"是本质，怎么动？用"静"的心态、观念。所以李先生和周先生的观念我都同意的，这个"正"不是政治的"正"，而是与"奇正"相对的"正"。但是老子本质上是反对你用利器、技巧等这么多的东西，这个是有悖于"道"的，你想得再多就是有悖于"道"的。"道法自然"，自然的东西你就要遵循自然就行了，哪有想的这么多东西。

廖平原： 你说老子想的有为，怎么有为？

朱淼华： 就是顺自然，"道法自然"，归根到底就是"法自然"。

关长龙： 你说老子有为实际上不是一般的为，他需要无为，大为，实际上是这个意思。

朱淼华： 就怕理解成大为而不为。

第五十八章

其政闷闷，其民淳淳；其政察察，其民缺缺。祸兮，福之所倚；福兮，祸之所伏。孰知其极：其无正也。正复为奇，善复为妖。人之迷，其日固久。是以圣人方而不割，廉而不刿，直而不肆，光而不耀。

李明友： 这里提出"其政闷闷，其民淳淳"，还有大家所知的祸福相依、相伏、互相转化，"祸兮，福之所倚；福兮，祸之所伏"。这里又提到"奇正"的问题了，"其无正也。正复为奇，善复为妖"，这里这个"正"就索性写成"政治"的"政"了，"正"和"奇"、"善"和"妖"都是相对的，下面又是讲圣人了，"是以圣人方而不割，廉而不刿，直而不肆，光而不耀"，我们连续五十七章继续议论。这个"闷闷"是不是说这个社会、政治使人感觉压抑？闷闷就是纯朴一点，就是政治的花样不多，所以这个人还能够"淳淳"，"其政察察"，"其民"就"缺缺"了。

关长龙： "察察"是过于清楚，过于法治。

廖平原： 前面一个是无为。

关长龙： "缺缺"可以理解为诡计多端。

关长龙： 我想起来唐代柳宗元写的一篇文章叫做《种树郭橐驼传》，里面的意思差不多，请教一下他为什么种树种得这么好，他种的所有树都能活，他说我唯一的办法就是树种了以后就不管了，因为种了以后隔几天摇一下树是不是稳固，隔几天再去掐树枝有没有死，这样就完蛋了。我们现在的政令就是隔几天看看老师有没有偷懒，隔几天看看老百姓是不是干活，这个事情好像管得太多了一点。

李明友： "察察"就是规定的太细，太明白，太清楚了，反而使人受压抑。

朱淼华： 就像我们每个学期要检查一样，所以每个人都提心吊胆。

李明友： "闷闷"就是大致这样子。

廖平原： 后面讲的意思"其政察察"就像我们平常一个比喻叫"水至清则无鱼"。

李明友： 我们这个传统市场是不是太细了？我一个学生曾提过一个很尖锐的问题，传统的市场要求自我克制，但是现在的社会就是要发现，就是要自我表现，就是要规定那么细的法律，所以传统思想和现代生活之间紧张的冲突，一读提的最多就是这些问题。

关长龙： 比如说规定不能随地吐痰，我要把它吐到墙上，你说不能随墙吐痰，我吐在黑板了，我吐在别人衣服上，算不算随地？你要是规定随地吐痰规定100条最后还是整治不了，所以国外的法律最后还要有一个陪审团制度。

朱森华： 现在向窗外吐是最合法的，因为你说不清它落到哪里，别人也不知道是谁吐的。

俞正平： 无为治国的基础就是大公无私，把自己的利益放在治国级别上就无政可言，也无奇可言，所有的"正、奇"都只不过他利益的说辞，全是说辞。

周又红： 其实我也想说，"道"其实是动态的，不管是什么年代，实行结果就是"道"，所以没有绝对正确的标准，不是以老子的判断标准作为今天的"道"。"道"其实是人类不断去认识的，它是动态演化的，然后它生成什么样，冥冥之中就有了，这是动态的观念。过去我们总以为比如说伐木、砍树、开荒这个就是正确的道路，但过一个历史时段看过来要最终还林、还木、还水、还地，这也是"道"，所以人们已经意识到冥冥之中自然要求你调整的。

俞正平： 其实他弄来弄去自己都没想明白他要怎么干，兜来兜去就是自己的小算盘，说的和做的完全不一样，根本和"道"边都不沾。

廖平原： 你们这里讲的"道"也曾经是我们所说的价值观、价值标准。

李明友： 这究竟是什么问题？

周生春： 他讲的是这个具体的问题，"祸兮，福之所倚；福兮，祸之所伏"，这个问题具体讲"孰知其极"，祸里有福，福里有祸，谁知道祸害是什么？

朱淼华： 这个就是"道"，谁知道"奇"不是讲对了？就是这个转换的"道"，我的意思就是它被转换了。你管它干什么，这就是真正的"道"。

李明友： 你讲到"孰知其极"，接下来"其无正"这个怎么理解？然后又是"正复为奇，善复为妖"，这个"其无正"和上面联起来怎么理解？

周生春： 祸未必是正，福也未必是正，是这个意思。

朱淼华： 对，他的"道"是转换的。

周生春： 福未必是正，祸也未必是正，为什么？福会变成祸，祸会变成福，所以无所谓"正"和"奇"，所以不要以为"正"是好的。

李明友： "人之迷，其日固久"，刚才大家从现实生活当中理解这句话，现代人们的迷惑糊涂时间已经很长了，所以要读《老子》。

关长龙： 我觉得是不是可以这样理解？和佛教讲得有点相似，老子实际上讲"以正治国"的时候最后不得不说这么一句话，就是告

诉你"正"不能执于正，而你执着于"正"的时候你以为那个是
"正"，到处用的话"正"就变了，所以任何情况下儒家讲的适中，
随时恰到好处那肯定是"正"，而不是有个固定的法，大家都跟着
学，那肯定不是"正"。"正"实际上一种变态，可以变化的。

周生春： 你想找的这个东西是抓不住的。

关长龙： 对，"其无正"，"其"就是大概，语气词，没有固定的
"正"，或者是没有一个唯一的"正"。

朱森华： 我的理解这个"奇"好像是前面的"奇"，就是"孰知其"，
然后就是"奇"有一个指定的意思。

关长龙： "人之迷"可能也是指人之迷正。

第五十九章

治人事天，莫若啬。夫为啬，是谓早服。早服谓之重积德。重积德则无不克，无不克则莫知其极。莫知其极，可以有国。有国之母，可以长久。是谓深根、固柢、长生、久视之道。

李明友："治人事天，莫若啬"这个"事"历史也有好几种解释，有些人当做"法事"的"事"，就是你要有一定的规范，也有人把这个"事"当做你不要太浪费，要节约这样的解释。再接下去的"夫为啬，是谓早服。早服谓之重积德"，从文字上面好理解，下面"是谓深根、固柢、长生、久视之道"这些也比较好理解。

廖平原：这个"啬"是什么意思？

关长龙：我觉得还是有收敛、内敛的意思。

廖平原：后来再引伸为"吝啬"这个含义。

关长龙：对。

关长龙：　"早服"的"服"我还是赞同通"反复"的"复"，可以早一点回归到"道"，可以早点回去，早点归一于"道"。

李明友：　这个"啬"可以解释为少付出。

关长龙：　也不是，实际上还是要回归于自我，回归于内在。

李明友：　就是都保留一点。

周生春：　好静、无为。

关长龙：　对，有点内修的意思。

李明友：　内敛的意思。

关长龙：　"早服"就是早点回归到原初的状态。

廖平原：　这个"啬"字显然是一个比喻的意思。

李明友：　"早服"就是早一些回归到原初状态，但是怎么回归只有"啬"，所以这样理解"啬"是一种内敛、收敛，不要太铺张。

俞正平：　我觉得李先生刚才讲的是这个意思，开合、循环也是蛮合适的。

周又红： 如果说到均衡这个事又不一样了，绝对不是均衡，"和"本身不是均衡，"和"是一种适当的比例关系，但非均衡，非平衡。

李明友： "和"就是均衡，哲学上讲"和"就是不同的事物达到一种均衡的状态。

俞正平： 动态的"和"才是有意义的，均衡了就没有一个治国事人的意思了。

周又红： 如果单纯地理解为均衡，就是静态地、静止地去理解就没有任何价值。

李明友： 我们讲的"和"不是静止的，就是动的。

李明友： 达到一种均衡这个就是"和"，这当然是动态的。

朱淼华： 还加一个词是暂时的。

李明友： 这个均衡就是要被打破的，又会达到一个新的均衡，这就是我们讲的哲学。

俞正平： 这个和福祸观是一样的。

朱淼华： 他讲的"和"是很有道理的，这个"和"估计就是"道"。

周又红： 我在想刚才李老师说的这个观点，"和"本身是指本质，不是指现象，不是指重量、质量关系，"和"是本质的东西。

廖平原：　就是"道"，像种粮食一样。

朱淼华：　对，"夫为啬"就是指这个，"早服"是什么？就是戈出那个自然，就是这么简单。

李明友：　这个"啬"有这个意思，因为"啬"就是种庄稼。

廖平原：　你看我们古代人讲尧舜时代最关心的叫观天测时，就是你要知道天气的变化，你要知道地理的变化，根据节气，什么时候开始播种，什么时候开始育苗，什么时候开始种下去，什么时候施肥等这都是有一套技术在里面的。

廖平原：　我觉得这个解释应该符合他的原意。庄稼要种好第一要遵循自然规律，第二要掌握自然规律，第三个要运用自然规律，第四个还要创造自己的一些技术、一些技巧来达到种好庄稼的目的，我想这几个方面都包含在里面。

周又红：　你说这些其实还有一个生活的规律。

李明友：　朱熹解释为"能啬则不远而复，重积德者，先己有所积，后养以啬，是又加积之也"，"养"就是修养自己，充实自己，"啬"就是要小心谨慎的意思。

周又红：　这个如果从经济的角度很容易阐释，"养以啬"简单说就是你要有积累，不能全部吃光，还有一个扩大再生产，投资、积累、消费，要循环经济，一次全部都吃光，来年你就没有种子了，这是肯定的。大的宏观上也就是说你种多少就要有多少消费，不是一次消费完，还要有积累，再种。反正既有自然规律，同时肯定有人类社会规律，因为它服务于我们人类自身，这个就是整个的经济规律这里面都体现了。

廖平原： 人要参与到其中。

周又红： 对，而且当时是农业国，又是以农业为基础。

廖平原： 正是因为这样，中国一直在强调要参政来达到这种"道"的状态。

朱森华： 我多年以来不敢用这个词，就是掌握自然规律，我比较喜欢用顺应自然规律，可是顺应好像也是掌握了。这个词我不敢用，听到你刚才说掌握自然规律，我突然觉得我又年轻了。

廖平原： 现在我们就要和积德联系在一起了。

朱森华： 重积德这是朱先生的观点，朱先生的儒家观点一进去话题又大了，他以儒结老，包括其他他处事、法治的态度。

关长龙： 这方面看起来老子还是有些让步，老子原来讲"失道而后德"之类的，但这个地方他又讲"重积德"，是不是他有让步？本来老子一直讲的叫知觉本体，或者是直接和本体打交道。

廖平原： 积德可以和我们前面讲的种庄稼联系在一起，说明通过积德来达到一种明道、知道的那种状态。

周又红： 这个有一个解释，他认为"道"是本质，"德"是外放，"德"是"道"的表现形式。

廖平原： 通过"奇"外面的表现形式，通过外面的活动，通过外面的一些做法来达到这样的状态。就是说本质你不可以知道，但是你可以通过本质在外面的表现来得到。或者说我们不知道电的本质是什么，但是我们可以通过光、通过热来知道电的状态，电的现象和功能，它的本质我们找不到。另外一个比喻是水，水的本质是什么我们不知道，但是水的功能像可以喝，可以烧饭，可以洗澡等我们都可以感知到。要得道怎么办？就是通过积德这种外部的表现形式来得到一个"道"。是不是可以这样解释？或者说还有另外一个解释。

周又红： 有道理。

俞正平： 有"德"不一定就有"道"，但是它的表现形式确实可以知道。

关长龙： 你积德积到一定程度才能达到"道"，还是要有修炼过程。

朱森华： 这个话对的，我个人理解为什么汉语里面有"道德"这个词，而没有"得道"这个词是有道理的，要看"德"是有道还是没道，这是有道理的。道德之德才是真正的"德"，这是我个人理解。并不一定说这个人很有"德"，好像"德"就是一切了，非也，要"道德"之"德"才是的。

廖平原： 通过"道"而"德"。

朱淼华： 对，得的是那个"道"，那个就叫"德"。

俞平正： 佛教认为你做了善事的时候你为自己求很多很多的东西，你为这个做善事你不一定在积德，《圣经》讲你左手做的好事你千万不要告诉右手，就是要很纯正的，你做了就做了，不要在那里想很多的事。

朱淼华： 你讲的很对，你看《最后的晚餐》的耶稣，我让他们看两只手，左手是无力的，右手是非常厉害的就这么压着的，我说大多数人从来不去看这个的，这就是我的理解。

第六十章

　　治大国若烹小鲜。以道莅天下，其鬼不神。非其鬼不神，其神不伤人。非其神不伤人，圣人亦不伤人。夫两不相伤，故德交归。

李明友：　这个气派很大，"治大国若烹小鲜"。

廖平原：　他这里讲治国像烧饭一样，要把这个饭烧好要和种庄稼一样有技术。后面这些我想其实都是对前面的展开了，如果这样做就会怎么样，就会达到以"道"为天下，神不知鬼不觉地达到一种无为而有为的状态。

李明友：　这里关键是对"鬼神"怎么理解。"其鬼不神。非其鬼不神，其神不伤人"我这里的解释这个"鬼"是"回归"的"归"，"神'就是"伸张"的"伸"，"归"就是恢复、早服，回到道德的本位上去。"神"就是"伸"，"伸张"，所以"以道莅天下，其鬼不神"就是回归道不难。所以下面"非其鬼不神，其神不伤人"就是说不是回归就不伸，最后"归"和"伸"还是要转换的，但是"伸"的时候他不伤害别人。"非其神不伤人，圣人亦不伤人"，最后还是落实到"夫两不相伤，故德交归"。以前讨论老子谈到一种老子的"鬼神"观，从《老子》书里面其他找不到鬼神思想，尤其是鬼灵，按照以前阴阳学说来讲，《老子》书里"回归"和"伸张"这个思想是可以作为这样的注解的。后来北宋的张载就有这样的解释，张载讲的气，"太虚即气"，他认为万物由气构成，当气构成万物的时候就是神了，当物回归到气，回归到太虚上去这个就是"归"，就是回归，恢复到原来的状态。

廖平原： 有人把这个比喻为天和地的关系，有些人把神作为上天，有些人把鬼作为地，有没有这样的解释？

关长龙： 鬼归于地是有的，但是鬼就是地这个好像没有的。

廖平原： 如果把这个引伸为回归，总体上感觉还是有点牵强，我想回归是符合老子的原意。老子在这里讲的原意还是要跟开头这个句子结合起来，因为后面最后一句"夫两不相伤"这个"两"指的是什么？是有所指的，他一定指向某个东西，这两者到底指什么？到底想说明什么问题？这个"鬼"和"神"只是一个比喻，具体指什么，根据当时的社会环境做一个解释比较恰当一些。当时肯定也是讲鬼神的，老子把鬼神用到这里肯定有他的意思，如果说不是天和地的话，那就是说在我们治理国家的时候遇到的一种要么是法治，要么就是什么都不管，是不是这种状况？

李明友： 你讲的"两不相伤"就是"鬼"和"神"不相伤？

廖平原： 对，"鬼"和"神"又能指代什么呢?

朱森华： 这个不是"鬼"和"神"。

俞正平： 不是"鬼神"不相伤，我的理解是鬼神应该是同道的，鬼泣神，神泣鬼。

李明友： "鬼神"和人两不相伤。

朱森华： 我比较赞成"鬼神"在当时是存在的。《论语》中孔子也讲过"敬鬼神而远之"，鬼的事情神的事情不要去管它，并不等于说不承认。老子、孔子这个历史阶段我还是觉得会相信鬼这种东西。我个人的想法鬼神是两回事，我多年来的体会是有鬼而无神，什么意思? 鬼是客观存在的，敬鬼而远之。"神"是什么呢? 神是人加的，人是为了拿鬼来吓唬人然后把它变成神，就像我们现在讲的圣，圣是人加的，鬼是有的，神哪来的? 是鬼和圣之间产生的"神"，所以我是非常赞成你说的"两不相伤"是鬼、人不相伤，这是我的理解。

廖平原： 具体在这里指什么我们还不清楚。

朱森华： 孔子不是不相信鬼的，他是"敬而远之"，"敬"是动词，所以你就应该落实到宾语上，他是承认它的，但是不要管它。

李明友： 那你怎么理解上面的"以道莅天下"? 我讲的"鬼"就是"归"，"神"就是"伸"，那就更有道理，"治大国若烹小鲜"，就是道德"归"和"伸"，就是这个意思。

李明友： 你的意思是如果用"道"来统治天下，"其鬼不神了"。

朱淼华： 为什么神？神就是人搞出来吓唬你的，这是我的观点。回到第一句恰恰印证了我的观点，所以我跟老子的观点是一致的，"以道莅天下"的话这个鬼是有的，但是鬼就不神了。

廖平原： 按照当时的宗教和心理状态可以这么说，从上古一直到东周时代，祭祀是他们的大事。有祭祀已经表明着有祖先，有天，人们的心目中有这样的东西存在，有对神鬼的大家的共同的认知，共同的一种感受。鬼神应该说是普遍存在于从上到下的人们的认知中间，老子这个时代鬼神肯定是大家谈到的一个必不可少的话题，也可以用来做比喻的话题，所以老子在这里用鬼神。

李明友： 实际上应该说神在先，鬼在后，以前古代人谈到神的更早，更多。

朱淼华： 我刚才的理解鬼是可解的，死是由鬼来解的，但是现在不可解的东西上升到神。

俞正平： 我的观点是鬼神就是一回事，这里说"以道莅天下"，这个行道的主体一定是人，人在行道，你要解释你跟超自然的关系，所以老子就说超自然的力量能不能伤害道，道是不是能够无边无际，能够超越这个力量呢？老子回答鬼神都不会伤你，为什么鬼神不会伤？如果你是"以道莅天下"，你真的掌握了这里面玄奥的东西，鬼也就不神了，神也不鬼了。

廖平原： 你的意思就是说鬼神是一个代表自然的东西。我们讲人和自然之间的关系问题，第一个我们和自然的关系不是对抗的关系，我不来控制和毁灭自然，同时我也不是完全受制于自然，也就是说我也要通过发明我的科学，发明我的技术来和自然达到一种和谐，一种相互受益的状况。我们互不伤害，但是我不是完全受制于自然，也不是完全和你对抗，而处在一种所谓中道的境界。

俞正平： 还是解决一个关系。

廖平原： 是人和自然的关系，所以这里的鬼神就表明自然，是这么一个意思。

第六十一章

　　大国者下流，天下之交，天下之牝。牝常以静胜牡，以静为下。故大国以下小国，则取小国；小国以下大国，则取大国。故或下以取，或下如取。大国不过欲兼畜人，小国不过欲入事人。此两者各得其所欲，大者宜为下。

李明友： 这个就是大国和小国之间相处的关系。"牝"就是雌的，"牡"就是雄的，老子不是知雄守雌吗？所以在当时的诸侯各国纷争的情况下，大国怎么样对待小国，小国怎么样对待大国，这个也是很重要的。下面我们讨论。

周生春： 这一段实际上是接着上一段讲的，上面讲的是"其鬼不神"，这里讲的是"两不相伤"，"大者宜为下"，其实讲的是一个事情。

廖平原： "牝"和"牡"也是一个比喻，当时无论是孔子、老子各家都喜欢用比喻的方式，用当时人能够听得懂的方式来说明这个问题，但是这些道理我们不一定那么懂了，或者说不知道当时的比喻是什么意思。在春秋时代可能有一个说法，那个时代两个国家相互之间争斗、征伐都还是以"道"作为标准，也不是随便就是大国来欺负小国，小国来偷大国的东西。

周生春： 其实改变一下标点符号就可以解释通了，"天下之牝，天下之交"、"以静为下"也可以。

关长龙： 这个还是涉及版本，不知道这个版本怎么搞的。

李明友： 这个比喻是一个意思，下面关键是"大国以下小国，则取小国；小国以下大国，则取大国"，这两个"取"前后有什么区别？

关长龙： 这个是语法问题，一个是"取"，一个是"被取"。

李明友： 第二个"取"是"被取"。

关长龙： 对，"小国以下大国"是被大国所取，"大国以下小国"就可以兼容，或者是获得小国的认同，一个是主动，一个是被动。

李明友： 你这个解释比较温和，第一个"取"就是兼并的意思，大国兼并小国；第二个"取"如果是"被取"的话，就是小国被大国兼并。

关长龙： 最后不都是兼并了？有点狠了，实际上还是共处。

周生春： 那个时代就是这样，春秋还是争霸时期，战国是兼并时期。

关长龙： 它不算兼并。

周生春： 不应该理解成兼并。

关长龙： 就是两国和平共处，不会经常处在战争状态。

廖平原： 打仗是经常的，当时郑国就很强大，郑国周围的那些小国家，一会儿和郑国好，一会儿和齐国好，一会儿又跟楚国好，那些小国家在大国中间很难生存，所以它必然以一会儿跟这个好，一会儿跟那个好的方式才能在这个状况中生存下去。就像我们现在国际社会一样，像巴基斯坦这样的小国家一会儿跟美国好，一会儿跟中国好，一会儿和俄罗斯弄在一起，它都要以这样的方式才能生存下去。当时即便打败了一个国家也不把它兼并，而是说你成为我的依附国，你向我交贡，这是当时春秋的状况，所以周老师讲和战国明显的兼并有点不一样。

周生春： 所以他讲的是"以小事大之道"，和"以大育小之道"，这个原则是一样的。

李明友： 我们现在跟美国相处，我们就是下了。

周生春： 我们是韬晦之计。

李明友： 我们就处于下流了。

周生春： 大国在下流。

廖平原： 我觉得这一段要从头到尾做一个整体的解释可以更好地把握好，它开始讲大国的下流，后来一直在讲下，下在这里究竟表明什么样的意思？要从头到尾解释一下。

周生春： 大家在下，但是关键大的更要下。

廖平原： 大家在下是不是我们所说的要以低姿态待人？

李明友： 是这个意思，要谦卑一点，大国也不要盛气凌人。

周又红： 这是一个层面，还有一个层面，也就是你不要主动发兵，人不犯我，我不犯人，人若犯我，我必犯人，他不是主动出击，不像美国出兵阿富汗、伊拉克，然后就是美国的金融危机了。

廖平原： 太极拳里面经常讲到的就是以静制动、以慢制快是不是有这个意思在里面？

周又红： 所以要谦虚、谦和、忍让，这个是独立刚强，自我的积蓄，不侵犯别人。

朱淼华： 我对这一段包括对老子的理解，静不是目的，以静制动也不是目的，好像我以静来阻挡你的动也不对，他的目的还是胜，他的目的还是要动，他的目的还是要取，这是我的观点，下不是目的，下只是一种方式。

周又红： "取"的意思刚才关老师说不一定是兼并，不一定是对人家的侵略，吞食掉，蚕食掉，"取"完全可以是取信于别人。

朱淼华： 取信最终的目的，就是要胜。

廖平原： 这一章是不是可以讲为以什么样的方式来取胜？

关长龙： 我觉得还是容纳的问题。

周生春： 所以你一定要做取信、取胜解释的话，两者都取胜，双方面取胜，绝对不是单方面取胜，两者各得其所。

第六十二章

道者，万物之奥。善，人之宝；不善，人之所不保。美言可以市尊，行可以加人。人之不善，何弃之有？故立天子，置三公，虽有拱璧以先驷马，不如坐进此道。古之所以贵此道者何？不曰求以得，有罪以勉，故为天下贵。

李明友：我们刚才谈"道"谈了很多，现在为"道"了，"道"在万物之奥，然后又引出"善"与"不善"。

廖平原：就是说这个"道"是善人的保障，不是不善人的保障。

关长龙：不是保障的意思。

廖平原：那是什么？

李明友：法宝。

周生春：有的版本"善人之宝，不善人之所宝"中"不"字是没有的。

廖平原： 这一段怎么解释？

关长龙： 两个"宝"不一样，后一个"宝"一般解释为依赖，前一个"宝"解释为珍宝，珍爱。

李明友： 如果把它点成"善人之宝，不善人之所不宝"，就是说这个"道"是善人的法宝，不善人就是用"道"也不能够坚持，不能有"道"，"宝"就是保持。

周又红： 不善之人对"道"无所谓的。

朱淼华： 这个"宝"是不是两个含义？一个是保持，一个有保有，保持是一个主观的对象，保有是客观地拥有，这两个都应该考虑进去。就是不善的人本来没有这个东西，还有就是我不选择，所以"宝"有这两个意思。

廖平原： 这句话还要跟前面一句话相参照，"道者，万物之奥"也就是说"道"是万物之所以表现出来的根本的原因，正因为这样，如果说一个人能够得道就能够有保障，如果这个人不能得道就不能有保障，所以人得道就是善人，不能得道就不是善人。

周又红： 这个好像缩小范围了。

朱淼华： 对，我同意你的说法，它应该是大的。

周又红： "道"是冥冥之中的，善于选择的人接近"道"，但是永远不可能达到自身完美地得道，但是如果他不善于选择，这个"道"离他更远了。

廖平原： 因为在上古时代，所谓人就是指得道的人，不得道的人就成为流氓的"氓"，那个时候是这样的划分。老子讲的人，在我看来和氓已经不太区分了，孔子这里还有，一般为了表明得道的人和不得道的人区别，就给前者加上一个圣，就是得道的人称为圣人，没有得道的人就是人，这是当时的区分。

周生春： 不过老子这段话里面没有这样的氓字。

廖平原： 这个在战国时代就很模糊。

廖平原： 下面是不是更不好懂了？

周生春： "美言可以市尊，行可以加人"呢？

关长龙： 问题是还有一个版本"美言可以市尊，美行可以加人"，我觉得还是那个顺。

周生春： 这个版本是比较特殊的版本，是民间的碑刻本，这个本子根据最早的文字编的，但是其实它改了很多，这个本子本身有问题的，但我们为什么选择这个本子呢？不是因为它好，而是因为它全，因为其他本子没有这种文字的，有这个本子就全了，并不是说这个本子特别好。

第六十三章

为无为，事无事，味无味。大小多少，抱怨以德。图难于易，为大于细。天下难事，必作于易；天下大事，必作于细。是以圣人终不为大，故能成其大。夫轻诺必寡信，多易必多难，是以圣人犹难之，故终无难。

李明友： "大小"、"多少"、"难易"前面老子主张的是"以德报怨"。这章比较好理解。

廖平原： 这章和前面讲的"下"有类似的地方，把大的事情变小，比如这里讲到"易"、"细"、"不为大"、"不为小"，因为这样就不会造成多易而多难，我想都是讲一个意思。

关长龙： 这样讲有现实依据吗？比如说从学术角度讲，乾嘉考据学一直是做小，做细，但是最后做大了没有？

廖平原： 你这个是讲做学问，做一些考据方面的学问，这里是讲做人、治国或者是管理等方面总要大事化小，总要把复杂的东西

经典会读　老子

360

变成简略的，总要把不可能操控的变成可以操控的，总要把难以把握的事情通过一定的方法转化为可以把握、能够实施的。我想和前面的意思是一致的，不可以为大，也不可以把条条框框定得这么多。

关长龙： 我这里有一个理解，他这里提到"圣人终不为大"因为有前提，他没说普通人，圣人是心有"道"，或者是与"道"合一的人，所以他实际上是不是为大了？实际上他是有大的，他是为了"道"从小做起向"道"走，而不是说没有大。如果没有大的话就像现在说的多元化，我是反对多元化的，最后永远没有目标，好像我做小事什么都做，最后你不知道做什么。

廖平原： 这个是方法上要小，目标上要大。

李明友： "天下大事，必作于细"，还是有大事的。

关长龙： 这个是对的，一定要有一个大的目标，不是说不为大也不能说错，因为他是圣人，他那个大是极大。

廖平原： 大就是道理，通过各种方法来求道。

关长龙： 这个不为大可能指不笼统，不是讲我下什么决心之类的。

廖平原： 这和前面讲的怎么样管理社会，怎么样治国，怎么样处理国与国之间的关系，怎么样处理平常遇到的事情都是有关的，都可以联系到现在企业管理上面的问题。

第六十三章

361

第六十四章

其安易持，其未兆易谋。其脆易判，其微易散。为之于未有，治之于未乱。合抱之木，生于毫末；九层之台，起于累土；千里之行，始于足下。为者败之，执者失之。是以圣人无为，故无败；无执，故无失。民之从事，常于几成而败之。慎终如始，则无败事。是以圣人欲不欲，不贵难得之货；学不学，复众人之所过。以辅万物之自然而不敢为。

李明友： 这一章和前面一章都是让我们做细微的事情，在"未有"，"未乱"的时候慎重做事。"千里之行，始于足下"是要踏踏实实地做事情才能够成大事业，最后还要归结"无为"，"圣人无为故无败"，"为者败之，执者失之"，所以我们老百姓做事"常于几成而败之"，老百姓做事常常是快要成功了又失败了，这样的教训太多了。

廖平原： 用我们现在的话来讲是不是我们要知道事物生长发展的规律，然后遵循这个规律，依照这个规律的过程来做一些事情？按照老子的意思，根据事物具体的变化的情况，寻求发展的方式，而不是仅仅依照现在所拥有的规则、现在的状况来决定以后做事情的方式。做企业的话就是要感受到市场变化的可能性，市场在未来变化的趋势，根据这些趋势来做一个新的策划，来思考可能出现的问题，从而制定规划。是不是有这样的意思在里面？

廖平原： 就是说时空有变化，我们也要随着这种时空环境的变化来做选择。

周生春： 这句话非常重要。

李明友： 根据前面，看起来"为之于未有，治之于未乱"这还是有为的。

廖平原： 是，老子一直强调"无为而无不为"，后面不是说"无为"这个就没了，而是叫"无不为"，什么都能做，什么都能做得好。

周又红： 其实"无不为"就是"有为"的一种表现，"有为"就是"为不为"。

周生春： 李老师提的问题也很值得我们注意的，前面讲"为之于未有"，后面又讲"为者败之"，其实这两个"为"是不一样的，第一个"为"符合"道"，第二个"为"你不按照"道"去做，不是为之于未有的时候去为，那就是败之了。

廖平原： 也就是我们现在讲的以变量为常量，如果把一个变化的东西看成一个不变化的东西，随着时空条件的转换而不变化那就会有问题，所以你要跟着具体条件的变化来做新的选择，才能立于不败之地，才能"无为而无不为"，所以这是一样的意思。

关长龙：　你们刚才说如何把握常量的问题，它是根据市场，还是凭感觉呢？

廖平原：　对，这个老子没教我，其实也教了，刚才这段话也教我们怎么做。

俞正平：　这个问题又回去了，我一直在想"善"、"不善"，而不是"善人"、"不善人"，就是把握住了就是"善"，你没把握住就是"不善"。

周又红：　这个简单说就是不固执己见，老是朝一个套路上想就是不善者了，毫无疑问"为者"不是死板的。

薛剑晖：　我想提一个问题，就是说老子在讲见微知著，就是说看到微小的对象能够防患于未然，不要让它长成大患了以后再去改善，我想有没有这个意思？其实这部分是写给在上面的人看的，希望通过这些东西能够治国，但其实现在不管是开公司，还是做领导，如果你在现在的决策体系下面，你是一个明智的领导，你能够看到一些微小的现象就能够想到以后可能发生大的问题和隐患，一开始就可以解决。但是在一个社会中能够看到这种微小的先兆就能预计未来的一些人毕竟是很少数的人，现在的决策体制往往是投票制，或者说多数决定的制度。当你明明看到一个不好的先兆，而别人没有看出来的时候，你想通过投票的决策机制能够使它成为一个集体行动，我觉得是有困难的。你明明看到一个很不好的现象，但是你又没法让大家了解到，只有等到最后这个问题完全爆发以后，就像金融危机，大家才认识到原来是这样，我们要改正，我就想在这种决策体制下像老子说的这种方法还能够运用吗？

周生春： 只有两个办法，一个就是在位者要学这个。

薛剑晖： 但其实在位者认识到了，比如说总经理已经预见到现在某一种市场已经变化了，我们要削减产量，但是其他人并不这么认为，特别是在他上面的董事，最后董事会投票的时候所有的董事都说我们还是要继续增加产量，这个时候你有什么办法？我就想，到底应该是采取精英式的方式来治理国家，还是用什么其他方式？但精英治国最大问题是什么人是精英，如何把人选为精英并作为决策层，这又是其他的问题，但我就觉得其中有一种内在的矛盾，他的这种治国方式和现在的治国体系其实是不一样的。

李明友： 我理解老子的思想，一个是"反者道之动"，有些事情它就要做到尽头才来一个转化，有些事情要从细微的征兆、苗头开始着手解决，但是不是说所有的事情都能够在细微的苗头能够解决，有些事情是要到一定时候，或者说有爆发以后才能解决。实践当中有些就是预计不到的，事情就是要完全爆发以后才能够解决的。

第六十五章

　　古之善为道者，非以明人，将以愚之。民之难治，以其多智。以智治国，国之贼；不以智治国，国之福。知此两者，亦揩式。常知揩式，是谓玄德。玄德深远，与物反，然后乃至大顺。

李明友：　老子这里批评的是"以智治国，国之贼"。

周又红：　古书里"智"和"善"是什么含义？

关长龙：　"智"应该是理性的，"善"实际上是道德的。

周又红：　是内生的吗？

关长龙：　所以这个东西很奇怪，人之所以为人，就是因为人有了理性，人和动物不一样的根本原因就是人有理性，当然为什么人会产生理性，动物没有理性？这个不知道。

李明友：　你这个"智"应解释为儒家的"智"，道家老子讲的"以智治国"的"智"是指一种技巧，一种手段，它不是儒家讲的那个"智"，仁义礼智信的"智"。

关长龙： 我觉得差不多，道家就是要绝圣去智，他把一切的知觉、认识全都不要了，所以要"愚人"的。

周生春： 他不是"愚人"，他自己也主张要这样，以愚为上。

朱淼华： 关键是这个"愚"，我个人理解是返璞归真的意思。

李明友： 那你怎么理解"民之难治，以其多智"，这个"智"怎么解释？

关长龙： 就是你心计多端，今天这个主意，明天那个点子。

朱淼华： 我的理解是人的自作聪明。

俞正平： 我的理解还是属于工具理性的"智"。

周又红： 还有一个问题，"玄"指什么？

俞正平： "玄"指天的意思，因为悬空。

关长龙： "玄"相当于儒家的明德。

李明友： "玄德深远，与物反，然后乃至大顺"怎么理解？

廖平原： 是说它本质内在的东西。

俞正平： 我看等于是佛家的"色"和"空"的关系，"物"其实指的就是很具象的那种，玄德不是具象的东西。

周又红： 对，是抽象的。

周生春： 人多想要知，这里反对知，那才是大顺。

关长龙： 我觉得老子这里面很多地方有省略，它有一个先在条件就是"道"，"物"反什么？就是"道"。你只要前面做到了你就可以和万物一起返回到"道"，因为万物可以到来也可以返回到"道"那里去。

廖平原： 我想这个"反"指的是回到的道德的本源。

第六十六章

　　江海所以能为百谷王，以其善下之，故能为百谷王。是以圣人欲上人，必以其言下之；欲先人，必以身后之。是以圣人处上而民不重，处前而人不害，是以天下乐推而不厌。以其不争，故天下莫与之争。

李明友： 你要成为王就要对民众谦卑，你要先人必须要身后，不要事事争先，所以"以其不争，故天下莫与之争"，这还是老子思想的进一步的发挥。

廖平原： 要贴近百姓。现在有人讲到一个人的修养到了一定的时候远看他有威严，但是你和他近距离接触的时候他很慈祥，就是这样的状态，圣人得道之后是这样的。

周又红： 敬而远之，你碰到他真的是慈祥的。

廖平原：《中庸》里面讲过类似的话。

第六十七章

天下皆谓我大，不肖。夫唯大，故不肖。若肖，久矣其细！
我有三宝，持而宝之：一曰慈，二曰俭，三曰不敢为天下先。夫
慈，故能勇；俭，故能广；不敢为天下先，故能成器长。今舍慈
且勇，舍俭且广，舍后且先，死矣。夫慈，以战则胜，以守则
固。天将救之，以慈卫之。

李明友： 这一章论述要持有三宝：慈、俭、不敢为天下先。

廖平原： 这个应该说也适应了当时的社会状况，当时这个时代诸
侯互相攻击，都想先攻击别人为天下先，所以都是讲当时的社会和
各个国家关系的状况。"不敢为天下先"让我想到日本的三菱公司，
它从来没有自己的发明，从来是别人在市场上有一定的规模和影响
之后它才来，他说它的法则就是"不敢为天下先"，这是一个例子。

徐　佳： 现在好像不太一样，像企业管理提出的原则就是"蓝海
战略"，就是要敢为天下先。

关长龙： 所以最后肯定要灭亡。

廖平原： 它这个是讲原则，你现在说的就是讲方法，应该说有联系也有区别。

徐　佳： 现在经常在介绍这些成功人士或者成功企业的时候，通用的就是"敢为天下先"。

廖平原： 我们刚才提到如果你看到了这样的趋势你真的是"敢为天下先"，比如说从 IBM 到现在的谷歌，这就是"敢为天下先"的最好的例子，每个都是看到了这样的前景，然后在这方面能够敢为天下先。

李明友： 为什么"持"、"俭"、"不敢为天下先"最后是归结到"天将救之，以慈卫之"，好像这个"持"更加重要。

廖平原： "持"就是"上"，就是说以天地之道，以天地之善，你就"天将救之"了。你要遵循这种规律，你就不会灭亡了。

周又红： "慈"是什么意思？

关长龙： "慈"就是仁慈、慈爱。

廖平原： 最后这句话就是对前面所有的总结，如果说以慈不敢为天下先，同时还能够俭，既能慈，还能够俭，不敢为天下先，你就可以得天下。

周生春：“慈”就是“道生之，德畜之”的慈，“俭”就是前面讲的“啬”，实际上是对前面的一个归纳，不敢为天下先看起来和前面是矛盾的，实际上不敢为天下先就是不争，以其不争，故天下莫与之争，这个不敢为天下先恰恰是最先，这是真正的“蓝海战略”。宋铠教授到处在讲“蓝海战略”，我说就是一句话应该归结到老子，“与其不争，故天下莫与之争”，他说这句话背了10多遍，这个比“蓝海战略”还要深刻。

第六十八章

古之善为士者不武，善战者不怒，善胜敌者不争，善用仁者为下。是谓不争之德，是以用人之力，是谓配天古之极。

第六十九章

用兵有言："吾不敢为主而为客，不敢进寸而退尺。"是谓行无行，攘无臂，仍无敌，执无兵。祸莫大于轻敌，轻敌几丧吾宝。故抗兵相加，则哀者胜。

周生春：经典会读有一个重要的内容，就是通过读经典来发现和寻找到经典的现代价值和意义，以及新的见解，这是我们当时的宗旨，你们有没有新的见解？这两章比较容易理解，不需要有什么解释。

第七十章

　　吾言甚易知，甚易行。天下莫能知，莫能行。言有宗，事有君。夫唯无知，是以不我知。知我者希，则我者贵。是以圣人被褐怀玉。

周又红： "被褐"什么意思？

关长龙： "褐"是粗布衣服，"被"就是被着粗布衣服。

李明友： 圣人被着粗布衣服，但是怀着玉。

关长龙： 败絮其外，金玉其中。

李明友： 开头两个字"吾言甚易知"这个"言"是谁的"言"？

第七十一章

知不知上，不知知，病。是以圣人不病。以其病病，是以不病。

廖平原： 这一段话是不是讲圣人的状态，或者说应该怎么做人的一种状态？所以这和前面一起读的话还是教人以信、以弱来对待自己，对待别人。

朱淼华： 从先秦以来中国的知识群体有一个大问题就是知与行的问题。老子说"吾言易行"，可是天下呢？没有知道的。我个人觉得这几千年始终没有解决知行的关系问题。我的意思就是说知行关系不解决，就出问题了。当下就是知行分裂，所以就病了。当下的真正的问题不是不懂道理，现在难道还有什么道理需要讨论吗？现在还有什么道理需要宣讲吗？还需要争论吗？绝对不需要，表面上看起来都说知，可是并没有解决行的问题。

廖平原： 这个也是从方法上做一个解释。

朱淼华： 这个不是方法，这就是"道"，"道"必须执行才叫真"道"。

陈　权： "行"是很难执行的。

朱淼华： 这个就是一个问题了，你怎么知道"知"，行都不行你怎么知道"知"？你行都不行怎么知道你知了呢？这个是很讨厌的一件事情。你说以人为本，我就想说主语是谁？以人为本的主语是谁？我为什么不能说以我为本呢？主语先抽掉，以人为本我也是人，我怎么不能以自己为本呢？

李明友： 你的意思以人为本要以我为本？

朱淼华： 你说的很对，我倒不是说以我为本，我真正的意图是要找到那个主语，我始终在找这个主语。

关长龙： 当权者。

朱淼华： 是啊，你说为人民服务，谁为人民服务？他就不告诉我，你说他不知道，他绝对知道，谁为人民服务？政府为人民服务。

廖平原： 所以这些问题在《周礼》，在《尚书》里面讨论了很多，怎么样以人为本？谁是以人为本？用我们现在的话来说这是治官的问题，官就是行政系统，行政系统它一定要以民为本，你看《周礼》里面冬官、夏官、春官、秋官无论是做什么样的官都要以民为本，这个在那个时候已经讲得非常清楚了，所以就像你说的当时主语没有放上去，但是它是在治官这一条里面的，这是非常明确的。

朱淼华： 问题是理论没解决，我们改革开放这么多年没解决。

俞正平： 其实现在大家知的跟在行的完全是两码事，两个层面的事情，所以才有一个"知我者希"，这是老子在说，他这个东西很易，但是又很希，如果都易，大家都这么容易知道的话那就不希了。

周又红： 我有一个不同的想法，你说的"易"其实不是容易，"知易行难"这个"易"是指变化，日月轮回，"易"不是容易，"易"就是变。

关长龙： 你不能在这个地方解释成这样的意思。

周又红： 给他一个"易"可以横向解释微观的东西，我纵向给你解释是一个"道"，然后"知行"本身就是统一的，本身你不行你怎么知呢？不是真"知"，所以不可能光看所谓的"知"。

周生春： 我同意你的观点，"知"和"行"是对立的统一，同时"知"是包含"行"，"行"也是包含"知"的，这种话包括你说的以人为本也好在传统的经典里面没有提出。主语是非常清楚的，因为那个时候读书做官就是给做官的人讲的，不是针对老百姓的，上古的文献就是这样，后来不清楚是后来人的问题，是我们今天很多人的问题。老子这里讲的不是"知行"，还是讲的"知"的问题，主要是"知"，因为老子的思想和一般的思想是相反的，有他的理解上的难度，这里讲的是不容易理解，他还没涉及其他的问题，书上讲是这样的。

廖平原： 可能这里就联系我们讲的三个问题，治官、治民和治国，这三个应该是有区别的，怎么样治官？怎么样治国？怎么样治民？不能以治官的方式治民，也不能以治民的方式治官，我们现在可能正好倒过来，以前是以官的方式来治民，我们现在是以治民的方式来治官，所以正好倒过来了。

周生春： 以人为本今天又发展出新的意义，和以前不完全一样的。

李明友： 你的意思就是说普遍的以人为本着眼于官，做官要以人为本。

周生春： 对，今天的主体可以扩大，既有当权者的意思，还有其他的意义，我们要讨论的是不是有其他的意义，当然这个和老子没关系了。

第七十三章

勇于敢则杀，勇于不敢则活，知此两者或利或害。天之所恶，孰知其故？天之道，不争而善胜，不言而善应，不召而自来，繟然而善谋。天网恢恢，疏而不漏。

第七十四章

民不畏死，奈何以死惧之？若使常畏死，而为奇者，吾执得而煞之，孰敢？常有司煞者。夫代司煞者，是谓代大匠斫。夫代大匠斫，希有不伤其手煞。

李明友： 七十三章讲的不争，七十四章讲的是"民不畏死，奈何以死惧之"，这个大家都比较熟悉的。

周又红： "繟"是什么意思？

关长龙： 我的理解就是一个通假字，通口加单，繟然微笑的样子，稍微有点放松的笑。

廖平原： 后面七十四章应该是一个比喻？

李明友： 你的意思是"代大匠斫"？比喻什么呢？

廖平原： 比喻不要制定严格的法规，要让民众来畏死，或者要让民众遵从你的法规，不要制定政策规章制度等，还是要遵循小、细、弱这样的方式来治民、治国。

李明友： 老百姓连死都不怕。

廖平原： 对，还怕你这个规章制度？如果你真要这么做的话是自己害自己。

李明友： 他前面肯定了"常有司煞（杀）者"，"有司煞"是可以。

关长龙： 应读为"司杀者"。"有司煞者"相当于几种官，比如说司寇等。

李明友： 他认为"有司煞者煞"是正确的，对"司煞者"等于大匠。

关长龙： 关键是第一句话，"若使常畏死，而为奇者"这个"奇"就是用心计来治百姓，你让老百姓都怕死，但是你用各种阴谋诡计让老百姓干坏事什么的，从我的道德的角度来讲就把他杀掉，不杀掉的话就会乱套的。

徐　佳： 这个"司煞者"是指人还是"道"？

关长龙： "司煞者"你可以理解为比喻"道"，我想在这里，或者说是一个"道"的具体的应用，实际上"道"是行为上的东西。

徐　佳： 如果有"司煞者"前面的是指什么？

关长龙： 他还承认有大匠，我觉得大匠一定会有技巧的，"司煞者"也一定有"司煞者"的规则，具体的是执行人员，或者具体的人会有具体的做法。

徐　佳： 从第一段"道"该不该有"司煞者"？

关长龙： 他的意思就是说那个死刑不是"道"的角度，不是在位者管的，是下面"有司"的部门管的事。

廖平原： 如果按照我的理解，这个"常有司煞者"，如果是有了"司煞者"你就变成了"煞"，这是不值得赞同、不值得为道的东西。正是因为这样，才说这样做的话你"希有不伤其手"。这个怎么和前面的一句话联系起来呢？前面的这一段一定是一个反话。

周又红： 他说的意思就是以不杀人者为道，而你要滥杀无辜，设置种种的司法规定，杀到最后，必然伤到自己。

廖平原： 这跟老子的思想正好一样，不杀、不为都是为法治的健全与完善。

第七十四章

关长龙： 他这里还有层次的问题，他讲治国者指国君，国君不应该"司煞"，你不应该讲究怎么样杀人，但是他没有反对说国君下面有"司煞者"，就是国君下面的官员可以有"司煞者"，可以有大匠，"司煞者"按照《周礼》讲那就是司寇，大匠就是司空，你下面还有一些人具体做事，他不反对，但是国君不能直接去杀人。

廖平原： 我们现在要讨论的就是在这段话里面是不是这个意思？

关长龙： 你承不承认有一个"司煞者"？谁来带"司煞者"？

周生春： 他有两个层次的概念，一是指老百姓是不怕死的，他认为老百姓不怕死所以没办法威胁他的；二是指老百姓是怕死的，如果老百姓怕死的话也用不着你自己去杀。

周又红： 你杀了人家以后人家也要杀了你。

周生春： 不管怕死不怕死都不要去杀。

李明友： 你怎么理解"常有司煞者"？

廖平原： 他讲就是不要这么做，如果你"常有司者"你就变成了"杀"。

李明友： 他这里是不是承认了"司煞者煞"这个是正常的？

周生春： 现有的制度就是这样的。

廖平原： 从道家观点来看，它一直跟法家是过不去的，法家要依法治国，道家不是依法治国，这个很明显，你看从头到尾没有依法治国这样的说法，这里也不能说唯独到了这个时候要强调依法治国。

朱森华： 我同意这方面的意见。

第七十五章

民之饥，以其上食税之多，是以饥。民之难治，以其上之有为，是以难治。民之轻死，以其生生之厚，是以轻死。夫唯无以生为者，是贤于贵生。

第七十六章

人生之柔弱，其死坚强。万物草木生之柔脆，其死枯槁。故坚强者死之徒，柔弱者生之徒。是以兵强则不胜，木强则共。故坚强处下，柔弱处上。

李明友： 第七十五章还是讲"以其上之有为，是以难治"，他还是主张"坚强者死之徒，柔弱者生之徒"，在兵法上"兵强则不胜"，所以坚强者要处下，柔弱者要处上。

廖平原： 这也和治国相关，讲治国的一些原则，治国的一些方式方法。第七十五章好理解，没有太大的问题。这关键是"有为"这两个字了。"有为"从前面的连贯性来说，你制定了这么多的准则，这么多的法则，让老百姓很难做，这就像美国的状况。比如说美国和加拿大老说要制定一些法规，要禁止别人用枪，条条框框都制定了，可照样枪击案不断，照样非常难以管理，这两派的辩论争执不断，到底怎么来治理？所以我想老子这里意思很清楚，就是不要有这么多的条条框框去限制下面的人，这样子老百姓反而好管理，如果说你总是以条条框框限制他，总是以各种各样的法规来约束他，反而不好管理。

朱淼华： 其实我一直有一个困惑，老子讲的顺其自然，这里不要有这么多的有为，又都讲到要顺其人的本性，以人为本，可是其实我多年来有个疑惑，人的本性到底是什么？

廖平原： 实际上我们对人的假设基本上有两种，就是善和恶，也就是说以人为善有善的法律，以人为恶有恶的法律。

朱淼华： 这是我最困惑的一个点，就是用老子的顺其自然，我始终不能解决这个问题。

廖平原： 中国历史上历来应该说是善恶兼顾，这表现在治官以严，治民以宽，治国以法。西方一直认为人性本恶，正因为他以人性为恶，所以他有许许多多的法规制度规定，你看美国每一个州的法律多全面，多完善，我们难以想象，我们想要制定这些法律法规，怎么样来制定？或者制定它可能根本不适合。

李明友： 现在正在向他们学。

第七十六章

廖平原： 学也就是完全以人性为恶，这个是我们的标准。

俞正平： 但我觉得除了人性为恶，还有政府就是干坏事的，我们现在所有的法律假设政府是圣人，政府是不会干坏事的，而老百姓才有可能干坏事，所以要制定这个法律，这个是根本的区别。

廖平原： 所以中国古代一直强调治民以宽，我想这就是老子的意思，就是老百姓不要有这么多的条条框框，但是治官要严，你的行政系统就是要严格地治理他。

朱淼华： 你讲得非常对，就是我始终在寻找这个理解，为什么治民要宽，为什么治官要严？我始终困惑，我自己的理解是老百姓总是善良的，官员们都是贪的。当了官就会贪，所以治官要严。老百姓钱也没有，权也没有，前提就是无权无钱之人好像是善的，有钱有权之人必贪，所以要治严，我不知道这种理解是否正确？这个问题不解决，我们在了解当下以及在阅读经典过程当中就会出现这样的困惑。

俞正平： 法有善法和恶法，同时法上面有一个自然法，我觉得自然法就是不伤害他人，大家做到双赢、均赢，这种情况下那个就是自然法，现在的问题就是把人性降为禽兽，我相信最后就是人神共愤，天地同怒，然后来一个一锅端，肯定是这个结果。

第七十七章

天之道，其犹张弓！高者抑之，下者举之，有余者损之，不足者与之。天之道，损有余而补不足；人之道则不然，损不足，奉有余。孰能有余以奉天下？其唯有道者。是以圣人为而不恃，功成不处，斯不见贤。

第七十八章

天下柔弱莫过于水，而攻坚，强莫之能光。其无以易之。故弱胜强，柔胜刚，天下莫能知，莫能行。故圣人云："受国之垢，是谓社稷主；受国不祥，是谓天下王。正言若反。"

李明友： 下面我们讨论这两章，"损有余而补不足"现在现实里面是损不足而补有余。

俞正平： 这里面贫富观说得太现实。

周又红： 但是有一个问题，贫富的内涵是什么？

俞正平： 我理解应该是财富。

周又红： 是财富，但是财富还是比较抽象，具体是什么标准呢？

廖平原： 这个"有余"、"不足"可以用一个例子来说明，一个杯子灌满了水，就灌不进去了，他没有灌满水就可以灌进去。所以天道和人道在这里有区别，正常的情况下只能倒一些能倒进去的地方，满就会溢出来，这就是天道。人道制定一些法则制定一些准则，你一点点钱也被征税征掉了。

关长龙： 我想说一个道理，就是廖老师说这个杯子装满了就不必再装了，但是人的话是没有满的时候，我可以一万个杯子装水。动物界不一样，狮子要吃羊，吃一头完了就结了，就可以休息两天不吃了，羊也可以和它和平共处，但是等它饿的时候又去抓一只吃，所以羊群也知道这个狮子只要吃了一只羊就不会再吃了。但是人不一样。人会把一群羊弄到家里去，不会是抓一只就满足了。

俞正平： 任何一个社会，仁义道德讲得再好听，这个社会不能让他满足基本的生活需求的话，这一定不是好社会，其实这不是人道，是畜道，而且是狼道，那肯定是吃人的。至于说有些人继承下来的贫富，他所得的来源只要符合继承法就行，那个是自然形成留下来的东西，这个跟我们现在讲的资源分配过程当中机会不均等完全是两码事。

周又红： 这个话说的不对。

俞正平： 老子的话讲给当权者听的，当权者为什么要无为？就是第一叫你自己不要去想很多的计划性的东西，这里设一个卡要我交费，这里弄一个标准要来检查，这种都是聚财敛财的手段，这个就是没有行天道了，你就堕入了非人道，我是这么理解的。

周又红： 绝对不能以人占有物质资源的多少来衡量贫富差距。

俞正平： 一个好社会我认为哪怕当一个保安，当一个清洁工都要让他能够养家糊口，都要让他满足基本的需求，这才叫好社会。像现在的北欧，他们为什么这么优哉游哉，上了高中可以不去读大学，他可以先去工作，为什么？他回过头来想读什么大学照样国家还是免费的，所以他无所谓。

第七十八章

第七十九章

　　和大怨，必有余怨，安可以为善？是以圣人执左契，不责于人。故有德司契，无德司彻。天道无亲，常与善人。

第八十章

　　小国寡民，使有什佰之器而不用，使人重死而不远徙。虽有舟舆，无所乘之；虽有甲兵，无所陈之。使民复结绳而用之。甘其食，美其服，安其居，乐其俗，邻国相望，鸡狗之声相闻，民至老死，不相往来。

第八十一章

　　信言不美，美言不信。善者不辩，辩者不善。知者不博，博者不知。圣人不积，既以为人己愈有，既以与人己愈多。天之道，利而不害。圣人之道，为而不争。

李明友：　下面最后三章连起来解释一下。

廖平原： 老子在整个后面的三章应该都是针对当时的社会状况说的，他所出的一招，怎样来应对当时国与国之间相互不断的争斗？怎么样处理民众之间越来越恶化的关系？他这些说法是不是针对当时的状况，国家越来越小越好，村庄越来越分散更好，大家能够老死不相往来更好？

周生春： 这个顺序要讲一下，在这书本里面第七十九章实际上是最后一章，这三章在这书本里没有直接联系的，第八十、八十一章是在第六十五章的后面，七十九章是最后一章。这个和编者的主导思想有关系，因为文本有文本的思想体系，就是编者有他自己的思想，按照他的思想可以有不同的编排，把"和大怨"放在最后一章有他的道理。

廖平原： 这三章我们也经常引用，在各种文章里面也用得很多。

李明友： 他为什么主张"小国寡民"？

廖平原： 因为当时就是有兼并的风格出现，都想成为大国，都想能够有效地控制对方，因此小国很难生存。

李明友： 可见老子是违反历史潮流的。

廖平原： 老子是要寻道，老子认为当时所有国家的作为都是不行道的，都是背弃道的，不仅仅是老子，其他学派都认为当时是有问题的。

第八十一章

朱淼华： 礼崩乐坏。

周生春： 因为"小国寡民"是比较原始的状态。

廖平原： 就是说要宁可去适应自然状况，而不去做一些让自己变得神圣和伟大的东西，就是这么一个意思。

徐　佳： 北欧一些小国家就是这样的状态。

廖平原： 但是以老子这样的说法来看待当前世界的局势，尤其是看待那些小国家的状态，你就肯定不愿做那些小国家，像挪威，没有一个国家愿意，为什么？到最后所有的小国家都是依附于大国家，没有一个不是一种依附关系的，南美、东欧、非洲或大或小的国家都存在这样的依附关系。说到底所有制定政策的标准都是以美国为标准的。

俞正平： 你觉得现在我们中国人难道不依附美国？

李明友： 在中国这个不叫依附，叫接轨。

廖平原： 我们全部读完了，但是还面临着怎么样去更好地认识传统思想中的现代价值的问题，也就是使传统的思想资源在现代社会发挥更好的作用，这恐怕还需要我们继续努力。

附　录：《老子》会读者简介

（排名按发言顺序）

周生春　浙江大学经济学系教授

潘立勇　浙江大学哲学系教授

孔令宏　浙江大学哲学系教授

应跃亮　浙江永康个体私营业主

关长龙　浙江大学古籍研究所教授

周又红　浙江大学经济学系副教授

周三一　浙江大学外语系副教授

陆庆祥　浙江大学哲学系博士

陈　权　浙江大学土木工程学系硕士

章颖亮　浙江大学经济学系硕士

陈世干　浙江车头制药有限公司董事长

赵瑞广　浙江大学古籍研究所博士

范良聪　浙江大学社会保障与风险管理系助理研究员

徐　佳　杭州君源企业管理咨询有限公司首席咨询师

吴永明　中华联合车险第三营业部总经理

顾　征　浙江大学政府管理系讲师

姚　烈　杭州瑞中投资管理有限公司董事

耿依娜　浙江工业大学政治公共管理学院副教授

张跃迅　浙江奇升投资管理有限公司董事长

刘笑敢　香港中文大学哲学系教授

金　敏　浙江大学光华法学院副教授

李明友　浙江大学哲学系教授

后　记

　　"经典会读"由浙江大学儒商与东亚文明研究中心于二〇〇六年十二月开始组织发起。中心以儒商为研究对象，以认识东亚文明的企业创新精神为研究重点，致力于发掘儒家精神是如何通过儒商走向经世致用，从而形成经由注重学习以实现创新的东亚文明的企业精神，并以理解具有东亚特色的价值体系及其现代转化为目标。

　　近年来，李军、周诚放、明旭、范烨、孔祥来、陈倩倩、李华、许王芳等为组织会读投入了大量的时间与精力。我谨代表会读的组织者和参与者，表示衷心的感谢。

　　"经典会读"和本书的出版得到新加坡万邦集团的资助。在此我谨代表会读的组织者和参与者，向其致以热忱的谢意。

周生春

二〇一七年十一月八日